나는

머지

않는다

일러두기

· 구술자의 사투리나 특정 언어습관을 살리기 위해 표준어가 아닌 입말을 살린 표현들이 있습니다.

· 잡지, 논문 등은 〈 〉, 도서는 《 》, 기사는 " "로 표기하였습니다.

나는 숨지

세상에 가려지기보다
세상을 바꾸기로 선택한 11명의 이야기

박희정|유해정|이호연 지음

않는다

프롤로그

피해자를 넘은
'행위자'로서
그들이
만들어온 길

혐오의 시대에 숨쉬기

한국사회가 차별과 혐오의 정치로 들끓고 있다. 차별과 혐오가 한국사회에서 사라진 적은 없다. 그러나 이 시대의 혐오정치는 신자유주의 체제의 위기와 한국사회의 정치적, 사회적 맥락 속에서 형성된 특별한 현상이며, 사회 전반을 뒤흔드는 변화라는 점에서 심각하다. '헬조선'으로 표현되는 희망없는 삶에 대한 분노는 구조가 아니라 약자를 출구로 삼았다. 타자를 이해하려는 노력보다는 자기보호의 공포가 강하게 작동한다. 정체성은 저항의 출발점이 아니라, 타자를 배제하기 위한 선긋기가 되었다. 이런 흐름 속에서 소수자의 이야기를 다룬 책을 엮으며 우리는 무엇을 말하고 싶었던 것일까.

소수자의 삶이란 이렇듯 고통스럽다거나, 반대로 이렇게 희망적인 삶도 가능하다는 이야기를 하려는 것은 아니다. 두 관점의 이야기 모두 소수자의 삶은 '문제'로만 남는다. 소수자는 타자화된 존재다. 그의 삶을 구성한 맥락이 지워진 채 사회적 통념과 편견으로 재단된 평면적 존재로 인식된다. 차별을 드러내고 문제화하겠다는 시도조차 때때로 그의 삶을 오직 하나의 문제로 환원해버리는 함정에 빠지곤 한다. 타자화를 경계한다는 것은 내가 얼굴을 마주한 상대가 고유한 역사와 감정과 사고 체계를 가진 한 사람임을 잊지 않는 것이다. 이것은 '그도 나와 같은 평범한 사람'이라고 동일시하는 것과는 다르다.

중요한 것은, 이들이 어떤 조건 속에 놓여 있으며, 세상과 어떤 상호작용을 하면서 살아가는지를 이해하는 일이다. 모든 사람은 위치성(position)을 가지게 된다. 내 안에는 성별, 인종, 민족, 지역, 계층, 나이 등의 다양한 정체성이 얽혀 있다. 그러한 정체성들이 축이 되어 세계 속에 내 좌표가 생겨난다. 각자가 놓인 다른 위치가 다른 경험과 다른 인식을 만든다. 여성이라고, 장애인이라고 해서 모두 같은 삶을 살지 않고, 같은 억압을 경험하지 않는다. 이러한 억압의 복잡성은 페미니즘에서 '교차성'이라는 말로 이론화된 개념이다. 한 사람이 겪는 억압은 그 사람이 놓인 다양한 조건들을 섬세하게 고려해 분석되어야 한다. 그랬을 때 우리는 현실에 대한 새로운 인식을 얻을 수 있다. 억압이란 복잡한 것임을 받아들인다면, 우리는 늘 삭제된(숨겨진) 맥락의 가능성을 질문해야 한다. 새롭게 생각하기를 멈추지 않아야 한다.

차별의 양상과 구조가 복잡해질수록 우리의 경험을 해석하고 재구성할 통찰력과 언어를 새롭게 채우는 일이 중요하다. 사회적 소수자의 위치에서 차별과 고통을 앎의 자원으로 활용해 세상에 저항하거나 균열을 일으키고, 자신의 세계를 구축해간 이들이 우리 인식의 지평을 넓혀왔다. 약자의 말하기는 우리 사회를 성찰하고 변화하게 하는 힘이 될 수 있다. 일례로, 우리 사회에서 동의 없는 성관계를 '폭력'이라고 말하게 된 것은 그리 오래된 일이 아니다. 여성이 말하기 시작했을 때에야, 성폭력은 성관계나 정조의 유린이 아닌, 젠더 권력구조 안에서 발생하는 여성에 대한 제도화된 폭력임이 드러날 수 있었다.

하찮거나 위험하거나 발칙하거나

이 책에는 모두 일곱 가지의 이야기, 열한 사람의 목소리가 실렸다.

유지윤과 임경미의 이야기는 '정상가족'의 테두리 바깥에서 아이를 키우며 사는 삶에 관해 말한다. 유지윤은 한부모여성으로, 임경미는 장애를 가진 여성으로 아이를 양육하고 있다. 한국사회는 저출생이 문제라고 아이 낳기를 장려하지만 그것은 정상가족 안에서의 출산과 양육이어야만 한다. 그 경계에 들어오지 못한 다양한 가족에게 부모됨의 의미는 달라진다. 정상성의 관점에서 보았을 때 한부모가족은 '불완전'(결손)이고, 장애부모의 아이갖기는 '불온함'이다. 이들의 부모됨은 규범의 수행이 아니라 규범에 대한 저항의 측면을 갖는 것이다.

제시 킴은 북한을 떠나 현재 한국에 머무는 여성이다. 한국사회에 거주하는 탈북자가 3만 명을 넘었지만, 탈북자는 여전히 한국사회의 대표적 타자이다. 이들은 분단체제 아래서 남북한의 정치적 관계에 따라 선전도구가 되거나 박해받거나 방치되었다. 시대가 변화하며 탈북자의 대부분을 여성이 차지하게 되었다. 그러나 탈북여성은 결혼시장의 이국적 '상품'이나 종편 예능의 '미녀'로 소비되거나 '비참한 피해자'로 등장할 뿐 정치적 주체로 자기 목소리를 내기 어렵다. 제시는 20대 여성으로서 탈북의 의미와 자신이 경험한 한국사회에 관해 말한다.

김복자는 홈리스 여성이다. 한국사회에서 홈리스 문제는 1997년 IMF 구제금융 이후 거리로 쏟아져 나온 '실직가장'의 이야기였다. 여성 홈리스에게 '거리'가 가지는 의미는 남성 홈리스와 다르다. 여성 홈리스는 남성 홈리스와 다른 방식으로 존재하므로 다르게 포착되어야 한다. 그러한 차이는 오랫동안 무시되었고, 홈리스 여성을 위한 연구와 정책은 여전히 미진한 채로 남아 있다.

김예원의 이야기는 보편적 권리로 말해지는 주거권이 왜 어떤 이에게는 권리가 될 수 없는가를 묻는다. 한국사회에는 청소년에 대한 보호주의가 있을 뿐 권리로서의 보호는 담론화되지 않았다. 탈가정 청소년의 삶을 보면 '가족이 책임지고 있는 10대'라는 전제가 허상이고 정상성을 전제로 한 설계라는 점이 드러난다.

묘현은 조현병과 함께 살아가는 삶에 관해 말한다. 조현병을 가진 정신장애인은 한국사회에서 공포의 대상이 된 존재다. '조현병'이 위험하냐 아니냐를 따지는 공허한 논쟁에서 '사람'은 삭제된다. 묘현의 이야기는 실제 우리의 삶을 위협하고 있는 '위험', 그리고 '안전'과 '회복'의 의미에 대해 묻는다.

라원, 유경, 윤, 이황유진, 혜, 다섯 사람은 성폭력을 용인해온 학교문화와 싸우는 청소년 페미니스트들이다. 스쿨미투는 미투운동의 맥락에서만 이야기되기 쉽다. 그러나 청소년 인권과 한국사회의 학교문화를 짚어내지 않고 이 문제를 이해하기는 어렵다. 이들의 이야기는 페미니즘과 청소년 인권이 스쿨미투 운동에서 어떻게 만나는지, 그 과정에서 어떤 벽들에 부딪쳤는지를 말한다.

이 열한 명은 위험한 이들로 적대시되었거나, 하찮아서 보이지 않았거나, 발칙한 존재로 여겨진 사람들이다. 이들은 자신이 발 딛고 선 세계를 변화시키려 행동하거나 다른 세상으로 탈주함으로써 세계의 변화를 꾀한 이들이다. 피해자를 넘은 '행위자'로서 그들이 세상과 수없이 대항하고 협상하며 만들어온 '길'에 주목하며 글을 읽어주길 바란다.

곁에서 만들어지는 변화

사람은 사람 사이에서 살아간다. 서로에게 손을 내밀고 우리의 존엄과 정의를 위해 함께 싸운 역사 속에서 새로운 삶의 전환점이 만들어졌다. 이 책 역시 그러한 전환을 어떻게 만들어갈 것인가에 관한 이야기를 담았다. 이 책의 구술자들은 자기를 둘러싼 일상을 바꾸려 투쟁한다. 학교, 집, 직장, 친구 관계, 마을……. 매일같이 얼굴을 마주해야 하는 사람과의 관계를 바꾸어낸다는 것은 어쩌면 가장 두렵고 힘든 일이다. 체념할 수도 있었을 것이다. 자기가 선택하지 않은 상황에 놓인 대개의 사람들이 주저앉거나 물러선다. 어쩔 수 없는 일이다. 그 어쩔 수 없음을 어쩔 수 없이 이해한다. 그러니 세상의 변화를 택한 사람이 가장 크게 바꾸는 건, '자기 자신'이다. 어쩔 수 없는 것을 어떻게든 해보려는 사람이 된다는 것은 땅이 하늘이 되는 변화다.

　이들의 고군분투가 혼자만의 외침으로 끝났다면 변화는 불가능했을지 모른다. 혹은 지금과는 전혀 다른 이야기가 되어 있을 것이다. 주목해야 할 것은 그들의 곁에 어떤 관계와 조건이 만들어졌는가이다. 누군가의 곁이 된다는 것은 전통적 의미에서 사랑과 헌신을 주고받는다는 것과는 다르다. 우리에게 부여된 위치가 이동하는 일이다. 사회가 부여한 역할과 규범 등을 재구성해야만 하는 것이다. 이를테면 내 자식이 '착한 딸'이기를 기대할 때 부모는 학내 성폭력을 고발한 자식의 곁이 돼줄 수 없다. 가족이나 친구같이 '친밀한' 관계만이 내 곁이 되는 것은 아니다. 편견 없이 대해주는 직장 동료, 나를 위기에서 구해주는 사회안전망, 사회구조를 바꾸기 위한 투쟁과 연대에 이르기까지 곁은 다양한 수준에서 형성되어야 한다. 억압이 다층적이란 말은 변화 역시 다층적인 것임을 시사한다.

　책 속에 담긴 목소리가 이 사회에, 우리에게 어떤 질문을 던지고 있고 어떤 변화를 요청하고 있는지를 잘 들을 수 있으면 좋겠다. 그리고 여기에 어떤 응답을 할 수 있는가를 생각해보고, 다른 이들과 함께 이야기 나눌 수 있게 되기를 바란다. 구술자의 글 뒤에 덧붙인 저자들의 짧은 글이 구술자의 이야기에 대한 '해설'이 아니라 '사유와 대화의 발판'으로 활용된다면 좋겠다. 우리에게 소중한 만남을 허락해준 라원, 유경, 윤, 이황유진, 혜, 김복자, 김예원, 묘현, 유지윤, 임경미, 제시 킴에게 깊은 감사와 연대의 마음을 전한다. 1년이라는 시간 동안 여러 사람의 이야기와 만나면서 많은 배움을 얻었다. 출간을 제안해준 허유진 편집자와 우리의 만남과 기록을 지원해준 아름다운재단에게도 감사드린다.

2020년 봄

필자들을 대표하여 박희정 씀

차례

구술: 유지윤 / 글: 유해정

"사람에겐 고난이 예기치 않게 찾아오잖아?
 종종 나는 그 고난을 어떻게 넘겼을까 생각해보곤
 하는데, '아, 저렇게 넘긴 사람도 있구나'
 생각해보게 하는 그런 삶이었으면 좋겠어."

"북한에서 왔다면 어떤 마인드야? 어떻게 살아야 돼?
말해줘. 그럼 내가 그렇게 살아갈게."

"아이 키우면서도 항상 되새겨요. 내가 장애가 있다고
숨으면 아이들도 숨는다. 그래서 숨지 않았어요."

"외롭고 쓸쓸하고, 나는 혼자 살면서 지금까지 그런
거 전혀 없어. 지금부터 앞으로 내가 살아갈 일은
살아봐야 알지."

"주거가 안정되고 같이 사는 사람들이 나를 해치지
않는다고 느꼈을 때 수면 아래에 깔려 있던
말랑말랑한 감정이 새살 돋듯 나오기 시작했어요."

"조현증의 회복이라는 게 쭉 일직선으로
좋아지는 게 아니에요. 뭐랄까⋯⋯ 진동하면서
언덕을 넘는다고 할까요."

"스쿨미투로 '새로운 상식'이 만들어지고 있어요.
청소년을 사랑한다는 게, 폭력과 사랑이 결합된
지금의 방식은 아니라는 걸 알아야 해요."

사람에겐 고난이 예기치 않게 찾아오잖아? 그걸 어떻게 극복하느냐가 중요한 거야. 그걸 극복 못 하는 사람도 있고, 극복해서 조금 나아지는 사람도 있고, 아예 다른 삶을 사는 사람도 있는데, 모두 다르니까 고비를 나랑 똑같이 넘기지는 않을 거야. 종종 나는 그 고난을 어떻게 넘겼을까 생각해보곤 하는데, '아 저렇게 넘긴 사람도 있구나' 생각해보게 하는 그런 삶이었으면 좋겠어.

1장

내가 왜
쫄려야
돼?

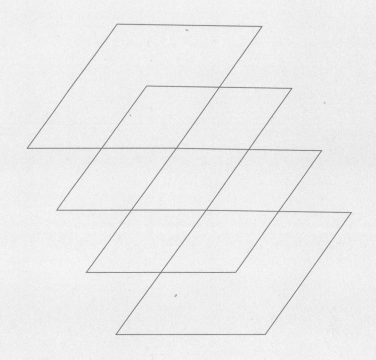

이혼 이후 나답게 자립하고 성장하며
지역과 일상을 바꾸다

삶은
한 뼘씩
자란다

구술: 유지윤
글: 유해정

혼인관계에서 자신 혹은 자녀를 더는 지키지 못할 때 사람들은 용기를 내 이혼을 선택한다. 하지만 이혼자들, 특히 이혼을 경험한 여성들에겐 사회적 낙인이 찍힌다. 평생을 약속한 관계가 파탄 나며 생긴 상처이기에 사람들의 말 한마디, 표정 하나, 찰나의 눈빛에도 일상과 영혼에 생채기가 나기 쉽다. 가정 내외의 관계와 경제적 측면에서도 갈등과 어려움을 경험하기 쉽다.

그 또한 마찬가지였다. 서른 해에 걸쳐 자기 이름을 가진 존재로 살아왔지만 결혼 이후 아내, 엄마, 며느리로 살았다. 그리고 이혼 후에는 빈곤한 이혼여성이자 한부모가족으로 규정됐다. 그 정체성에 갇혔을 때 그의 마음은 쪼그라들었고 어깨가 움츠러들었다. 좀 더 많은 배려와 공적 지원이 필요했지만 어쩌면 더욱 중요했던 건 그를 존엄한 한 세계를 가진 사람으로 편견 없이 바라봐주고 얼굴을 마주 대해주는 것이었다.

두 계절에 걸쳐 그를 만났다. 바쁜 일정을 쪼개 성사된 만남이었으나 그에게서는 늘 생기가 넘쳤다. 전해지는 좋은 기운에 헤어짐이 늘 아쉬웠다. 그의 이야기를 들으며 나는 삶에서 넘어졌을 때 다시 일어나 걸을 수 있는 힘은 개인에게 달린 것이 아님을 깨달았다. 사람들은 무수한 관계와 지지를 통해 무언가를 채워나갈 때 비로소 자기로 돌아갈 수가 있다. 성장이 단계적이며 일직선적이지 않음도 배웠다. 진동하는 삶 속에서 사람들은 진퇴를 거듭하며 자기 삶의 저자가 된다.

따뜻하고 너른 품

쉰다섯 살 되던 해에 이름을 바꿨어. 오빠가 나이 들어 이름은 왜 바꾸냐고 해서 50년 넘게 이 이름으로 살았더니 지루해서 바꾼다고. 그럼 '지루'로 바꾸라고 하더라. 보험 영업 쪽으론 '지루'면 끝내준다 싶었는데, 지윤으로 바꿨어. 지혜로울 지(智) 자에 다스릴 윤(尹)을 썼어. 남은 인생 지혜롭게 살아보자는 의미지. 내가 한문책 찾아보고 지은 이름이야. 우리 큰딸 이름도 내가 지었어. 시댁에서 딸이라고 안 지어주더

라. 남편은 이름 지을 줄도 모르고. 산후조리하면서 내가 한문 책 보며 지었는데, 둘째는 아들 낳으니까 5초도 안 돼서 지어 오더라고. 그러면서 아들 못 낳았으면 쫓아내려고 그랬다나.

오남매 중 막내야. 위로 언니 둘, 오빠 둘 있는데 난 내가 최고인 줄 알고 컸어. 난 중학교 때까지 집에서 이름이 없었어. 할아버지도, 아버지도 다 "우리 애기야", "아가야" 하고 불렀어. 아버지가 참 우리를 지혜롭게 키우셨어. 잔소리를 안 해. 강요도 안 하셨어. 한번은 초등학교 때 등수가 한 등 떨어져서 막 울었어, 공부도 안 한 주제에. 그때 아버지가 그랬어. "아가, 사과가 한 개가 좋냐? 두 개가 좋냐?" "두 개." "숫자 많은 게 좋은 거여." 감기에 걸렸는데 병원 가서 주사 맞으려면 아프잖아. 안 간다고 떼쓰니까 아버지가 솔가지 하나를 꺾어 엉덩이를 꼭 찔러. "아가, 주사가 이 정도밖에 안 돼, 못 참겠어?" "아냐." 그래서 주사를 맞을 용기가 났어.

우리 엄마도 좀 특이하다. 내가 어렸을 때 노는 걸 좋아해서 전국을 다녔어. 전화도 귀한 때라 연락도 잘 안 됐는데, 우리 엄마가 금목걸이를 두 돈짜리로 해줬어. 무슨 일 있으면 팔아서 집에 오라고. 다른 집 같으면 여자애가 감히 어딜 싸돌아다니냐고 했을 텐데, 참 달랐지. 믿어주는 게 참 중요한 거야, 그럼 다른 짓을 못 하니까. 어떤 상황에서도 자식들에 대한 믿음이 중요하다는 걸 엄마한테 배웠지. 집안이 어려울 때도 늘 엄마가 사랑으로 많이 안아주고 만져줘서 불행이라는 걸 몰랐어. 그게 살면서 엄청 도움이 됐어. '아, 애들은 최소한 초등학교 6학년까지는 부모님 사랑을 듬뿍 받고 자라면 그 이후에 어려운 일이 생겨도 헤쳐 나갈 수 있구나.' 내 경험으로 알았지. 학교 공부는 그렇게 중요하지 않더라고. 그냥 곱셈, 뺄셈 그 정도면 됐고, 그보다 중요한 게 사랑해주는 거, 믿어주는 거, 가정교육이더라고. 그래서 우리 두 아이들도 최대한 그렇게 키웠지. 많이 안아주고, 믿어주고. '애들이 알아서 하겠지' 하고 놔두고 잔소리를 안 했어. 부탁할 때도 시키기보단 '나 저거 해주면 좋을 거 같아' 그렇게 말하고.

바람이 불었다

내가 올해 예순인데, 스물여덟 살에 결혼을 했어. 그 시절 여자 나이로는 늦었지. 그런데 나는 노는 게 좋아서 결혼할 생각이 없었어. 어릴 때부터 대한민국의 유명한 곳 중 안 가본 곳이 없을 만큼 팔도를 유랑하고 살았지. 그러다 애 아빠를 만났는데 그렇게 잘해주는 사람이 없었어. 나보다 세 살 연하였는데 연애할 때도 그랬지만 결혼하고도 나한테 비닐봉지 한 번 안 들게 했어. 외출할 때면 옷 다 꺼내 다림질 다해놓고, 구두 닦아놓고. 밖에 나가면 넘어진다고 손잡고 가고. 그리고 우리 언니한테 가서 어떻게 동생을 버스 타고 다니게 하냐면서 자동차를 얻어왔던 사람이야. 자기가 돈을 벌든 안 벌든 나하고 아이들한테는 최선을 다했어.

그런 사람이 어느 날 바람이 나더라. 그때가 큰애 네 살, 작은애 막 돌 지났을 때였는데, 집에 들랑날랑하더라고. 밤에는 나가서 자고 아침에 들어와 삼시 세끼는 나한테 얻어먹는 거야. 보니까 남편이 우리 큰언니랑 사업을 한다고 나 몰래 내 명의로 사업을 벌였다 부도를 크게 냈을 때 만난 여성이야. 나는 영문도 모른 채 경찰서를 두 번이나 오가고 작은오빠네 집에 숨어 있을 때 둘이 정분이 났는데, 이 여성이 다방에 다니니까 밥을 안 주잖아. 그래서 잠은 거기서 자고 집에 와 밥을 먹는 거야. 내가 아무 말 안 하고 밥을 해줬어. 하루에도 열두 번씩 죽이고 싶도록 미웠지만 애들도 어리고, 그땐 어떻게든 같이 살아야 한다는 마음이 강했어. 근데 마음이 다른 데 가 있으니까 이 사람은 내가 마음에 안 드는 거야. 밥상은 차려주는데 내 표정이 영 아니니까 태클을 걸더라고, 웃지 않는다고. "그래 너가 나라면 웃을 수 있겠니? 이제는 밥도 안 차려줄 거야" 하고 화를 냈지. 내가 살면서 한 번도 반말을 해본 적이 없는데 그땐 반말이 튀어나오더라고.

애 아빠가 막 욕을 하는 거야. 그래 내가 "나가서 그 집 가서 살아, 오지 말어"라고 했더니 "너는 나 없이는 못 살아. 10원짜리 하나 벌어본 적도 없고, 벌지도 못하잖아", 그래.

바람을 피워도 지랑 살아야 한다는 얘기지. 그래서 그냥 나가라고 했어.

"니 자식 보러 오는 거는 안 막을 테니 와. 그리고 딱 10년 준다. 10년 동안 내가 애들 잘 키우고 있을게, 가서 살다 후회되면 와. 나는 이 자리에 이 모습 그대로 있을 테니 돌아오고 싶으면 돌아와. 하지만 10년 지나고 반성의 기미가 없으면 끝이야. 지나서 다시 같이 살자고 하면 안 돼."

그때는 못 살겠다는 마음보다는 엄마 아빠가 싸우는 걸 애들이 보는 게 더 무서웠어. 그래서 나가라 그랬는데 그러면서도 애들 아빠니까 아빠 자리는 남겨놔야 한다고 생각했어. 돌아올 거라 기대도 했고.

홀로서기

나한테 너무 잘해주던 사람이 갑자기 없어지니까 너무 힘이 들더라. 그때 내가 교회를 다니고 있었는데 전도사님이 날마다 우리 집에 왔어. 내가 위태로워 보이니까. 한 달 지나니까 이틀에 한 번, 또 한 달 지나니까 3일에 한 번, 내가 조금씩 안정되는 게 보이니까 조금 천천히 오시더라고. 조금씩 정신을 차리고 보니까 먹고살 걱정에 무서운 거야. 내가 사회생활은 한 번도 안 해봤는데 덜컥 가장이 됐잖아. 그때 솔직히 마음 한켠에는 '여차하면 큰언니한테 가야지' 했다. 우리 엄마가 마흔둘 늦은 나이에 나를 낳고서 매일 큰언니한테 그랬거든. 엄마 아빠 죽더라도 막내는 니가 책임지고 너희 형제들이 잘 돌봐라. 실제로 나는 큰언니가 키우다시피 했고, 나이도 열일곱 살이나 위니까 큰언니가 나한테는 엄마나 마찬가지였어. 하지만 그 지경이 될 때까지 집에 얘기를 안 했어. 내 남편이니까 평생 같이 살아야 하는데 우리 식구들이 미워하면 안 되잖아.

꾹 참고 있다가 결정적인 순간에 얘기를 했더니 집이 난리가 났어. 군인 장교 출신인 큰오빠는 애는 주고 자기네 집에 와서 살래. 근데 나는 애들은 내가 키우고 싶었어. 우리 작은언니는 애들 데리고 오래. 큰언니는 뭐라고 했냐면, "나는 니가 제일 소중해. 그러니까 니가 원하는 대로 해." 그러면서 그때 큰언니가 사업을 할 때라서 경제적으로 여유가 있었거든. 뭐든지 해줄 수 있으니까 집에 들어와서 살거나 그게 싫으면 생활비를 줄 테니 그걸로 살래. 그래 내가 나 혼자 살아볼 거라고 하면서 큰언니한테 한동안 생활비를 받아서 생활했지. 하지만 어느 시점이 지나니까 내 아이들은 내가 키워야 하는데 큰언니한테만 의지해서 살면 안 되겠는 거야. 책임감이 생기더라고. 그래서 내가 "언니, 생활비 지원하는 거 끊어. 내가 내 힘으로 살아볼게"라고 했지. 하지만 불안한 마음은 있으니까 "하지만 언니 나 주려고 했던 생활비는 모아놔, 언제든 달라고 할지 모르니까", 마치 맡겨놓은 사람처럼 그렇게 말했어.

그 뒤에 보험회사에 취직을 했어. 보험은 특별한 경력이 없어도 할 수 있는 일인데다 내가 스케줄을 조정할 수가 있으니까 애들 키우면서 할 수 있겠다 싶더라고. 애들이 필요할 때는 언제든지 달려갈 수 있을 것 같고. 보험이 평생 첫 직장이었는데 지금까지 21년째 하고 있네.

한 조각씩 삼킨 편견

혼자 살겠다고 큰소리는 쳤는데 남편이 호랑방탕하게 살다 재산 홀랑 다 해먹어 빈털터리로 헤어졌는데 어디 갈 데가 있어야지. 돈이 하나도 없으니까 무허가 비닐하우스촌인 개미마을[1]로 들어갔어. 개미마을이 처음은 아니었어. 남편이 바람은 났어도 들랑날랑하며 같이 살았을 때 개미마을에 투자개념으로 들어왔다 잠시 살다 나간 적이 있었거든. 그래 수중에 돈이 하나도 없으니 여기 오면 어떻게든 살아지겠다 싶어 이리로 온 거지. 그때가 큰애 일곱 살, 둘째 네 살 때였는데, 처음에는 동네 사람들이 엄청 무시했다. 여자 혼자 애 둘데리고 산다고.

사실 처음엔 나조차도 내가 잘못한 것처럼 부끄럽고 숨고싶더라. 애 아빠가 바람이 나서 갈라선 건데도 친하게 지내던 친구들조차 나를 더는 모임에 안 부르는 거야. 정상적인 가정이 아니라고. 지인들이 나를 그렇게 쳐내니까 너무 상처가 되는 거야. 이혼한 게 내 죄야? 애들도 키워야 하고 당장 일을 해야 하는데 그런 시선, 말들이 무서운 거야. 그래서 계속 스스로에게 주문을 걸었지. 내가 잘못한 게 아니잖아? 내가 당신들한테 거저 얻어먹는 것도 아닌데 왜 쫄려야 돼? 그러면서 당당해져야겠다 싶었는데 만만치가 않더라고.

보험을 하니 새로운 사람들을 많이 만나야 하는데 고객 중엔 남자도 있고, 여자도 있잖아. 남자들이랑 같이 있는 걸 보면 말들이 도는 거야. 한번은 교회 남자 신도님이 나를 우리 동네까지 태워다줬는데 동네사람들이 수군거리는 거야. 00이 엄마 남자 만나고 다닌다고. 처음에는 일일이 설명을 했지. 교회 신도님이고, 보험금 수금하러 만났다가 데려다준 거다. 그런데 이렇게 얘기를 하다 보니까 힘든 거야. 말이 더 붙어서 불어나는 거야. 그래서 나중에는 "응, 애인이야. 내일은 다른 남자 차 타고 올 거야. 왜? 문제 있어?", "내가 이 정도 매력 있고, 능력 있는 여자인데 애인이 한둘이겠니?", "너도 나한테 관심 있구나. 그래 나 정도면 멋지지. 근데 너는 내 스타일 아니야. 나 눈 높아", 그렇게 받아쳤어. 그랬더니 더는 말이 안 나와. 너무 당당하게 대하니까 소문이 묻히더라고.

남자 고객들 중엔 내가 혼자 사는 줄 알고 상품 보고 보험

가입하는 게 아니라 내 사정 보고 해준다는 사람도 많았어. 이래저래 돌려 이야기하다 안 통하면 보험 설명하다 덮어버려. "왜 왔니?" 예쁜 아줌마 소개해준다고 해서 왔대. "그래? 맘에 들어?" 맘에 든대. 사귀재. "근데 내가 옥녀야. 너 변강쇠 정도 되니?" 그럼 기가 죽어. "가서 갈고닦아서 와, 언제든지 상대해줄게. 근데 보험은 너한테 안 팔아." 어떤 사람은 밥 사준다고 해서, "내가 사줄게. 내가 그 정도는 된다. 요즘 밥 못 먹어서 죽는 사람 봤냐? 상품 안 팔아, 가", 그러기도 했고.

내가 실적이 좋으니까 동료들 중에 시기하는 사람도 많았어. 노골적으로 "대체 뭘 팔았을까?", 그래. 그래 내가 "술? 그래 술 먹었어, 근데 자는 거 니가 봤어? 니 눈으로 본 것만 얘기해. 아닌 걸 봤다고 하면 내가 니 눈 파버릴 거야. 너는 그런 상품 팔아서 유지가 잘 되데? 평생 만나줘야 하잖아? 안 만나면 유지 안 하잖아? 우린 유지가 중요한데. 한 번만 더 그럼 언니 없다. 언니면 언니답게 해", 그렇게 받아버렸지. 그랬더니 아무 말도 못 하는 거야. 처음에는 그런 소리 들으면 내가 부끄럽고 창피해서 많이 참기도 하고, 어디다 말도 못 하고 며칠을 끙끙거리며 앓아누웠는데, 어느 날부터 배짱이 생기더라고. 담대함이 불쑥 쳐 오르는 거야. 그래 지금은 그런 소리 들어도 아무렇지도 않아. 니가 나 많이 부러워하는구나, 그걸로 끝나.

그런 담대함이 어디서 나왔냐고? 어렸을 때 사랑 많이 받고 커서 가능했던 것 같아.

또 나는 이혼녀라는 낙인이 있으니까 내 할 말 다 하고 살려고 어영부영 안 살고 더 열심히 살고 더 정확히 살려고 노력했다. 시간 약속 잘 지키고, 돈 빌리지도 않고, 애 잘 키우고, 술 안 먹고……. 엄청 힘들지, 그걸 지키려니까. 내가 놀기 좋아하고 술을 정말 좋아해. 그걸 끊어야겠는데 어떻게 할까 하다가 목욕탕에 취직을 했어. 그리고 선포했어. 나 부르지 마. 내가 나를 못 믿으니까 떠벌리면서 나를 매어놓은 거지. 회사에서 퇴근하면 집에서 밥 먹고 한 시간쯤 누워 있다가 매일 목욕탕에 가서 청소를 했어. 청소 마치고 집에 오면 11시니까 술을 안 먹게 돼. 사람들도 나를 더는 안 불러. 또 엄마가 지금 어디서 뭐하고 있구나를 애들이 확실히 아니까 애들한테도 믿음이 생기는 거야. 주변 사람들 말에 애들이 휘둘리지를 않아. 또 한 달에 70만 원씩 꼬박꼬박 나오잖아? 보험은 월급이 아니라 내가 계약한 것만큼 버니까 불안해. 근데 목욕탕 청소는 월급이잖아. 그러니까 한 시간씩 일찍 가서 돈도 벌고, 고객도 만들고, 청소도 하면서 하루를 정리하는 거야. 내가 오늘은 뭘 했지, 내일은 어떻게 살지……. 내가 보험일 하면서 목욕탕 청소를 10년 넘게 했어.

"사실 처음엔 나조차도 내가 잘못한 것처럼
부끄럽고 숨고 싶더라. 애 아빠가 바람이 나서
갈라선 건데도 친하게 지내던 친구들조차
나를 더는 모임에 안 부르는 거야. 정상적인
가정이 아니라고. 이혼한 게 내 죄야?
그래서 계속 스스로에게 주문을 걸었지.
내가 잘못한 게 아니잖아? 내가 당신들한테
거저 얻어먹는 것도 아닌데 왜 쫄려야 돼?"

가난해도 괜찮아

애들은 마을에서 함께 키웠어. 내가 개미마을에 살다 보니 정말 힘없고 빽 없고 지식 없고 그러면 짓밟히더라. 그래 우리 같은 사람들을 대변해주는 기관이 있으면 좋겠다 싶었는데, 주거연합이라는 단체가 그 당시 마을의 어려운 사람들 도와주고 강제철거 막는 일을 했어. 그걸 보고 내가 주거연합 활동을 시작했어. 우리 스스로를 지킬 방법을 찾고 싶었고, 함께하는 것만이 우리를 지킬 수 있다 싶었던 거지. 내가 특별히 사회생활 해본 건 아닌데, 내 안에 뭔가 기질이 있었나 봐. 뭔가 해야 할 일이 있으면 손익을 따질 생각을 하기도 전에 정면 돌파를 해야 하는 성격이라 옛날에 태어났으면 아마 독립운동 했을 거야.

함께 어울려 여러 동네를 다니다 보니까 우리 동네 말고도 송파구에 비닐하우스촌, 무허가 판자촌은 많은데 부모들이 일하러 가면 애들 봐줄 사람이 없는 거야. 우리 애들만 해도 어린이집 끝나면 갈 곳이 없고. 젊은 엄마들이 마을에서 아이들을 같이 볼 수 있는 곳이 있으면 좋겠다 생각은 했는데 애들이 오는 거리도, 입지도, 또 장소도 개미마을만 한 장소가 없더라고. 우리 마을은 비닐하우스촌이라 비닐하우스를 하나 지으면 되잖아. 젊은 사람들이 질통도 지고, 그것도 못 하는 여자들은 밥이라도 하고. 시간은 없고, 돈이 조금이

라도 있는 사람들은 돈을 조금씩 모아 냈어. 그래야 모래도
사고 시멘트도 사니까. 그렇게 짓는데 마을 사람들이 비닐하
우스를 지어놓으면 구청에서 매일 부수러 오는 거야. 그러면
또 다시 짓고, 부수면 또 다시 짓고, 낮에 일하고 와서 밤에
시간 내서 2시간씩 또 짓고……. 그게 큰애 일곱 살 때니 벌
써 24년 전 일인데, 그때 마을 사람들이랑 주거연합 회원들
이랑 함께해서 꿈나무학교를 만들었어.

그렇게 짓고 나니까 우리 동네 애들은 괜찮은데 주변 다른
동네 아이들은 차가 없어서 오가는 게 문제더라고. 그래서
서로 데려올 수 있는 사람들이 다 같이 데리러 가고, 데려다
주고 하는데, 많을 때는 4개 마을에서 30명도 넘는 애들이 모
여 있었어.

애 둘을 나 혼자 마을에서 같이 키우니 애들 초등학교 보
낼 동안은 내가 걱정이 없는 거야. 꿈나무학교에 놓고 다니
고, 마을에다 놓고 다녀도 누구라도 봐줬으니까 편했지. 엄
마들이 사는 게 바빠 못 챙겨주니까 꿈나무학교 선생님들이
애들 숙제, 학교 준비물 같은 것 있으면 소외당할까 봐 먼저
챙겨줬어. 다른 동네 애들이 학원 가고 그럴 때 우리 아이들
은 매주 남한산성으로 생태체험 가고, 실컷 뛰어놀고. 공부는
몰라도 곤충 이름은 애들이 제일 많이 알아. 친구도 가장 많
고, 매일 어울려 살다 보니 애들이 형제가 되더라고. 또 동네

에 유독 젊은 엄마들도 많고 또래 애들도 많으니까 서로 돕고 사는 것도 너무 좋았어. 무슨 일이 생기면 전화 연락이라도 해주고, 아프면 먼저 병원도 데려갈 수 있는 할머니들이라도 있고. 엊그제 큰애가 그러는데 가장 행복했던 때가 개미마을 살 때래. 다른 애들 같으면 창피하다고 친구 안 데리고 올 텐데 애들이 우리 집에 제일 많이 왔어. 없지만 나눠먹고 함께 살고 그랬으니까.

외부 도움도 많이 받았어. 마을 사람들이 열악하니까 근처에 한의원 원장님하고 이비인후과 원장님이 번갈아 가면서 한 달에 한 번씩 의료지원을 해줬어. 애들이 어리니까 중이염에 많이 걸려. 그럼 마을에서 누구라도 시간 되는 사람이 데리고 가는 거야. 가면 원장님들이 진찰하고 처방해주고. 근데 엄청 친절해. 가난한 마을에서 공짜 손님으로 간다는 걸 잊어버릴 정도로. 우리나라 사람들은 공짜라고 하면 남는 거, 나쁜 거 준다고 생각하는데, 이비인후과 선생님은 동기들에게 후원받아서 질 좋은 약으로만 챙겨줬어. 혹시 우리들이 못 오거나 진료가 비는 때 감기라도 걸리면 주라고 미리 약도 챙겨 보내고. 또 선생님들이 애들 데리고 가니까 시간이 없잖아? 그러니까 빨리 해서 보낸다고 고객들이 줄을 서 있는데도 양해를 구하고 먼저 해줘. 자기네서 못 하면 병원 건물에 다른 진료과목 병원들이 있으니까 다른 병원에서 무료로 진료받을 수 있게 주선해주고. 그걸 보면서 진짜 내가 엄청 배웠지. 사람이 뭔가 하면 생색내고 싶잖아. 생색내다 보면 상처 주게 되고, 그러면 안 하니만 못하는 건데, 그 두 분은 안 그랬어. 그래 내가 '아, 봉사는 저렇게 하는 거구나' 하고 크게 배웠지.

희망은 사람에게서 온다

마을에서 애들 걱정 없이 키웠는데, 이 애들이 6학년 되어 졸업을 하니까 갈 데가 없는 거야. 꿈나무학교로 초등학교 방과 후 돌봄을 간신히 했잖아? 그때는 송파구고 서울시고 어디서도 아무 지원도 없었어. 쌀 한 톨도 지원을 안 해줘서 우리가 5000원씩 내고, 1만 원씩 내서 우리 힘으로 다 했거 든. 근데 중학생이 된 아이들이 갈 곳이 없다고 꿈나무학교 로 오는데 쫓아 보낼 수가 있어야지. 애기들 간식 같이 나눠 먹이면서 뭔가 대책을 세워야겠다 싶어서 우리가 다시 중·고 등부 학생들이 방과 후에 올 수 있는 지역아동센터 '무지개 빛청개구리학교'(이하 '무청')를 만들었어.

돈이 없으니까 여기저기 재단에서 전세금 지원만 겨우 받 아서 문정동에 빌라 두 채를 얻어 시작했지. 정원이 35명인 데 늘 꽉 찼어. 무청에서는 밤 10시까지 데리고 있어. 애들 저 녁 먹이고, 숙제 봐주고, 동아리 활동하고, 서로 어울려 놀다가는 거야. 꿈나무학교에서는 기본급이 없으니까 선생님 월급도 쥐꼬리만큼 줬는데, 무청 생기고는 국회에 가서 발언도 하고 데모도 했어. 선생님들 기본급 책정해달라고. 이제는 구청 가서 데모라도 해서 애들 급식비라도 타 와. 처음에는 1인당 1500원씩 주다 요즘은 3000원씩 주는데, 그게 어디야?

우리가 시작할 때만 해도 가진 게 아무것도 없었는데 우리나라는 아직 좋은 사람이 51%니까 그것 믿고 한 번 더 해보자, 그렇게 하루하루 오다 보니 여기까지 온 거야. 지금도 장기적으로 계획을 세울 형편은 안 되지만 이제는 애들도 컸고, 우리를 믿는 사람들이 더 많아졌으니 조금 더 쉬울 거다 그러고 가는 거야. 날마다 모자라지만 많이 모자라진 않아. 이번 달 월세 줄 게 없는데 어떻게 하나 하면 또 어떤 손이 도와주더라고. 그렇게 살아. 또 장기적으로는 여기 다니던 아이들이 사회 일원이 되면 다시 여기 와서 봉사하려고들 하더라고. 지금은 우리가 개인후원도 받고 기업후원도 받아 운영하지만 나중에는 그런 후원 안 받더라도 애들이 커서 봉사 오고 후원해주면 그걸로도 먹고살 것 같은 거야. 지금 10기 졸업생이 나왔으니까 내 생각에는 멀지 않다 싶은 거지.

함께 크는 어른과 아이
우리는 이 공간에서 처음부터 공부가 아니라 건강, 인성,

화합, 함께 사는 걸 가르쳤어. 핵가족 시대에 형제가 없잖아? 그래서 함께 살고 나눠 먹고 함께 크는 형제를 만들어주고 싶기도 했고. 또 우리가 하나도 없이 시작했는데, 안 된다고 포기하는 게 아니라 안 되더라도 시도하고 조금씩 희망을 만드는 걸 보여주고 가르쳐주고 싶었어. 우리가 줄 수 있는 건 재정적으로 많이 지원해주는 게 아니라 그런 가치를 심어줄 수 있는 공간, 어른이 되는 거다 싶었지. 최상의 조건으론 못 해줘도 오는 아이들 마음은 행복했음 좋겠다 싶은 건데, 그래도 애들이 나름 불만이 있지. 어떤 건 애들 마음에 안 드는 것도 있고, 여기에 매인다고 생각하기도 하고. 그래서 무단만 아니면 안 와도 된다. 그 대신 거짓말은 안 된다. 나쁜 짓을 한 것에 대한 대가는 꼭 치른다는 걸 가르치지. 약속한 벌칙은 꼭 지키게 해.

학부모들도 많이 달라졌다. 처음에는 다 개인주의야. 다 못사는 마을이라고 해도 어떤 애는 조금 잘살고 어떤 애는 조금 더 못살잖아? 한 집에 과일이 들어오면 그 집 애는 막 먹으면서 와. 그럼 못 먹는 애들은 먹고 싶을 거 아냐. 그래서 그러지 말라고 선생님이 애 부모한테 말하면 선생님한테 막무가내로 화를 내. 학비도 안 내면서 무시해. 그럼 내가 학부모 회장이니까 말을 해. "남들이 먹고 오면 너희 집 아인 안 먹고 싶겠어? 똑같은 입장이야. 그렇게라도 먹이고 싶으면 다 나눠줄

"우리가 시작할 때만 해도 가진 게 아무것도
없었는데 우리나라는 아직 좋은 사람이
51%니까 그것 믿고 한 번 더 해보자, 그렇게
하루하루 오다 보니 여기까지 온 거야. 우리가
줄 수 있는 건 재정적으로 많이 지원해주는 게
아니라 그런 가치를 심어줄 수 있는 공간,
어른이 되는 거다 싶었지."

만큼 싸줘. 됐지? 이해했지? 제발 선생님한테 가지 말고 나한테 와. 박봉에 이렇게 열심히 일하는데 미안하지도 않아?"

또 학교에서 행사를 열면 자기 새끼 챙기려고 오고, 행사 음식 남으면 싸 가려고 오는 거야. 그럼 내가 또 한마디 해. "남은 음식 싸 가지는 말자. 와서 배부르게 먹어. 남으면 내일 아이들 한 번 더 먹일 수 있고 아니면 경로당에 드리면 좋잖아? 음식 싸 갈 만큼 먹을 게 없으면 나한테 와. 음식 싸 가다 들키면 아웃이야." 처음엔 뒤에서 욕하지, '지가 뭔데……' 하면서. 이해하기까지 과정이 길어. 사람들 습관이라는 게 참 무서워.

또 어떤 부모들은 우리가 공부가 다가 아니라고 해도 처음에는 안 들어. 공부시켜달라고 하는데 여기서 다 해줄 수도 없고. '뭣보다 중요한 건 아이가 공부를 해야 하는 이유다, 그러면 자신이 필요한 공부는 알아서 하게끔 돼 있다, 또 이 아이가 잘하는 게 뭔지 좋아하는 게 뭔지를 이해를 해야 하는 거다' 말해주는데, 그건 잘 안 들리지. 그래서 무청에서는 학부모 교육을 엄청 해. 아이 무청에 입학할 때 학부모 교육 1년에 2번 이상 빠지면 제적시킨다고 해. 최소한의 교육조차 참석 안 하는 사람은 자격이 없다, 분명히 여기에다 맡겨 놓고 무청 때문에 아이를 버렸니 어쨌니 하면서 이상한 소리 한다, 뼈 빠지게 고생하고 그런 소리 듣지 말자고 하면서 입학 단서로 내걸지. 혹시나 그래도 못 나올 형편이면 그쪽 편한 시간에 선생님이랑 면담을 하든지, 그도 안 되면 내가 직접 가정방문 하겠다고 해. 셋 중에 하나는 해야 한다는 거지. 그러다 보니 학부모 교육 참여율이 엄청 높아. 처음에는 오기 싫어 억지로 왔다가도 교육에 참여하다 보면 하나씩 배워가는 게 있으니까. 또 여기 아니면 하소연할 데 없으니까 본인 스트레스도 푸는 거지. 엄마들이 교육 때 했으면 하는 게 있으면 알아서 동아리 짜서 제안서 내기도 하는데, 요즘 엄마들은 우리 세대랑은 달라서 잘해. 좋아하고.

애들 공부랑 활동은 봉사 활동하는 분들에게 신세를 져. 애가 원하는 분야가 있으면 그 분야에 맞는 봉사 선생님을 모시기도 하고, 봉사 오는 선생님도 테스트해서 서로 맞으면 해주는 거야. 또 정말 공부하고 싶은 애는 학원에 보내, 학원 원장 통해서라도. 그러다 보니까 우리는 능력이 요만한데 이걸 자꾸 해내야 하니까 능력이 커져. 필요한 사람들을 서로 엮어주려면 아쉬운 소리를 해야 하는데, 또 그러면서 관계가 넓어지는 거야. 우리가 애들한테 잘해주는 게 아니라, 애들 때문에 더 역량이 커지는 거야. 애들이 우리를 가르치는 거야. 해가 갈수록 그게 더 많이 느껴져. 선생님들도 그걸 알아, 애들 덕분에 배운다는 걸. 그러다 보니까 경험도 쌓이고, 내공도 생기고, 우리 동네 부녀회장도 하게 되고 자꾸 앞에 나서게 되더라고.

어떤 용기

지금은 무청 운영위원장이야. 내 애 둘은 진즉에 졸업했는데도 손이 안 놔지더라. 내 애들은 진짜 학원을 한 번도 다닌 적이 없다. 꿈나무학교랑 무청만 다녀서 대학도 가고 취업도 하고 자기 앞가림 잘 하는 성인으로 컸는데 고맙잖아. 내가 그걸 보답해야지. 그래 내가 평생 무청이랑 같이 가야 되겠다 싶은 마음에 함께 하고 있지. 사실 꿈나무학교랑 무청이 없었음 두 애들을 어떻게 키웠을까, 깜깜해.

전남편이랑 헤어지고 내가 우리 애들 아빠 없는 자리 크게 안 만들어주려고 엄청 노력했어. 남들은 100원짜리 살 때 나는 1000원짜리 사주고. 생일잔치도 일부러 크게 해줬어. 비닐하우스촌에 사는 동네 애들 다 불러서 잔뜩 먹였지. 그래야 애 기가 살잖아. 또 과일도 사서 집 입구에 놔뒀어. 누구나 와서 먹어라. 그리고 겨울에는 종일 보일러를 땠어. 할머니들이 석유 때니까 아까워서 못 때잖아. 그럼 우리 집에 와. 따뜻하니까. 그렇게 사람들이 오면 애들 이뻐하잖아. 사랑해주잖아.

또 나 혼자 애들을 키우니까 애들하고 대화를 잘 해야 하잖아. 아니면 무슨 생각을 하는지 모르잖아. 특히 아들은 성별이 다르니까 어긋나면 내가 감당이 안 되잖아. 그래서 무청에서 하는 학부모 대화법 교육을 내가 배우기 시작했는데 벌써 13년째야. 교육은 한 달에 한 번인데 끝나면 숙제를 내주니까 숙제를 잘해야 돼. 화가 나면 화를 내지 말고 2시간만 참아라, 늘 선생님이 그렇게 가르쳐주는데, 그러면 감정이 내려가면서 화도 정리가 되니까 무슨 말을 어떻게 해야 할지가 생각이 나는 거야. 화난 상태에서는 대화가 아니고 일방적으로 몰아붙이는 거잖아. 그걸 오랫동안 연습했어.

한번은 내 생일이야. 근데 둘째가 무청을 안 가고는 생일날 밤 11시 넘어서 꽃다발을 사 와서 주더라고. 내가 "와, 꽃 너무 예쁘다, 근데 나는 이 꽃 사 오는 것보다 무청 가는 게 더 좋은데", 그랬어. 애는 마음이 상하지. 그다음 날 우리 교육하는 날이라 선생님에게 물어봤어. 선생님이 그렇게 하기보다는 '엄마 생일 기억하고 꽃 사 와서 고마워. 근데 무청도 갔으면 더 행복했을걸', 그렇게 이야기하래. 그래서 그날 집에 가서 아들 앉혀놓고 말했지. "엄마 다시 할 거야." 애는 이미 삐쳤어. "뭘?" "어제 했던 거 다시 할래." "해 봐." 그래서 선생님이 가르쳐준 대로 했어. 그랬더니 아들이 "응, 어제처럼 했으면 무청도 안 가고 꽃도 안 사 와. 하지만 다시 했으니까 내년에는 무청도 가고 꽃도 사 줄게", 이래. 엄마가 자존심을 버리고 그렇게 노력하는 모습을 보더니 '우리 엄마는 다른 엄마랑 달라, 우리 엄마 최고'라는 얘기를 하더라고. 그렇다 보니까 아들이랑 아들 여자 친구 얘기를 할 만큼 굉장히 친하고, 많은 어려움은 없더라고.

내가 종종 이 대화법을 배우면서 '내가 이 대화법을 진즉 배웠으면 전남편을 잘 다듬어서 쓰지 않았을까? 애들한테 아빠라는 존재는 있지 않았을까?' 싶을 때가 많았어. 애들 키우면서 가슴 아플 때가 한두 번이었겠어? 교회에서 네 식구가 와서 예배드릴 때, 식당에서 다 같이 밥 먹는 모습 볼 때, 애들이 아빠 손잡고 나들이 가는 거 볼 때마다, '우리 아이들도 그렇게 생각했을 텐데' 싶고……

처음에 헤어져 살 때는 애들한테 아빠 미국 갔다고 둘러댔지. 어디 서류 낼 데 있으면 아빠 이름도 꼬박꼬박 적어 내고, 애들 상처받는 것도, 아빠 없다고 놀림받는 것도 그땐 엄두가 안 나더라. 큰애 중1 때 법적으로까지 서류 정리 끝났을 때 그때 얘기했어. 큰애는 눈치도 있고 알아들을 나이니까. 둘째는 더 어렸을 땐데 그래도 꿈나무학교랑 무청이 있어서 괜찮았어.

믿음이 틔운 미래

둘째 키우면서 내가 학교에 세 번 불려 갔어. 잘못한 게 있으니까 불려 가는데, 중2 때 담임은 애들 몇 명이 같이 일을 저질렀는데 우리 아들만 선생님이 엄마 이야기를 하면 눈물을 흘렸다는 거야. 그래서 "어머니, ㅇㅇ이는 아직은 괜찮아요",

그러더라고. 고맙더라. 중3에 올라가서는, 학기 시작하고 한 달도 안 돼서 담임한테 전화가 왔어. 우리 애가 학교 담을 넘었대. 우리 애가 집에서 엄청 일찍 나가. 친구랑 항상 같이 등교하는데, 그 친구가 좀 늦장을 부려서 중간에 버리고 갈 수도 없어서 지각이 되니까 담을 넘다 들킨 거야. 교무실에 불려 가서 사실대로 말을 했는데 선생님이 애 말은 안 들어주고 2학년 때 사건만 보고 판단해버린 거야. 얘가 학교에서 그냥 와버렸어, 자기 말을 안 믿어주니까. 집에 와서 씩씩거리고 누운 거야. 냅뒀지. 엄마가 아무 말도 안 하니까 애는 더 무서운 거야. 일요일 저녁에 이야기를 했지. "학교 안 갈 거야?" "아니, 갈 거야." "선생님이 네 말 안 믿어준 거는 선생님이 잘못했네. 하지만 무단으로 온 거는 네가 잘못했네. 가서 네가 무단으로 온 부분에 대해서는 잘못했다고 사과하고, 엄마도 선생님께 전화할 테니까 학교 가."

월요일에 선생님에게 전화를 했지. '우리 애가 이렇게 저렇게 했다고 하는데 선생님이 자기 말을 안 믿어줬다고 합니다. 왜 그렇게 판단을 하셨는지 혹시 2학년 때 사건에 관한 기록을 보시고 그렇게 처분하신 건 아니십니까' 하고 물었는데, 아니래. 한 달밖에 안 되셨는데 어떻게 그렇게 우리 아이를 잘 아시냐고, 아무튼 나는 지난 거 가지고 이야기하면 가만히 안 있을 거라고, 아이들은 그렇게 자라고 크고 하는 거라고 했어. 그런데 얼마 후에 또 전화가 온 거야. 어쩌고저쩌고하는데, 그렇게 판단하지 말라고 지난번에 분명히 말씀드렸고 모든 애들을 그렇게 전과자 취급하게 되면 애들이 갈 곳이 없다고, 애가 집에 있을 때는 내가 부모고 아이가 학교에 가면 선생님이 부모인데, 자녀를 그렇게 못 믿으면 애들이 누구에게 기대겠냐고, 못 하시겠으면 담임을 바꾸든지 할 테니까 한 번만 더 그렇게 하라고 얘기했지. 그랬더니 무사히 가더라.

고2 때도 선생님과 문제가 있었어. 그래서 선생님한테도 얘기를 하고, 둘째한테도 얘기를 다시 했지. 서로 곰곰이 생각해봐달라, 누구의 잘못 말고 서로의 잘못은 없는지. 그랬더니 선생님이 마음 문을 연 거야. 둘째도 그걸 느낀 거지. 선생님이 나를 믿어줬다면서 그때부터 공부를 얼마나 열심히 하는지……. 자기편이 있다는 게 그렇게 소중한 거고, 믿음이 애들을 변화시키더라고.

사랑이 말을 걸어

우리 애들은 아빠한테 정이 없어. 결혼한 지 5년 만에 바람나서 둘째 돌 지나서 헤어졌으니 그냥 아빠라는 것만 알지. 애 아빠가 1~2년에 한 번, 지가 전화하고 싶을 때만 해. 전화가 오면 내가 편하게 받아, 애들 아빠니까. 어디 있으나 내 새끼지만 또 어디 있으나 남편 새끼이기도 하니까. 남편이 잠시 와도 되냐고 해서 와도 애들이 아빠한테 할 말이 없대.

한번은 애 아빠가 큰애한테 "아빠 여기 와서 살고 싶은데", 그러더라고. 내가 텔레비전 보고 있다가 "뭔 소리야? 나 같이 안 살아", 그랬더니 큰애가 "엄마가 같이 안 산대요"라고 하니까 아빠가 "그럼, 딸, 나랑 살까?", 그랬더니 우리 큰딸이 "내가 아빠가 필요한 나이에는 없으셨잖아요. 지금은 독립할 나인데 누구랑 살아요", 그러니까 아무 말도 못 하고 가더라고. 나중에 술 먹고 울었대. 그 말이 사실이라서.

둘째는 그래도 아빠라고 세 번의 기회를 준 것 같아. 대학 들어갈 때, 군대 갈 때, 제대할 때. 대학 들어갈 때 전화를 했대. "엄마가 등록금 다 해줬는데 아빠가 대학 기숙사비 좀 주세요." 근데 소식이 없더래. 두 번째는 군대 갈 때 "저 군대 가요" 하고 연락을 했는데 소식이 없더래. 군대 다녀와서 "저 복학해요", 전화했는데 또 소식이 없어. 그다음에 애가 전화해서 그랬대. "지금처럼 살아요." 애 아빠가 그 전화를 받고 나한테 전화를 했더라고, 애 교육 잘못 시켰다고. 내가 "너 바보니? 우리 집 알잖아? 우리가 돈이 없으면 언니가 주고 오빠가 줘. 애가 전화한 거는 네가 보고 싶다는 거야. 너는 니 복을 찬다. 기회를 준 건데. 너는 끝났어." 둘째한테 너 결혼식 때 아빠 부르고 싶으면 부르라고 하니까 싫대, 아빠와의 추억이 하나도 없대.

큰애가 더는 아빠 전화 받지 말래. 그러면서 "엄마가 옆자리 비워두니까 자꾸 전화하는 거야", 그래. 둘째도 제대하고 나서 "엄마, 남자 친구 좀 사귀어, 결혼해", 그러는 거야. "왜? 너 나 모시기 싫어서 그러지?", 그랬더니, "나는 엄마를 변함없이 사랑하지만 남자의 사랑은 또 다르니까 엄마도 그런 사랑을 받아봐", 하더라. "돈은 없어도 돼. 내가 벌어서 줄게. 그냥 엄마랑 재미있게 살 사람, 사랑하는 사람 사귀어." "근데 믿을 놈이 없더라. 또 아빠 같으면 어떻게 하냐?", 그랬는데 새로운 사람이 생겼어.

소꿉친구야. 어릴 때는 우리 집에서 살다시피 했어. 그 집 형수가 나한테 '애기씨, 애기씨' 하고, 그 집 엄마랑 우리 엄마가 동서처럼 의지하고 살았는데 걔네는 부산으로 이사 가고 우리는 서울로 이사 오면서 헤어졌어. 그러다 나이 들어 동창회에서 만났는데, 어느 날 연락이 왔어, 잠시 보자고. 만났더니 중학교 때부터 내가 지 첫사랑이었대. 그때는 철이 없었고, 용기도 없었고 그래서 고백도 못하다가 이사하는 바람에 헤어진 거지. 그걸 이제 와서 고백을 하더라고. 그러면서 너도 혼자고 나도 혼자니까 함 만나보재.

애들한테 얘기를 했더니 애들은 사귀래. "우선 소꿉친구니까 50%는 먹고 들어가잖아? 믿을 수가 있잖아?", 그래. "근데 아니면 쪽팔리잖아." "만나보고 아니면 헤어지면 되지 뭐가 무서워? 뭐가 쪽팔려?” “그래, 우선 6개월 정도 만나보고 아니면 얘기할게. 그때 너희 상처받지 마”, 그랬지. 6개월 지나니까 제일 먼저 묻는 게 둘째야. “엄마, 어때?” “너는 어때?” “난 아저씨 너무 좋아. 결혼해.” 그래서 아빠가 생기면 네가 뭐가 좋냐고 물었더니, 목욕탕 한번 가보고 싶대. 그 얘기 듣는데 너무 가슴이 아프더라고. 나는 잘해준다고, 아빠 빈자리 없게 해준다고 내 나름대로 열심히 했거든. 선물도 제일 좋은 거, 장난감도 제일 좋은 거, 늘 애들 옆에 있어주려 했는데, 목욕탕은 내가 같이 못 가잖아? 세신사에게 부탁하고, 동네 형들, 아저씨들 목욕 갈 때 같이 등 밀어달라고 보냈는데…….

“미안해, 엄마가 너희 의사도 묻지 않고 이혼해서 정말 미안해.”

“괜찮아. 엄마가 열심히 살고, 사랑해주고, 다 해줘서 괜찮아. 아빠가 뭐 별거야? 엄마가 지금까지 같이 살았으면 고생했을 거야.”

너무 미안하고, 고맙고…….

지금은 우리 애들이랑 그 집 애들이랑 왕래하며 서로 잘 지내. 그쪽도 20대 아들 하나 딸 하나 있는데 생일날, 어버이날 같은 기념일에 같이 모여 밥 먹고 얼굴 보고 그래. 우리 집도 그쪽 집도 다 알고. 우리 집은 나 이혼하고 나서 한 번도 재결합이나 재혼하라는 소리를 안 했어. 내가 생각이 없으니까 아무도 말을 안 했던 거지. 그래도 느지막이 남자 친구 데려가니 모두 좋대. 또 아는 얼굴이라 더 반가워해주는데, 앞으로 어떻게 할지는 또 '다 니가 어련히 알아서 잘 하겠지' 하고 믿어. 우리 사이가 어떻게 될지는 나도 더 지켜봐야 할 텐데, 지금 참 좋아.

꿈꾸는 뜨거움

사람이 평탄하면 행복과 불행이 뭔지 잘 몰라. 나는 큰 고난을 겪었잖아? 이혼하고 애들 키우면서 산전수전 다 겪다 보니까 너무 귀한 걸 알게 돼서 좋은데, 수업료가 비싸. 그래도 이렇게 잘 살고 있는 걸 보면 다 빚진 덕분이야. 사람들은 내가 아이들을 잘 키웠다고 하는데 아니야, 아이들이 나를 돌봐준 거야. '아이들이 내 짐이야', 그러면 힘들어서 못 가. '쟤가 나의 활력소야, 쟤 때문에 내가 행복하고 즐겁게 사는 거야, 나를 복 받게 해주는 거야', 그렇게 믿으면 나는 이겨낼 수 있다고 봐. 근데 그건 남이 해줄 수 있는 게 아니거든. 또 처음부터 잘하는 거 아니야. 연습하고 또 연습해야지만 되는 거야.

지금 와 돌아보면 이혼하고 내가 사람이 됐지. 지금은 못하는 게 없어, 다 잘해. 오히려 더 당당해. 한번은 내가 애들 아빠한테 그랬어.

"고마워."

"왜?"

"네가 보물 두 개(두 자녀)를 다 날 줬지. 또 내가 못 하는 일 없는 멋진 여자가 된 것도 다 네 덕이다. 너랑 안 헤어졌으면 내가 돈 벌 생각도 안 했을 거고, 새로운 삶을 경험하게 됐겠냐? 그래서 고맙다."

또 생각해보면 가족들 덕분이야. 어렸을 때 사랑 많이 받고 커서 나는 늘 자존감이 높았어. 당당했어. 안 그랬으면 그렇게 대담하게 사회생활하지 못했을 거야. 힘들고 어려울 때 교회를 찾아간 것도 생각해보면 엄청 행운이지. 그래 난 '내가 행운아다', 그래.

힘든 일 많이 겪어오면서 배운 것 중 하나는 '힘들고 어려운 사람 생기면 어설픈 말 한 마디보다 그냥 밥 한 끼 사주고, 손 잡아주고 다독거려주는 게 좋구나. 가족이라도 어설프게 말을 보태면 상처가 되고 힘들구나' 하는 거. 또 '사람은 힘들 때 가족도 필요하지만 친구도 필요하고 지원해주는 기관도 필요하구나' 하는 거야. 특히 요즘은 결혼이주여성들도 많은데, 그분들이 나와 같은 경험을 하게 되면 언어도 다르고 문화도 다르니까 더 어렵겠구나 싶어서 곁에서 상담해주고 손잡아주는 기관이 있으면 좋겠다 싶고, 앞으로 내가 그런 일을 해보고 싶다는 욕심도 들고. 내 오랜 꿈이 고아원 원장이었거든, 아이를 엄청 좋아해서. 지금 고아원 원장은 못 됐지만 애들 키우면서 학교를 두 개나 만들고 학부모 회장도 하고, 지역아동센터 운영위원장을 하잖아? 아, 그래, 사람이 꿈을 꾸니까 이렇게 살아지는구나 싶어 욕심 내보려고, 꿈꿔볼라고.

인생을 좀먹는 편견과 서사

이혼여성, 한부모가족이라 적고 몇 번이나 쓰고 지우길 반복했다. 대체 가능한 표현을 찾아 한참을 뒤적였지만 대안을 찾지 못했다. 특히 한부모가족은 기존의 홀어머니, 홀아버지라는 호칭이나 편부모가족이 결손, 결핍 등 부정적 뉘앙스가 강하다는 비판에 따라 1999년부터 변경된 호칭이다. 이렇듯 둘 다 혼인관계, 가족구성의 형태를 지칭하는 보통명사로 널리 보편화된 표현이지만 못내 불편했던 건 이혼, 한부모라는 단어에 달라붙은 사회적 편견과 혐오 때문이다. 2018년 기준 다섯 쌍 중 두 쌍이 이혼을 선택하는 현실에서도 여전히 강력한 '정상가족=이성애자 부모와 자녀'라는 신화는 이혼, 한부모라는 사실을 인간관계와 사회생활의 약점으로 만든다. 때론 노골적인 차별이, 때론 은밀하고 미묘한 억압이 영혼을 좀먹고, 사람을 병들게 한다. 삶과 관계는 우울하고 수치스러워지기 쉽다.

또한 머뭇거림은 누군가의 삶 앞에 이 두 단어가 붙었을

"사람이 평탄하면 행복과 불행이 뭔지
잘 몰라. 나는 큰 고난을 겪었잖아?
이혼하고 애들 키우면서 산전수전 다
겪다 보니까 너무 귀한 걸 알게 돼서 좋은데,
수업료가 비싸. 그래도 이렇게 잘 살고
있는 걸 보면 다 빚진 덕분이야. 사람들은
내가 아이들을 잘 키웠다고 하는데 아니야,
아이들이 나를 돌봐준 거야."

때 쉽게 떠올리는 삶의 전형성 때문이기도 했다. 각 개인과 가족이 빚어내는 고유한 삶의 질감과 색채는 사라진 채 불쌍하고, 빈곤하며, 납작하게만 상상되고 재현되는 게 못내 찜찜했다. 공통의 고통을 드러낸다는 사회적 의미가 무색했다. 물론 최근 들어 눈에 띄는 변화도 있다. 일례로, 피해자 혹은 주변부에 위치하던 이들이 드라마와 예능의 주인공으로 간헐적이나마 등장하면서 이전과 다르게 재현된다. 하지만 거의 대부분 중산층 이상의 삶을 누리는 이들로, '이성'과의 썸, 연애와 같은 낭만적 로맨스의 주인공으로서만 소비되는 듯해 씁쓸했다.[2] 두 단어만 적고 한동안 한 문장도 적지 못한 이유다.

결혼과 이혼, 모두 행복을 위한 선택

2018년 한 해 동안 25만 7600여 쌍이 법적 부부가 됐고, 10만 8700여 쌍이 법적 남이 됐다. 2017년도에 비해 결혼율은 2.6% 감소한 반면 이혼율은 2.5% 증가했다. 또한 남성의 평균 이혼연령은 48.3세, 여성은 44.8세로 10년 전인 2008년과 비교하면 남녀 평균 이혼연령이 각각 4.0세, 4.3세 높아졌다.

1970년대 이후 급증하며 사회문제가 된 증가하는 이혼에 누구는 '망조'라 말하고, 누구는 '선택'이라 말한다. 하지만 타인의 평가가 어떠하든 이혼은 가족의 죽음 다음 순위에 놓일 정도로 높은 수준의 스트레스를 유발하는 사건이다. 이혼 초기 상당수의 이혼자들이 정서적인 혼동과 우울, 낮은 자존감과 외로움, 경제적인 어려움, 가족과 사회관계의 부정적 변화 등을 경험한다. 특히 자녀가 있는 경우 자녀와의 갈등 및 관계 변화, 자녀의 부정적 변화 등의 어려움도 헤쳐 나가야 한다.[3]

그럼에도 불구하고 이들이 이혼도장을 찍는 건 불행에 한 매듭을 짓기 위해서다. 행복하기 위해 결혼을 선택했듯, 자발적 이혼은 다시 행복하기 위한 선택이다. 결혼이 축복받았듯 어떤 이혼들이 축복받지 못할 이유가 없다. 2018년 통계청 조사에 따르면 '이유가 있더라도 가급적 이혼해선 안 된다'는 응답비율이 2006년 40.4%에서 2016년 30%로 10.4%포인트 감소한 반면, '경우에 따라 이혼할 수도 있고, 하지 않을 수도 있다'는 응답비율은 2006년 29.4%에서 2016년 43.1%로 13.7%포인트 증가했다. 이혼에 대한 세간의 인식이 변화하고 있는 것이다. 사회 분위기를 반영하듯 법적 부부가 아니더라도 일상을 함께하는 파트너를 생활동반자 관계로 인정하는 '생활동반자법'이 2014년 발의되기도 했다. 하지만 일부의 인식만 너무 앞서갔는지 법의 처리는 2020년 1월 현재까지 진전이 없고, 결혼엔 찬사를, 이혼엔 손가락질을 보내는 경향 역시 견고하다. 자신과 가족의 이혼을 대수롭지 않게 터놓는 사람도 흔치 않다. 두 세계가 만나 민낯을 마주보고 일상을 공유하며 한 생을 같이 산다는 건 기적 같은 일임에도, 이혼한 이들에게 인생의 실패자 혹은 낙오자라 오명을 씌운다. 스스로도 그 덫 안에서 자유롭지 못하다. 한 방송인의 "(주변에서는) 내가 이혼해서도 멋지게 살 거라고 생각하지만 완전히 거지꼴이 됐다"[4]는 심경 고백에 많은 사람들이 깊은 공감을 표했던 건 어쩌면 바로 그 때문일 게다.

상처 주는 사회, 아파하는 자녀

사회적 멍에는 자녀가 있는 경우 더욱 큰 어려움으로 현실화된다. 2018년 실시된 '한부모가족 실태조사'에 따르면 한부모가족의 77.6%는 이혼, 15.4%는 사별에 기인한다. 한부모가족은 미성년(만 18세 미만, 취학 시 만 22세 미만) 자녀와 어머니, 혹은 아버지로만 구성된 가족을 의미하는데, 40대 한부모가 54.5%로 가장 많았고, 가구구성은 모자를 중심에 둔 가구(65.4%)가 부자를 중심에 둔 가구(34.6%)에 비해 약 2배 정도 더 많았다.

다수의 한부모가족이 공통적으로 호소하는 어려움은 생계와 고립된 양육의 이중고다. 한부모 5명 중 4명 이상이 노동시장에서 일을 한다. 그러나 소득은 전체 가구의 절반밖에 안 되는 반면 장시간 노동에 시달린다. 한부모의 41.2%가 1일 10시간 이상 일하고, 16.2%가 휴일 없이 일한다. 주 5일제 근무를 하는 한부모는 36.1%밖에 되지 않는다. 이런 현실은 5명 중 4명이 양육비를 받지 못하고 있는 상황과 맞물려 한부모 가족의 경제적 어려움을 가중시킨다. 그렇기 때문에 한부모의 80% 이상이 '양육비·교육비 부담'을 호소하고, 2명 중 1명의 한부모가족이 정부 지원을 받고 있다.

주목할 것은 일반적으로는 모자가구가 더 많은 경제적 어려움을 경험한다는 점이다. 이는 생계부양자였던 남편의 부재에 따른 경제적 자원 상실의 결과이기도 하지만 남성 생계부양자 규범에 따른 결과이기도 하다. 즉 생애과정에서 여성이라는 이유로 남성에 비해 교육과 직업능력 향상 기회에서 배제되고, 출산과 결혼, 양육 등의 이유로 노동시장에서 배제되는 식으로 누적된 젠더차별이 이혼이라는 사건을 통해 표출된 것이다.[5] 실제로 모자가구의 경우 서비스 종사자 비율이 높았던 반면 부자가구의 경우 사무 종사자가 많았다. 또한 모자가구의 근로 수입이 평균 169만 4000원이었다면 부자가구는 평균 247만 4000원으로 약 80만 원의 차이가 났다.

"이혼으로써 화를 입는 것은 남성보다는 여성이다. 부녀의 결혼은 직업을 얻는 것을 의미한다. 이혼은 즉 직업을 잃어버리는 것이다. 생활의 능력 없고 생활권 획득에 모든 기회를 잃은 그들의 갈 곳은 기아나 추락의 구덩이가 아니고 무엇이냐." 한 세기 전에 게재된 1928년 3월 2일자 〈동아일보〉 사설에 별다른 격세지감이 느껴지지 않는 것은 공고하게 사회구조화된 젠더차별을 새삼 반추하게 한다.

양육의 공백과 자녀에 대한 차별 역시 눈앞에 닥친 어려움이다. 자녀가 평일 일과 후 돌봐주는 어른 없이 혼자 있는 비율과 시간이 꽤 높다 보니 이는 고스란히 미안함으로 쌓인다. 성별이 다른 자녀가 성장함에 따라 필요한 역할 공백에 죄책감을 느끼기도 한다. 또한 양육의 가장 큰 난관은 '자녀가 경험하는 사회적 차별'이라고 답할 만큼 한부모가족을 바라보는 세상의 시선은 곱지 않다. 결손가정이라는 낙인, 청소년 비행과 범죄의 온상으로 보는 시각은 부모의 죄책감을 가중시킨다. 자녀 때문에 결혼관계를 유지하고 자녀 때문에 이혼을 선택했을 만큼 자녀는 삶에서 매우 중요한 우선순위건만, 동네에서, 보육시설이나 학교에서, 일터에서 아이가 감수해야 하는 사회적 차별 앞에서 부모는 속수무책일 때가 많다.

세상은 함께 바뀐다

정부는 1988년 '모자복지법'을 시작으로 한부모가족에 대한 지원을 시작한 이래, 2003년 '모부자복지법', 2007년 '한부모가족지원법'으로 법 명칭을 개정해 한부모가족을 지원해오고 있다. 저소득 한부모가족이라면 임신·출산 지원, 아동양육비 지원, 중·고등학생 학용품비 지원, 보육료 지원, 양육수당 지원, 돌봄 지원, 상담 및 법적 지원을 통한 양육비 이

행 원스톱 종합서비스, 임시 주거 및 심리상담, 산모의 의료 서비스 등의 한부모가족 복지시설 지원 등을 받을 수 있다. 만 24세 이하의 청소년 한부모가족에게는 아동양육비 및 자립촉진수당 등의 자립 지원, 임신·출산 지원, 학업단절 및 중단을 예방하기 위한 교육비 지원 등이 정책화돼 있다.[6]

매년 지원 규모가 확대되고는 있지만 현재 수준의 지원으론 경제적 어려움을 해소하거나 양육의 공백을 메우기 어렵다는 지적이 많다. 또한 앞서 언급했듯 모자가구의 빈곤은 경제적 지원을 넘어선 사회구조의 문제다. 따라서 좀 더 종합적이고 체계적인 접근과 노동시장의 규범, 인식의 변화가 조화를 이룰 때 새로운 전망이 가능하다. 다양한 형태의 가족을 상상하고 지원하는 정책과 제도를 마련하는 것, 그리고 이를 실현하는 용기는 더욱 많은 것들을 근본적으로 변화시킬 것이다.

사람들은 누구나 행복하길 원한다. 그리고 그 행복을 위해 누군가는 단 한 번밖에 없는 생을 두고 때론 결혼을, 때론 이혼을 선택한다. 둘 다 삶의 방관자가 아닌 행위자로서의 결단이다. 세상에 쿨한 사랑과 이별은 없다. 홀로 살 수 있는 사람도 없다. 우리는 무수한 세계, 사람과 관계 맺고 공존하기에 필요한 건 따뜻한 곁의 존재다. 가족이, 이웃이, 사회가 기꺼이 곁이 될 때, 세상을 함께 바꾸며 개인의 고유성과 가족형태의 다양성을 인정할 때 삶은 달라진 모습으로 우리 앞에 선다.

저는 워낙 자유분방한 애였어요. 제 또래 중에서도 특이한 애
였고. 어릴 적부터 저의 삶을 그리는 이미지가 있었거든요. 넓
은 세계를 보고 싶었고, 다양한 걸 경험하고 싶었어요. 북한에
선 장사를 해서 돈은 많이 벌었고 하고 싶은 것도 다 했는데,
제 삶은 없다는 생각이 드는 거예요. 그래서 떠났어요.

2장 국경을 넘고 넘었어요, 내가 되기 위해

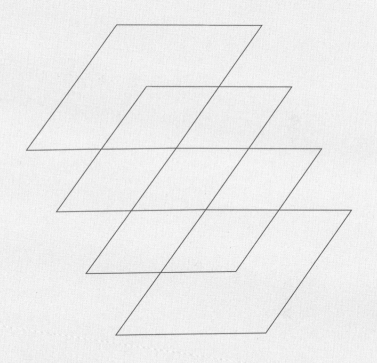

20대 탈북여성, 그가 말하는
북한과 남한, 그 경계 넘기

이건
사람의
이야기예요

구술: 제시 킴
글: 박희정

수년 전 파주로 이사 오고 나서야 나는 북한에 대해 진지하게 생각해보게 되었다. 임진강 건너로 보이는 북한 땅을 맨눈으로 보면서 그 가까움에 새삼 놀랐기 때문이다. 국경이란 임의로 그어진 선에 지나지 않은데 나는 왜 북한을 그리도 멀게만 느꼈던 걸까. 2019년 초에 탈북여성의 이야기를 다룬 한 다큐멘터리를 본 뒤 자료를 찾아보면서 나는 또 놀라운 사실을 알게 되었다. 탈북자의 8할 가까이가 여성이었다.[1] 1990년대만 해도 여성은 10분의 1에 불과했는데 2000년대 들어 급격히 늘어난 것이다. 도대체 북한 여성들에게 무슨 일이 일어난 것일까. 국가의 허락 없이 국경을 넘어본 적

없는 나로서는 그것이 어떤 경험인지 도무지 상상되지 않는
다. 국경을 넘는 여성들을 머릿속에 떠올려보았다. 멀리서
보면 비슷해 보이지만 가까이서 보면 모두 다른 그 '얼굴들'
의 이야기에 다가가고 싶었다. 알음알음으로 몇 명에게 인터
뷰를 요청했으나 번번이 거절당했다. 자신을 드러내기 부담
스럽다는 이유였다. 수소문 끝에 'LiNK(링크)'에 연락했다.
'Liberty in North Korea'의 머리글자를 딴 LiNK는 북한 인권
개선을 위해 활동하는 국제 비정부단체이다. 2004년 재미교
포 학생들이 중심이 되어 만들어졌으며 LA에 본부를 두고 있
다. 서울 지부는 2012년부터 활동 중이다. 링크에 메일을 보
내고 일주일 뒤, 나는 '제시 킴'의 연락처를 받았다. 대학생이
자 링크 활동가인 20대 여성이다. 우리의 첫 만남은 그가 다
니는 대학 앞이었는데, 그는 멀리서도 한눈에 알아볼 수 있는
씩씩한 걸음으로 성큼성큼 나에게 다가왔다.

엽기적인 그녀와 초코파이

　저는 1991년생이에요. 제가 살던 곳은 양강도 혜산이란 곳
이에요. 양강도는 백두산이 있는 도예요. 압록강 건너편에 중
국 장백현이 있어요. 저희 집이 중국하고 되게 가까웠어요. 눈
뜨고 나가면 중국이 보였죠. 압록강에서 중국 친구들이랑 같
이 만나서 놀기도 했어요. 설 명절 같은 때면 우리는 전기가

없어서 캄캄한데 압록강 건너를 보면 거기는 너무 밝은 거예요. 중국은 대보름 되면 축포를 터뜨리잖아요. 엄청 예뻐요. 저희도 다 보거든요. 그냥 보이는 거니까. 저 나라는 잘살아서 저렇게 사나? 이 나라는 가난해서 불빛이 없나? 참 신기하다. 그런 생각을 했죠. 옆집은 환한데 우리 집은 캄캄한 거잖아요.

워낙 가깝다 보니까 중국 텔레비전 방송 같은 것도 잘 잡히거든요. 밤에 늦게 부모님 잘 때 몰래 보는 거죠. (웃음) 그 시간에 사극을 해요. 중국은 사극이 많잖아요. 진짜 어릴 적이었죠. 여덟 살, 아홉 살, 열 살 때. 혜산은 아무래도 내륙보다는 외국 미디어를 접하는 게 쉬웠죠. 밀수를 통해서도 많이 들어와요. 불법이니까 가만가만 몰래몰래 판매하지만 내륙보다는 훨씬 자유롭고 훨씬 양이 많죠. 정부의 손길도 아무래도 평양 근처보다 덜 닿아 있어요. 한국 드라마를 많이 봤어요. 방영시차는 별로 많이 안 났어요. 〈마이걸〉이라는 드라마가 있어요. 이준기랑 이동욱이랑 이다해 나오는 것 있잖아요. 제가 그걸 북한에서 2007년 말쯤 CD로 판매했거든요. 되게 오래된 드라마인 줄 알았어요. 한국 와서 보니까 아니더라고요. 한국에서는 2005년 말부터 2006년 초에 방영했거든요. 〈순풍 산부인과〉는 중국에서 오는 채널을 잡아서 바로 본 사람들도 있어요. 그래서 그런지 한국에 처음 왔을 때 그렇게 낯설다는 느낌은 없었어요.

영화 〈엽기적인 그녀〉에서 전시현 머리카락이 차르르하잖아요. 그게 매직펌을 해서 그런 거잖아요. 북한에서는 그때까지 매직펌이라는 게 없었거든요. 엄마들은 그냥 꼬불꼬불하게 파마를 하고 여자애들은 길러서 매고 다니고 그 정도였어요. 근데 그 영화가 돌아다닌 순간부터 매직기하고 매직펌약이 엄청 들어온 거예요. 또래 애들 보면 다 하나씩 가지고 있었어요. 자라면서 초코파이 같은 거를 많이 먹었어요. 맛있잖아요. 밀수해서도 많이 들어왔고, 개성 쪽에서도 많이 왔죠. 개성공단에서 일하는 노동자분들한테 초코파이를 간식으로 나눠주는데 그분들이 그걸 안 드시고 모아요. 한 가족 세 명이 일을 한다면 하루에 세 개씩 모으면 열흘이면 30개가 모이잖아요. 그러면 박스로 포장해서 판매하는 분들이 있어요.

북한에서 '장마딩'이라고 부르는 시장이 있어요. "고양이 뿔 외에는 장마당에서 다 구할 수가 있다"는 말이 있어요. 나가면 국산품이라는 거는 볼 수가 없고 거의 중국 제품이었죠. 사탕, 두부 같은 것 정도가 북한에서 만든 거예요. 한국 글씨 쓰여 있는 건 비쌌어요. 얼마 전에 누가 북한과자라고 두 가지를 가져다줘서 먹었는데 너무 맛이 없는 거예요. 어릴 때는 맛있게 먹었던 기억이 있거든요. 과자 두 개 중에 하나는 알겠는데, 하나는 전혀 본 기억이 없어요. 이게 북한과자라고 하는데, 저는 '응? 이런 걸 왜 나는 구경한 적이 없지?' 싶더라고요. 워낙 중국과자를 많이 먹어서요. (웃음)

어느 틈에 온 변화

부모들보다 저희 세대가 다른 나라 문화에 대해서 관대했던 것 같아요. 부정적이거나 거부감이 없었어요. 외국문화, 특히 중국문화를 많이 받아들였어요. 중국에서 시시각각 유행 따라 옷이 들어오면 다 사 입고 그랬죠. 한국 드라마나 영화 보면 몸매가 딱 드러나 보이는 옷이 많이 나와요. 저 스무 살 때 그런 옷들을 앞뒤로 뽈록뽈록하게 입고 다니면 어른들이 다 뭐라고 했어요. 더 어릴 때는 여자가 반바지 입으면 "저 미친 또라이", 이랬거든요. 그러든지 말든지 입고 다녔죠. 심지어 저는 귀를 뚫지도 않았는데도 귀고리를 붙이고 다녔거든요. 귓불에 집는 것 있잖아요. 목걸이 하지 마라 그러면 일부러 커다란 걸 하고 다니고.

갈색머리를 하지 마라. 머리 기르지 마라. 나팔바지 같은 것 입지 마라. 누가 안 해요? 더 하고 다니지. 하지 말라면 더 하는 게 인간의 심리잖아요. 단속당하면 말지, 뭐. 다들 그런 생각이었죠. 평양에는 외국문물이 더 많이 들어오잖아요. 외교관 자녀들이나 유학생들이 외국에 나갔다 오니까요. 평양에서 흰 바지 입고 그럴 때 양강도에서 저는 '흰 바지 어떻게 입지?', 이랬거든요. 막상 입었는데 너무 좋은 거예요. 예쁘고 날씬해 보이고. 북한 드라마에서 평양이 나오면 그쪽에서 유행하는 옷 같은 것도 본 따서 만들었어요. 그게 변화인 줄도 몰랐어요. 그냥 살아오다 보니까 변해 있었던 거예요.

저희 아빠 세대보다 조금 더 나이가 어린 삼촌들을 보면요, 패싸움 같은 걸 많이 했어요. 다리 하나 사이에 두고 패 갈라져서 아랫동네 윗동네끼리 엄청 싸웠거든요. 왜 싸웠냐고요? 몰라요. 기운이 뻗치니까 그걸 해결할 길이 없어 싸웠나보죠. (웃음) 그냥 시답지 않게 맨날 싸웠어요. 제가 삼촌들 보고 "오늘은 또 누구하고 싸워?", 이럴 정도로. 저희 집이 딱 십자길에 있었는데, 저 대여섯 살 때 맨날 유리창이 깨져나갔어요. 삼촌들이 저희 집에 죽치고 있어요. 아빠가 교수다 보니까 저희 집에 함부로 못 들어오거든요. 그분들이 나중에 결혼해서 애 아빠 됐을 때 되게 이상하더라고요. 지금 만나면 막 놀릴 것 같아요. (웃음)

근데 저희 세대 애들은 그렇게 싸우는 일이 없었어요. 길이 조용해요. 집에 가서 다들 외국 드라마나 영화를 봐요. 어떻게 하면 돈 벌까를 궁리하고. 연애에 관심이 많고 스킨십 같은 거에도 오픈되어 있었어요. 생일 때나 파티하고 놀 때면 외국 노래들이 신나잖아요. 그걸 카세트에 담아 틀어요. 그런 거는 조금 단속을 하거든요. 그러니까 큰 도로에서 떨어진 집에 모여서 놀죠. 단속은 많이 하는데 워낙 사람들이 많이 하다 보니까 다 컨트롤 못 하는 거죠. 그 사람들을 다 잡아갈 수도, 다 죽일 수도 없잖아요. 그러면 나라의 존폐 위기가 오는 건데. 똑똑한 사람 다 빠져나가고 진짜 운 나쁜 사람이 하나 걸려서 목숨을 잃는 거예요. 시범케이스로. 하지만 그때뿐이에요. 그 사람이 죽었지 내가 죽은 건 아니잖아요. 자본주의 문화나 돈에 관한 관점도 한번 맛들이면 되돌릴 수는 없어요. 이미 핸드폰이 좋은 줄 아는데 그걸 안 쓸 리가 없잖아요. 이미 흰쌀밥이 맛있는 걸 아는데 옥수수밥 안 먹을 것 같아요. 그리고 컨트롤하는 층 자체가 뇌물을 받아야 살아요. 지위를 가지고 있다고 해도 국가에서 따로 내려오는 돈이라는 게 거의 없으니까요. 서로가 공생을 해야 하는 관계인 거죠.

열다섯 살의 장사꾼

어릴 적부터 장사를 했어요. 열세 살, 한국 나이로는 열다섯 살에 시작했어요. 남들은 학교 갈 때 나는 돈 벌러 다녔죠. 북한에서도 보통의 일은 아니죠. 일반적으로 다른 애들은 장사라고 해봐야 산나물 뜯어다 조금씩 팔고 음식 가져다 팔고 그런 정도예요. 저처럼 장사를 크게 하는 애들은 드물었거든요. 전 술장사를 했었어요. 한국에서 말하는 그런 술장사가 아니라 도시에서 술 가져와서 집에서 판매를 하는 거예요. 내가 가져다 놓으면 할머니가 팔았어요. 엄마가 저 열세 살 때, 2003년도에 돌아가셨어요. 아빠는 재혼하고 저는 가정에 방치가 돼 있었죠. 그래서 할머니하고 같이 생활을 하게 됐거든요.

할머니가 연로하시고 할아버지가 5년을 앓다가 보니까 생활이 조금 어려웠어요. 열세 살 때 엄마 돌아가시고 열네 살 봄에 할머니 댁에 올라갔는데 저도 그 가난 속에 같이 있다 보니까 당연히 학교를 못 가게 된 거예요. 다른 친구들 학교 갈 때 솔직히 부러웠어요. 저도 학교 가면 공부 잘할 것 같은데…… 돈을 벌어야겠다는 생각을 그때부터 한 거죠. 농사 지어서 먹고사는 데는 한계가 있었어요. 사람이 밥만 먹고 살순 없잖아요. 생필품을 사려면 식량을 팔아서 사 와야 해요. 그러면 또 식량이 모자라는 악순환이 계속되는 거죠. 그래서 2005년 여름에 산에 가서 고사리 뜯고 산열매 따고 약초 캐고 해서 10만 원 정도의 장사 밑천을 만들었어요.

제가 장사에 대해서 조금 머리가 돌아요. 돈 버는 머리가 빨랐어요. 술을 팔 때 대가를 돈으로 받는 게 아니라 감자로 받았어요. 술 한 병에 감자 10킬로그램씩 받아서 다음 해에 팔아요. 가을이면 감자가 싼데, 봄이면 몇 배로 올라요. 그때 술 한 병에 400원이었거든요. 가을감자 1킬로그램에 40원이었어요. 그러면 10킬로그램이 딱 맞는 거예요. 근데 봄날이면 그 감자 1킬로그램이 200원이 넘어가거든요. 그해 가을에 감자 3톤을 샀어요. 그걸 다음 해에 파니까 엄청나게 이익이 불어났어요. 점점 장사를 크게 하게 됐어요. 자본주의적 개념을 빨리 깨우쳐서 어린 나이에 돈을 좀 벌었죠. 진짜 돈 되는 건

다 했던 것 같아요. 위안화 거래부터 시작해서 보석까지. 인신매매, 마약, 금, 이런 것 외에는 가리지 않고 한 거죠.

위험한 건 하지 말자고 생각했어요. 저는 제 삶의 원칙이 뚜렷하거든요. 내가 쉽게 헤어 나올 수 없는 일은 절대 하면 안 된다. 제가 장사를 하지만, 그 장사로 제가 누구한테 피해를 보거나 누가 저로 인해서 상처를 받거나 그런 게 용납이 안 돼요. 태어난 사람의 삶은 소중하다는 생각을 해요.

위험한 걸 하지 않는 대신 파는 양을 많이 해서 이익을 크게 냈어요. 다른 사람이 이 물건을 1000원에 구매할 때 나는 1050원에 구매를 해도 이익인 거예요. 다른 사람은 가족이 있지만 전 혼자잖아요. 그 이윤이 오직 저 혼자만의 거잖아요. 가족이 있는 사람은 가족의 이윤이잖아요. 그러다 보니까 내가 판매할 때는 남보다 10원 20원 싸게 팔고, 구매할 때는 40원 50원 비싸게 구매를 했어요. 경쟁력이 생겼어요. 그리고 누가 돈이 필요할 때 많이 도와주고 신뢰를 쌓았어요. 돈을 빌려주고는 약초가 나는 계절에 그 약초를 캐서 갚아달라고 해요. 그러면 저는 굳이 물건을 구매하러 다니지 않아도 되는 거잖아요. 받은 약초를 팔면 또 이윤이 나오는 거고.

권력이냐 돈이냐예요

친구들은 다 절 부러워했어요. 왜냐면 돈이 최고니까. 저

희 세대는 배급이라는 걸 모르고 살았거든요. 저희 부모세대
는 그래도 국가로부터 식량배급이나 뭔가 혜택을 받고 살았
지만 저희는 그런 세대가 아니에요. 저는 어릴 적부터 내가
뭘 원하면 돈을 줘야만 그걸 가질 수 있다고 생각했어요. 남
한 사람들이 공산주의, 사회주의 사회면 다 공유하고 공짜로
뭘 준다고 생각하지만, 절대로 그렇지 않아요. 지금 북한은
껌 하나도 내가 돈을 줘야지 살 수 있어요. 국가가 나를 위해
서 뭘 해줘야 된다 안 된다, 그런 걸 아예 몰랐던 것 같아요.
애초에 받은 게 없으니까.

북한에서 제일 많이 하는 말이 '어린이들은 나라의 왕'이
에요. 무상교육 무상의료 이런 게 있어요. 개뿔! 학교에 갈 때
등록금은 없어요. 하지만 수업하다 밥 먹으려면 내가 알아
서 먹어야 하고, 책 사려면 내 돈 주고 사야 해요. 심지어 교
실 꾸미는 것도 학생들이 돈 내서 해야 돼요. 교실이 낡아서
바닥을 다시 깔아야 하거나 유리를 바꿔야 하거나 하면 학부
모들이 얼마씩 돈을 모아서 다 꾸며주거든요. 심지어 겨울에
불 때려면 1인당 나무를 30단씩 내라는 규정이 있었어요. 그
게 무슨 무상교육이에요? 병원 가서 의사 보는 건 무상의료
가 맞아요. 근데 가도 치료를 못 하는데. 의사는 진찰만 해주
는 거예요. 병원에 약이 없으니까, 내가 약을 사 가서 그 의사
가 나눠주는 거예요. 그게 무슨 무상의료예요?

북한사회에서 여성이 경제활동에서 차지하는 비중이 되게 커요. 여성들이 장사를 되게 많이 해요. 북한에서는 무조건 남성들은 어느 직장에든 법적으로 이름이 걸려 있어야 해요.[2] 출근을 해야 하는 의무가 있어요. 출근 안 하는 청년들은 시범적으로 '단련대'를 보내요. 교화소 같은 데를. 여자들도 고등학교까지 졸업하면 어딘가에는 취직을 해야 돼요. 그 대신 여성은 결혼하게 되면 직업적으로 조금 자유로워져요. '여맹(조선사회주의여성동맹)'이라는 걸로 넘어가거든요. 그냥 집에 있어도 상관없어요. 남자들은 결혼해도 직장에 이름 걸고 일을 해야 돼요. 남성 위주로 그 가족을 세다 보니까 그런 게 있는 것 같아요. 북한은 가부장사회다 보니까 남자에게 여자가 귀속된다는 생각이 있어요. 여자는 내가 양강도 살다 평양 남자랑 결혼하면 평양으로 갈 수가 있거든요. 근데 양강도 남자는 평양에 갈 수가 없어요. 지역에 매여 있어야 되죠. 남성들은 직장에서 활동해야 되고 일을 하려면 북한사회를 옹호하고 주체사상을 옹호해야 해요. 여자들은 그런 데서 조금은 소외되거든요. 그리고 여성이란 것 때문에 장마당 활동을 활발하게 해도 좀 눈감아줘요.

남자들이 벌어다주는 돈은 한 달 생활비로는 턱없이 부족해요. 저희 아빠는 교수였는데 월급이 1500원이었어요. 쌀이 1킬로그램에 3000원, 4000원이에요. 1500원 가지고 뭘 사요. 아빠가 교수님인데도 월급이 그래요. 근데 장마당 가서 장사를 한 번 하면 몇천 원, 몇만 원씩도 벌잖아요. 엄마들이 장사를 해서 생활하다 보니까 가정 내에서 여성의 목소리가 조금 커지게 됐어요. 엄마들이 사회에 나가서 활동하는 범위가 커지게 되는 거죠. 장사하다 보면 외국 미디어도 많이 접하게 되고 많은 사람들도 만나게 되니까 세상물정을 더 빨리 받아들여요. 장사 자체가 자본주의적인 룰이잖아요. 거부감이 없는 거죠. 정부에서 학교에서 "자본주의는 악이야! 미국은 나빠!"라고 하지만 '악은 무슨, 돈 좋기만 하더구만. 달러가 좋기만 하구만',(웃음) 그런 걸 먼저 깨닫는 거죠. 그리고 우리하고 다른 삶을 보게 되고, 그러다 보니까 탈북하는 경향이 있죠. 가족의 생계를 위해서도 탈북하고. 여기서 이런 삶을 계속 살면 내 자식도 이 삶밖에 없구나 싶어서 탈북하신 분도 있어요. 내가 뭔가 도전을 했을 때 그래도 나은 삶이 나한테 찾아질 수 있다는 기대감도 있는 거죠.

사회가 변하면서 한 2000년대 후반부터는 직장을 다니는 사람은 바보라는 생각이 퍼졌어요. 직장에 돈을 내고 출근은 안 하는 거예요. 이름만 걸어놓는 거죠. 저희 아빠도 그랬거든요. 아빠 친구 직장에 이름만 걸어놓고 1년에 나무 한 차씩 그 직장에 줬거든요. 똑똑하면 다 그런 방법 쓰는 거예요. 아니면 법적으로 권력 있는 분들은 그 직업 가지고 사는 거죠. 저희 형부

"저는 어릴 적부터 내가 뭘 원하면 돈을 줘야만
그걸 가질 수 있다고 생각했어요.
남한 사람들이 공산주의, 사회주의 사회면
다 공유하고 공짜로 뭘 준다고 생각하지만,
절대로. 국가가 나를 위해서 뭘 해줘야
된다 안 된다, 그런 걸 아예 몰랐던 것 같아요.
애초에 받은 게 없으니까."

들 같은 경우는 거의 다 검찰인데 합법적 월급이라는 건 별로 없어요. 하지만 그 대신 그 권력을 가지고 할 수 있는 게 너무 많으니까요. 뇌물 받아 먹고사는 거죠. 예를 들어 내가 이 지역에서 장사를 하겠다고 하면 눈치 볼 사람이 경찰도 있고 안전원도 있고 많아요. 그런데 여기 대빵한테만 잘하면 그 사람들은 나한테 손을 못 대잖아요. 대빵이 최고죠. 권력이나 돈이냐예요.

돈 잘 버는 여자가 최고

여성들이 돈 벌기 시작하면서 많이 바뀌었어도 북한은 아직까지는 가부장적인 게 되게 강해요. 옛날에 배급 줄 때는 남편을 세대주로 해서 세대주에 딸린 가족에 한해서 배급이 나왔다고 들었어요. 그러다 보니까 세대주한테 우선권이 있었죠. 세대주가 1킬로그램이다 그러면 엄마는 800그램, 딸은 600그램, 이렇게 나왔다고 해요. 그런 경제적인 지위를 떠나서 여전히, 빨래는 여자가 해야 한다, 밥은 여자가 해야 한다, 물도 여자가 길어 와야 된다, 애는 여자가 봐야 된다, 이런 마인드예요.

제 또래보다 5년 정도 위의 오빠들은 결혼하면 그래도 밥도 해주고 물도 길어주고 했어요. 저희 아빠는 엄마가 많이 아팠는데도 한 번도 물을 안 길어줬어요. 엄마가 아픈 몸으로 물 긷고 그랬죠. 겨울에는 수도가 얼어서 물을 다 길어 먹거든요. 엄마가 못 하면 열 살도 안 된 제가 해요. 제가 팔 힘이 좀 약하거든요. 그래서 무거운 걸 많이 들지 못해요. 물 길을 때도 조그만 양동이를 들고 가서 머리에 이고 오거든요. 그렇게 해도 아빠가 안 도와줬어요. 그러다 엄마가 돌아가시니까 제가 혼자 담당해야 하잖아요. 아빠가 그때부터 물을 길어줬어요. 자식이니까 도와준 거예요.

북한에서 여성은 결혼해서 남편 잘 보필하고 애 순풍순풍 잘 낳고 가정에 돈 잘 벌어주고 사는 게 잘 먹고 잘사는 거예요. 아주 활발한 여성들 있잖아요. 농장 같은 데서 그런 여성들이 발전하는 경우도 있는데, 높은 데보다는 작은 자리로 올라가는 거죠. 동사무소 소장도 가끔 여자가 있었어요. 뇌물공세를 했을 수도 있고 위에서 잘 봐줘서 뽑아줬을 수도 있고. 대학 가서 여성으로서 무언가 해야겠다는 친구들도 있죠. 근데 일반사람들은 엘리트급이 아니면 발전이 불가하거든요. 외교관이라든가 아니면 국가적으로 큰 위치에 오르는 일은 꿈도 못 꿔요. 북한은 철저한 신분제 사회이기 때문에. 신분제가 없다고는 하지만 신분에 따라서 자기 미래가 정해지는 나라예요. 선거 같은 거는 그냥 밥상 다 차려놓고 찍으라는 건데 의미가 없는 거고. 그러다 보니까 우리같이 평범한 사람들은 그런 쪽은 생각조차 안 하죠. 그냥 돈 잘 벌어서 잘 먹고 잘사는 게 최고지, 이런 생각을 하게 되는 것 같아요.

제 친구들을 보면 여자들이 다 돈벌이를 하거든요. '여자는 돈 잘 벌어야 돼', 보통 그런 말을 써요. 대학 다섯 개 나온 것보다 시집 잘 가는 게 낫다는 말도 있고. 왜 여자만 돈 잘 벌어야 돼? 그리고 왜 여자만 애 낳아야 돼? 저는 이런 마음이 어릴 적부터 있었거든요. 왜 내가 굳이 결혼을 해서 남자한테 구속돼서 살아야 돼? 저는 어렸을 적부터 그런 성향이 강했어요. 내 삶을 누구한테 의지해야 된다는 생각이 없었어요. 남자라는 테두리 안에 내 삶이 들어가야 된다는 건 더더욱 허용이 안 됐어요. 내가 돈 잘 벌고 잘 먹고 잘사는데 굳이 왜 남자한테 의존해야 돼? 이런 마인드였거든요. 내가 노력해서 내가 먹고살 건데 어디든 가서 살면 되지. 그게 중국이면 어떻고 한국이면 어떠랴, 이렇게 생각했던 것 같아요. 되게 단순하게 생각했던 것 같아요. (웃음)

오직 나를 위한 삶

저는 외동딸인데 엄마가 어릴 적에 돌아가셨잖아요. 엄마가 없는 여자아이로서 살아간다는 건 정말 쉬운 게 아니에요. 저를 불쌍하게만 보는 시선이 싫었어요. 제가 돈이 많으니까 비슷한 상황의 다른 애들보다는 그런 시선이 좀 덜했지만 그래도 싫었어요. 10대였잖아요. 제가 감당하기에는 어려운 온갖 일들이 있었어요.

아빠가 교수님이었고 엄마가 많이 앓다가 돌아가신지라

저희 집이 되게 가난했었어요. 제가 어쩌다 보니까 잘살게 됐잖아요. 돈 있는 집에 사람이 따르게 돼요. 당장 아파서 돈이 필요한데 나한테 돈 꿔주는 사람이 고맙지, 아무것도 안 준 사람이 고마운 게 아니잖아요. 저는 어릴 적부터 장사를 하면서 사람들 만나는 일을 했잖아요. 내 주머니에서 돈이 나가는 순간부터 그 돈을 받는 사람들에게 진정을 다해야 해요. 내 돈이 나간다고 해서 내가 높은 데 있고 빌려가는 사람은 낮은 데 있다고 생각하지 않아요. 갑이다 을이다가 존재하면 돈 받는 일도 힘들어져요. 전 항상 그런 마음이었거든요. 그러다 보니까 제가 사람들하고도 잘 지냈어요. 큰아빠가 그걸 아니꼽게 생각한 거죠. 질투가 심했거든요.

그런 것도 다 견딜 수 있지만, 10년 20년 후를 봤을 때 제 미래가 없더라고요. 저는 삶의 의미가 필요했어요. 오직 저만의 삶이 필요했는데 그런 건 북한에서는 불가능했어요. '우리는 왜 이렇게 살아야 하지? 똑같은 사람인데', 그런 생각이 들었죠. 아빠보고도 그랬어요. 왜 김일성 가문을 하늘과 같이 믿고 살아야 되냐고. 저 사람들도 우리와 똑같은 사람인데. 그 말 했다고 아빠한테 되게 맞았어요. 그러면서 사회에 대한 불만이 쌓이기 시작했어요. 북한사회는 미국 한국 나쁘다고 생각하지만 달러는 또 최고인 거예요. 뭔가가 잘못되어 있다는 생각이 들었어요. 내가 이 나라에서 살면 돈은 잘 벌겠지만 평생 이렇게 살겠구나. 내가 원하는 나의 삶은 없구나. 그런 생각이 들면서부터 이 나라를 떠나봐야겠다는 고민을 하게 됐던 것 같아요. 떠나면 나한테 어떤 삶이 올까 궁금했어요. 그게 아마 화폐개혁한 이후부터였어요.

북한에 살면서 가장 큰 변화라고 느꼈던 게 화폐개혁 같아요. 망한 화폐개혁이죠. 화폐개혁 할 때가 2009년이었으니까 제가 만으로 열여덟 살 때. 한창 장사할 때죠. 그 이후로 북한 사람들이 북한 정부를 불신해요. 예전에는 불신을 해도 어느 정도였어요. "나는 안 믿어"라고 말하는 것보다 그걸 행동으로 옮기는 게 진정한 불신인 거잖아요. 그 행동이 북한돈을 사용 안 하는 거였어요. 외국화폐를 사용하는 거죠. 북한돈하고 중국돈하고 가치가 너무 시시각각 움직이니까. 이 제품은 중국돈으로는 오늘도 100위안, 내일도 100위안, 모레도 100위안인데 북한돈으로는 계속 변하는 거죠. 북한돈으로 어떻게 판매를 해야 될지 갈피를 못 잡는 거예요. 중국돈 100위안짜리 물건이 오늘 북한돈 5만 원인데, 내일은 6만 원인 거예요. 그러면 1만 원을 손해본 거잖아요. 그 1만 원을 오늘 중국돈으로 바꾸려고 하니까 80위안밖에 안 되는 거예요.

변하고 또 변하고 하니까 그때부터 사람들이 고달프게 돈을 바꾸지 않고 그냥 중국돈 쓰자, 아니, 쓰자고 말하는 게 아니라 자연스럽게 그렇게 돼요. 조그맣게 앉아서 사탕 장사하는 할머니들도 1원짜리, 50전짜리 동전까지 다 중국돈을 사용하게 되거든요. 여기가 중국인가 싶을 정도로. 저는 다행히도 워낙 북한돈보다 달러나 위안화를 사용했기 때문에 괜찮았는데. 그냥 사회적으로 너무 쇼킹인 거예요. 혼란도 그런 대혼란이 없었죠. 지금도 화나거나 뭐 하면 저는 말을 잘 안 하거든요. 행동으로 하지 굳이 머리 아프게 말할 게 뭐가 있나 싶어요. 이런 생각도 그때 들었을까요?

얼어붙은 압록강을 넘다

2009년에 제 삶에 되게 큰 사건이 일어났어요. 큰아빠가 제가 장사하는 것에 태클을 걸어서 거의 망하게까지 만들었어요. 북한사회는 싫었지만 그래도 가족이라는 테두리를 의지하고 살았는데 너무 상처가 큰 거예요. 다 싫더라고요. 아예 가족들이 없는 땅에 가서 내가 원하는 삶을 살아보고 싶어졌어요. 보통 다른 애들은 몰래 떠나는데, 저는 강 넘을 준비 다 해놓고 떠나는 날 고모한테 선언했어요. 나 오늘 이 나라 뜰 거라고. 고모가 어이없어했죠. 할머니 돌아가시고 저 혼자 장사하고 다닐 때 고모가 거의 저희 엄마처럼 살았거든요. 그때 제가 좋아하는 감자반찬 만든다고 고모가 감자를 깎고 있었어요. 손이 부들부들 떨리는 게 보이는 거예요. 그래도 저는 결심했으니까 이야기했어요. 이 나라에는 내 삶의 희망이

"저는 어렸을 적부터 그런 성향이 강했어요.
내 삶을 누구한테 의지해야 된다는 생각이
없었어요. 남자라는 테두리 안에 내 삶이
들어가야 된다는 건 더더욱 허용이 안 됐어요.
'내가 돈 잘 벌고 잘 먹고 잘사는데 굳이 왜
남자한테 의존해야 돼? 내가 노력해서 내가
먹고살 건데 어디든 가서 살면 되지. 그게
중국이면 어떻고 한국이면 어떠랴', 이렇게
생각했던 것 같아요."

없다고. 나는 이렇게 살고 싶지 않다고. 태어나 한 번 인생을 사는 거라면 내가 원하는 삶은 이 삶이 아니라고. 그냥 딸이 하나 없어졌다고 생각하라고.

그날 밤에 친구랑 같이 강을 넘었거든요. 그 친구한테 "너 혹시 같이 갈래?"라고 물었던 건 진짜 용기였던 것 같아요. 만약 이 친구가 믿을 만한 친구가 아니어서 경찰한테 절 신고했다면 저는 잡혀가거든요. 예닐곱 살 때부터 친구였고 그 엄마하고도 엄청 친했어요. 혼자 가는 것도 좀 두렵고, 이 친구도 가고 싶어 할 거란 생각이 들었어요. 워낙 많이 고생을 한 친구예요. 아빠가 없었거든요. 이렇게 살 바에는 이 나라 뜨고 싶다고 둘이 이야기했던 적이 있어요. 그래서 제가 넘을 준비 다 해놓고 그 친구네 집에 올라갔던 거예요. 그 친구 엄마 있는 데서 얘기했거든요. 그랬더니 그 엄마가 엄청 울었어요. 나도 내 딸이 이렇게 맨날 겨울이면 나무하고 여름이면 산에 가서 농사짓고 땡볕에 고생하는 모습을 보고 싶지 않다고. 딸더러 선택은 네가 하는 거라고 했어요. 친구가 가겠다고 했어요. 제시하고라면 가겠다고.

그날은 겨울이라서 압록강이 다 얼어붙었어요. 저는 여름에 강 건너는 건 상상을 할 수가 없어요. 수영을 못 하거든요. 제 목숨이 소중하기 때문에 죽는 길로는 절대로 안 가거든요. 국경에는 경계가 심하죠. 그런데 사람들은 허술한 점을 어떻게든 찾아요. 보통 밥 먹는 시간을 잘 이용해요. 누구나 밥은 먹는 거니까. 물론 아무리 잘 살펴도 운 나쁘면 잡히기도 하죠. 그래도 허술한 부분이 있으니까 다 넘어오는 거거든요. 넘을 때는 무서운 줄 몰랐어요. 일단 강에 들어선 순간 돌이킬 수 없으니까요. 빨리 넘어가야지 안전하다는 생각에 망설일 틈이 없어요. 이미 중국 쪽에 차가 와서 기다리고 있었어요. 건너기 전에 확인하고 갔거든요. 그 차만 보고 달렸어요.

저도 그 나이에 제가 어떻게 그런 생각을 했는지 모르겠어요. 그래도 10년 전으로 돌아가서 다시 선택을 하라고 하면 똑같은 선택을 할 거예요. 아예 그 나라에서 태어나지 않을 수만 있다면 그것도 선택할 거예요. 제가 한 선택에 대해 단 한 번도 후회한 적이 없어요. 나한테는 바른 선택이긴 했지만 부모님한테는 죄송스럽고 불효라는 마음이 들어요. 하지만 내 미래를 위해서라면 열 번도 백 번도 똑같은 선택을 할 것 같아요.

그때 함께 온 친구에게도 물어본 적이 있어요. 나랑 온 걸 후회하지 않냐고. 친구가 그러더라고요. 후회는 왜 하냐고, 어차피 고향에서 살아도 어려운 삶을 살 것 아니냐고. 북한에서 딸은 시집가면 부모랑 헤어지고 자주 만나지도 못하잖아요. 시집가서 잘살면 다행인데 그렇지 못할 수도 있어요. 여기서는 자기가 돈 벌어서 얼마만큼이라도 부모한테 보내주면 도움이 되는 거잖아요. 그래도 그 친구 엄마하고 동생들한테만은 미안해요. 내가 말 안 했으면 가족이 안 헤어지고 같이 살았을 텐데……. 그런데 어떻게 생각해보면 친구가 그런 마음을 가지고 있었다면 나 아니라도 언젠가는 한국에 왔을 것 같아요. 내가 말해서 오는 시기가 앞당겨졌을 뿐이겠죠.

사막에 뿌려진 모래 한 알

저는 중국에서 2년 동안 살다 왔거든요. 처음에는 한국 오는 루트도 잘 모르고, 또 안전하게 도착하는지가 중요한 거예요. 북송(北送)을 당할 수도 있으니까요. 장사도 하면서 살다가 좀 안전한 노선을 확보하고 최대한 조심하고 출발했어요. 중국 사람들은 제가 북한 사람인 줄 몰랐어요. 제가 어리다 보니까 중국어를 워낙 잘했거든요. 북한 애가 와서 저렇게 장사하고 활개치고 다닐 줄 생각을 못 했겠죠. 북한으로 내가 다시 잡혀갈 위험이 없다면 그냥 중국에서 살았을 수도 있죠. 그런데 언젠가 그런 생각이 들었어요. 만약에 내가 여기서 죽으면 그 누구도 나를 모르겠다. 내 이름도 모르게 죽겠구나.

중국에서 살 때 신분이 없다 보니까 심리적인 압박감을 많이 느꼈어요. 제가 심장이 되게 안 좋거든요. 워낙 어릴 적부터 안 좋았는데 중국에서 너무 압박을 받으니까 병원에 자주 가야 했어요. 숨도 못 쉬고 쓰러져서 병원에서 눈 뜨는 상황도 생기고 그랬죠. 장사하다 보면 돈 가지고 다니는 액수도 커지고, 만나는 사람의 범위도 커지거든요. 제가 돈 있다는 걸 많은 사람들이 알게 됐는데, 나는 그냥 어린애잖아요. 무슨 일이 일어날지 예측이 안 돼요. 여기서 더는 장사하면 안 되겠다, 나가야 되겠다는 생각이 들었죠. 바로 탈북브로커를 찾았어요. 제가 스물세 살 때였어요.

한국에 와서는 하나부터 열까지 다시 시작해야 됐죠. 제가 2014년 2월말에 '하나원' 나와서 3월에 대안학교 들어갔는데 8월 6일에 검정고시를 봐야 했어요. 영어는 알파벳을 거꾸로 세워놔도 모르는데. 맨날 앉아서 공부했어요. 시력도 그때 나빠졌죠. 가장 큰 어려움은 혼자 잠드는 일이었어요. 저는 외동딸이기는 하지만 집에서 혼자 생활해본 적이 없어요. 저는 겁이 엄청 많거든요. 어릴 적에 엄마가 돌아가신 이후로 어두운 걸 무서워했어요. 집에서 혼자 잘 때는 친구들이 항상 같이 와서 자줬고, 고모랑 같이 자고 그랬었는데. 집이 무섭다 보니까 전등을 다 켜놓고 잤어요. 저는 진짜 빛에 민감하거든요. 잠을 자도 자는 게 아니었죠. 새벽 4, 5시면 여름에는 날이 밝잖아요. 그때 불 끄고 조금 잠들다가 6시 반 정도 일어나서 학교를 가고. 그렇게 한 3, 4개월을 매일 한두 시간도 자나마나 하면서 생활했어요. 우울증이 왔어요. 여긴 어디고 나는 누군지 너무 혼란이 오더라고요.

제가 사막에 뿌려져 있는 모래 한 알 같은 느낌이 들었어요.

잘 하고 싶은데 원하는 대로 되지는 않고. 돈도 없고. 이리 치이고 저리 치이는 기분이었어요. 어떻게 먹고살아가야 되지? 왜 내가 한국에 왔을까? 나는 왜 스물세 살에 이런 일을 겪어야 하나? 중국에서는 심리적 압박 때문에 생각 못 하고 있었던 스트레스가 다 폭발해버렸어요. 엄마가 나 두고 죽은 것부터 시작해서 아빠가 나 두고 결혼한 것, 큰아빠가 나를 괴롭힌 것, 그냥 모든 게 다 폭발해서 한꺼번에 쳐들어온 거예요. 침대에 3일 동안 누워만 있었어요. 밥도 안 먹고. 대체 내가 어디까지 바닥 치나 싶어서 나를 지켜봤죠. 잠도 안 자고 눈만 감고 72시간을 그렇게 있다가 안 되겠다는 생각이 들었어요. 가족 다 버리고 내 삶을 살겠다고 목숨 걸고 한국까지 왔어요. 내가 여기서 헤어나지 못하면 나는 그냥 실패한 인생이 되겠다, 내가 도전한 삶의 가치가 없어지겠다 싶었어요. 그렇게는 살고 싶지 않았던 것 같아요. 이렇게 주저앉을 수는 없었어요. 나는 살려고 왔으니까 살아야지! 이러고 자리를 떨치고 일어났어요. 그리고 대안학교에 계신 심리상담 선생님을 찾아갔죠.

원하는 건 '물고기 잡는 법'

제가 심각한 상황이었대요. 학교 졸업할 때까지 1년 반 동안 상담을 계속했어요. 그때 제 자신에 대해 좀 더 알게 됐어요. 그래서 한국사회 정착을 빨리 했던 것 같아요. 제 친구들한테도 상담을 받으라고 추천해주거든요. 20년 넘는 세월을 그 고생 속에서 살아왔는데 마음의 정화를 하고 진정한 나 자신을 알아보는 계기가 필요하다고. 근데 별로 안 하더라고요. 북한에서 오신 분들은 마음이 아파도 치료해야 된다는 인식이 조금 부족한 면이 있어요. 심리적 문제가 있으면 안 좋게 보는 시선이 있기 때문에. 정착 관련 지원 중에 심리지원도 있거든요. 남북하나재단에도 심리상담사분들이 계시고. 물론 문제는 있어요. 전문가 아닌 사람들도 있고 비밀 내용을 발설하는 경우도 있고요. 그래도 잘해주시는 분들도 계시거든요. 그분들 통해서 치료받으려면 상담에 대한 좋은 인식을 주어야 할 것 같아요. 아무리 서비스가 있으면 뭐해요. 이용을 하지 않으면 인적, 경제적으로 다 낭비인 거예요.

북한이탈주민들이 공통적으로 느끼는 어려움은 경제적인 문제가 제일 클 것 같아요. 저도 솔직히 경제적인 어려움이 없다고는 말할 수가 없거든요. 왜냐면 기초수급제도 때문인데요, 처음에 한국 오면 임대아파트가 제공돼요. 월세집이에요. 그리고 6개월간 기초수급비가 나와요. 저는 학교를 다니잖아요. 그럼 6개월이 지나도 조건부수급이라고 해서 공부 끝날 때까지 수급비가 나와요. 한 달에 50만 원씩. 그 50만 원 가지고 생활을 못 해요. 월세, 관리비, 교통비, 휴대폰 요금 내고 나면 수중에 10만 원도 안 남아요.

기초수급비라는 건 이 사람이 경제활동을 할 수 없기 때문에 기본적인 생활을 할 수 있는 돈을 주는 거거든요. 북한이탈주민은 다르게 봐야 해요. 수급비를 받으면서 이 사회에서 어떤 경제활동을 할 수 있는지를 배워가야 해요. 한국에서 자라는 청년들이라면 여러 가지 경험을 해보잖아요. 그런데 이 사회에 온 지 몇 개월도 안 됐는데, 바로 시작한 그 일 하나가 내 길이라 정할 수 없잖아요. 그런데 이걸 시작하면 기초수급비가 잘려요. 그러면 고용주한테 '내가 기초수급비를 받으니까 세금신고 해주지 마세요'라고 말하게도 되는 거죠. 삶의 시작부터 원치 않게 법을 위반하는 길을 만들어놓는 거예요. 일을 하더라도 100만 원이면 100만 원, 150만 원이면 150만 원 커트라인을 잡아주고 그 소득을 벌 때 기초수급을 중단할 수 있게끔 한다면 좋겠어요.

1인당 기본정착금은 800만 원을 줘요. 상황에 따라 장려금이나 가산금이 있어요. 800만 원도 나눠서 줘요. 처음에 500만 원을 먼저 주고 300만 원을 3개월 뒤에 줘요. 그런데 브로커 비용이 500만 원이에요. 그거 주고 나면 첫 달은 가진 돈이 없는 거죠. 처음에는 분할해서 주지 않고 한 번에 다 줬대요. 갑자기 큰돈이 생기니까 사기도 당하고 별 일이 다 있어서 지금은 분할해서 줘요. 만약에 800만 원을 초기 정착금으로 준다면 800만 원이 브로커 비용으로 다 나갈 수도 있거든요.

저 같은 경우는 브로커 비용으로 400만 원 줬어요. 나머지 돈으로 집 계약할 때 보증금 외에 또 뭔가 드는 돈이 20만 원인가 있더라고요. 그거 내고, 가스레인지 사고 설치비용 내고 이불도 하나 사고 하다 보니까 최종적으로 저한테 13만 5000원이 남았어요. 그나마도 하나원에 있을 때 한 달에 5만 원씩 준 용돈을 모아서 가지고 나온 거예요. 첫 수급비가 나올 때까지는 그걸로 살아야 했어요.

중국에서 벌었던 돈은 한국에서 정착금 준다는 걸 알고 다 아빠한테 보내줬어요. 중국에서 딱 700위안을 가지고 떠났거든요. 오는 도중에 여비만 하려고. 중국에서도 돈 벌어서 아빠 생활비를 꼬박꼬박 보내줬어요. 북한이 살기 힘들잖아요. 아빠도 돈 벌 줄도 모르고. 아빠가 새로운 여자랑 살았는데, 제가 중국 온 것 때문에 그 여자가 아빠한테 뭐라고 했대요. 고모가 나중에 이야기하더라고요. 그 여자 똑똑하지 못하다고 그래요. 남편 딸이 매달 꼬박꼬박 생활비 보내줘서 편안히 먹고사는데 왜 자꾸 뭐라고 하는지 모르겠다고. 그래서 아빠가 나중에 저한테도 문제가 생길 것 같으니까 헤어지셨대요. 그러고는 집이 없어서 고모네 집에 얹혀살았대요. 아빠는 저하고 통화하면서 한 번도 그런 얘길 안 했어요. 아빠가 참 밉긴 하지만 그래도 저한테는 하나밖에 없는 부모였던 거예요. 고모한테 소식을 듣고 아빠 집 사고 식량 사라고 가진 돈을 다 보내줬어요. 이제 제가 한국 가니까 한동안은 돈을 보내줄 수도 없잖아요.

저 먼 나라라고 해도

한국에 와서 초창기에는 공공장소에서 전화를 못 했었어요. 못 한 게 아니라 안 했더라고요. 내가 목소리 톤이 다르다 보니까 조금 이상하게 보지 않을까? 이런 생각이 있었던 것 같아요. 근데 되게 많았어요, 저한테 중국 사람이냐 조선족이냐 물어보는 일이. 내가 언제까지 이런 시선에 신경을 쓰고 살아야 되지? 그래, 당신들도 다 서울에서 태어나서 서울에 사는 것 아니지 않냐. 나는 북한이 아니라 혜산에서 태어나서 여기 이사 와서 살 뿐이다. 이런 생각을 하게 된 이후로 제가 북한이탈주민이라는 걸 숨기지 않았어요. 물론 북한이탈주민이라는 말을 노래처럼 하고 다닌 건 아니죠. 하지만 말해야 될 상황에서 굳이 숨기지는 않았어요. 한국 표준말도 억지로 익히지 않았어요. 그냥 알바해서 말을 많이 해야 되니까 자연스레 말도 많이 바뀐 거예요.

저는 북한 인권을 위해 활동하는 국제 비정부단체에서 일하고 있어요. 솔직히 이 활동을 시작하면서 저도 용기가 필요했어요. 처음에는 이름만 나갔지만 점점 얼굴도 나가게 됐으니까요. 활동 범위도 넓어졌어요. 이런 일 안 하고 취직해서 안락한 삶을 살 수도 있죠. 그런데 어쩌다 보니까 많은 이슈들을 인식하게 됐어요. 통일 문제, 북한 관련 정치적 문제, 북한이탈주민 여성 문제. 인식을 하고 나니까 무시할 수가 없어요. 처음에 여성 문제보다 이산 문제를 먼저 인식했어요. 제가 한국에 온 뒤에 아빠가 돌아가셨어요. 2016년에 돌아가셨는데 저는 작년(2018년)에야 소식을 알았어요. 고모가 저한테 아빠가 돌아가셨다는 말을 안 해준 거예요. 저는 그것도 모르고 돈을 계속 보냈어요. 알았어도 갈 수도 없었겠죠. 아프리카나 중동 저 먼 나라라고 해도 갈 수는 있잖아요. 차 타고 몇 시간이면 갈 수 있는 거리를 못 가요.

어릴 때 엄마가 돌아가셨을 때 엄마를 원망했어요. 11년밖에 책임지지 않을 거면 왜 낳았냐고. 오래 원망할 수는 없었어요. 엄마는 아파서 돌아가신 거잖아요. 엄마도 건강하게 살고 싶었을 텐데. 제가 엄마한테 사랑을 많이 받았거든요. 그러다 보니까 항상 엄마를 생각하게 돼요. 만약 엄마가 있었다면 탈북 안 했을 것 같아요. 근데 아빠는 조금 다르더라고요. 다른 여자하고 결혼해서 사는 게 싫은 거예요. 게다가 같이 살지도 않았잖아요. 좀 원망스러웠어요. 제가 모진 말도 많이 했거든요. 그런데 한국 와서 살다 보니까 아빠 엄마가 이렇게 세상을 볼 수 있게 해준 것 자체가 너무 감사하더라고요. 부모에 대한 원망이 없어졌어요. 고맙다는 말을 하고 싶

"그래, 당신들도 다 서울에서 태어나서 서울에
사는 것 아니지 않냐. 나는 북한이 아니라
혜산에서 태어나서 여기 이사 와서 살 뿐이다.
이런 생각을 하게 된 이후로 제가
북한이탈주민이라는 걸 숨기지 않았어요."

었는데 아빠는 이미 돌아가셨고…….

저 같은 상황이 제 주변에도 좀 있어요. 왜 우리한테 이런 일이 일어나지? 그런 생각을 하게 됐어요. 그러다가 중국에 건너온 북한 여성들 상황을 알게 됐어요. 인신매매로 결혼해서 살다가 자식도 낳았는데, 다시 북송되는 경우가 있어요. 중국정부가 북한이탈주민을 난민으로 인정 안 하거든요. 북한에서도 가족과 헤어져 왔는데 중국에서 꾸린 가족도 인정을 못 받는 거죠. 중국에 있는 수많은 북한 여성들이 신변 보호가 안 되고 북송의 위험이 있기 때문에 한국으로 들어와서 신분을 취득하는 거예요. 그러다 보니까 또 중국 가족과도 생이별을 해야 하는 상황들이 생겨요. 뉴스로도 많이 접하고 현실에서도 많이 봤어요. 그런 두 이슈가 중첩되면서 지금 활동에 관심을 갖게 된 것 같아요. 다음 세대는 이런 아픔을 안 겪었으면 좋겠는데 그렇다면 우리세대가 뭔가를 해야 되겠다는 생각이 들었어요. 내가 '북한이탈주민 지식인'이 되어야겠다. 이 이슈를 앞으로 이끌어나갈 한 사람이 돼야겠다는 생각이 들어서 공부를 하게 됐어요.

이건 사람의 이야기예요

한국사회에서 북한 이슈를 다룰 때 보면, 과연 진짜 다루고 싶어서 다루는지 아니면 서로 당파 싸움에 이용을 하는 건지 솔직히 모르겠어요. 한국 사람들은 북한 사람들만 세뇌됐다고 생각하지만 저는 한국 사람들도 남북문제에 관해서는 세뇌됐다는 생각이 들거든요. 스스로 생각해보기도 전에 미디어를 통해서 정부가 원하는 대로 이미 받아들여버린 거예요. '나는 저 사람을 안 만나봤지만 그냥 싫어'가 된 거예요. 왜 싫은지 물으면, "그냥 핵 때문에 싫어", "김정은이 싫어", "천안함 사건 있어"라고들 하죠. 북한 사람과 북한 정부는 분리해서 봐야 할 필요가 있어요. 북한 사람들의 삶을 이해하고 통일이란 문제에 대해서 좀 생각해보아야 하는 시점이라고 생각을 해요.

통일되면 북한 사람들이 한국으로 다 내려와서 살 거라는 이야기를 들어요. 왜 그런 생각을 할까요? 내가 태어난 고장에서 살기 편하면 왜 떠나겠어요. 더 나은 삶을 위해서 이민 가도 솔직히 쉽지 않잖아요. 북한사회가 개방된다면 북한 사람들이 굳이 한국 땅 안 내려오려고 해요. 모르는 땅 안 가려고 하는 사람들이에요. 또 한국 사람들은 북한 사람을 '값싼 노동력'이라고 생각해요. 저는 통일이 되면 똑같은 월급을 줘야 한다고 생각해요. 또 누군가는 그래요. 통일비용이 몇십 조가 들어간다고. 통일하면 안 된다고. 그럼 "분단비용 들어가는 건 알아?"라고 말하면 "분단비용도 들어가?"라고 해요. 굳이 통일이 돼서 합쳐 살아야 된다는 마인드는 저도 없어요. 서로 자유롭게 통할 수만 있다면 뭐가 문제겠어요. 다만 저는 북한 정권이 변화해야 된다고 생각해요. 정권이 바뀌지 않으면 오픈되는 의미가 없고, 오픈되지도 않을 거예요. 개혁개방을 하는 순간 북한체제는 위험하다고 김정은은 느끼고 있기 때문에 안 열 거예요. 그렇지만 지금으로서 할 수 있는 방법은 김정은 정권이 조금씩 문을 열 수 있도록 하는 일이겠죠.

저는 요즘 "북한에서 왔다"는 말보다 "고향은 혜산"이라고 말해요. 내가 북한이탈주민으로서 이 사회에서 성공적으로 사느냐 안 사느냐가 중요한 게 아니라, 이 사회에서 이 문제가 이슈가 되도록 만들자. 그래서 사람들이 이 상황을 이해하게끔 만드는 게 내 일이라고 생각해요. 북한인권이라는 문제는 조금 추상적인 문제로 여겨지잖아요. 한국사회에서 아직까지 북한에 관한 이야기는 너무 정치적 이슈로밖에 거론되지 않아요. 그런 상황에서 70년 세월을 이어왔어요. 그게 하루아침에 무너지는 일은 아니거든요. 제가 진짜 편하게 생각하는 한국 동생이 있거든요, 개랑 전화하면 그런 말을 해요.

"누난 북한에서 온 것 맞아? 누나는 진짜 활발하고 자유롭잖아. 북한에서 왔다고 말할 수 없는 마인드야."

제가 그랬죠.

"북한에서 왔다면 어떤 마인드야? 어떻게 살아야 돼? 말해 줘. 그럼 내가 그렇게 살아갈게." (웃음)

이 인터뷰를 제안받았을 때 수락했던 이유는, 나라는 존재를 통해서 좀 더 많은 사람들이 북한인권 문제에 관심을 갖게 되지 않을까 하는 마음에서였어요. 북한이탈주민을 텔레비전에서만 보다가 직접 자기 옆에 친구로서 알게 되고, 열심히 살아가는 똑같은 사람이라는 걸 아는 것만으로도 바뀌는 거예요. 그 사람이 누군가를 만나서 북한이탈주민에 대해 이야기가 나오면 "다 그런 것은 아니야. 내 옆에는 이런 친구도 있어"라고 말해줄 거 아니에요. 북한 사람 하나 바꾼 것보다 한국 사람 하나를 바꿨을 때 파급력은 더 커요. 그 한 사람을 위해서 제가 노력하는 거예요.

귀순용사에서 북향민까지

1970년대 말과 1980년대에 어린 시절을 보낸 이들이라면 〈똘이장군〉 시리즈를 기억할 것이다.《정글 북》의 모글리처럼 숲속 동물들의 대장으로 살던 소년 똘이가 소녀 숙이를 비롯해 많은 사람들을 구하는 영웅이 된다는 이야기다. 이 흔해빠진 설정이 특별한 이야기가 된 이유는 똘이가 맞서 싸우는 상대가 '북한'의 지배층이기 때문이다. 사람들에게 강제노역을 시키는 탐욕스러운 악당들은 늑대, 여우, 돼지같이 인간이 아닌 모습으로 형상화됐다. 핍박받는 불쌍한 사람들로 단순화된 북한 민중의 이미지는 북한 공산당의 비인간성을 도드라지게 하는 배경 노릇을 했다.

"제가 진짜 편하게 생각하는 한국 동생이
있거든요. 걔랑 전화하면 그런 말을 해요.
'누난 북한에서 온 것 맞아? 누나는
진짜 활발하고 자유롭잖아. 북한에서
왔다고 말할 수 없는 마인드야.'
제가 그랬죠. '북한에서 왔다면 어떤
마인드야? 어떻게 살아야 돼? 말해줘.
그럼 내가 그렇게 살아갈게.'" (웃음)

〈똘이장군〉이 방영되던 시기는 냉전체제 속에서 남북한의 체제경쟁이 심화한 시기이기도 하다. 이 만화는 당시 한국사회에 익숙한 또 다른 북한 사람의 모습을 재현하는데, 바로 '귀순용사'다. 북한체제의 잔혹함에 반기를 들고 '자유대한'의 품에 안기는 똘이 말이다. 귀순(歸順)은 적의 투항이라는 뜻이 담겨 있다. 한국정부는 1962년부터 군사기밀이나 고급정보를 가지고 휴전선을 넘어온 북한 사람을 국가유공자에 준해 대우했다. 1979년 이후에는 '월남귀순용사 특별보상법'을 시행하면서 월남자는 누구나 '귀순용사'로서 적극 환영했다. 남한의 체제우월성을 과시하는 도구로 월남자를 적극 이용하려는 목적이 있었기 때문이다. 그런데 1993년 6월부터는 월남자는 더는 국가유공자의 지위를 얻지 못했다. '귀순북한동포보호법' 제정과 함께 귀순자 담당부서는 국가보훈처에서 보건복지부로 바뀌었다. 월남자를 국가유공자가 아니라 생활보호대상자로 보기 시작한 것이다.[3]

1991년 12월 소비에트연방의 해체로 공산권이 몰락의 길을 걷고, 남북한의 경제력 차이가 눈에 띄게 커져 남한이 더는 북한을 상대로 체제경쟁에 나설 필요가 없어졌다. 남한에서 성수대교가 붕괴한 해인 1994년, 북한에서는 김일성이 사망했다. 강력한 구심력이 사라지자 사회적 혼란이 가시화되었다. 경제난이 심화하고 이례적인 자연재해까지 겹치면서 배급제와 보편복지가 붕괴했고 굶어죽는 사람이 속출했다. 국경을 넘어 중국으로 향하는 사람들이 대거 생겨났다. 이 시기부터 '탈북자'린 용어가 한국사회에 등장하기 시작한다. 월남이나 귀순 같은 용어는 남한으로 향한다는 지향이 분명히 명시된 단어다. 그런데 탈북은 어디로 갈 것인가를 드러내지 않는다. 방점은 '북한을 떠났다'는 사실에 찍힌다.

처음에는 먹을 것을 구하거나 일정 기간 일을 해 돈을 벌어 다시 북한으로 돌아오려는 이들이 많았다. 한동안 탈북자의 존재를 묵인하던 중국정부는 2000년대 들어서 대대적인 단속을 벌인다. 송환을 피하기 위해 매해 1000명 이상의 탈북자가 남한행을 택했다. 2005년 '새터민'이라는 새로운 말이 남한사회에 등장했는데, '탈북자'라는 말이 어둡고 무거운 느낌을 준다는 이유로 통일부가 새롭게 고안한 표현이었다. 그러나 탈북자를 2등국민화하는 표현이라는 지적이 잇따르며 이 말은 곧 폐기되었다. 현재 통일부가 사용하는 공식문서에는 법률용어인 '북한이탈주민'이 쓰인다. 탈북자 사이에서는 최근 '북향민(北鄕民, 북쪽에 고향을 둔 사람)'이라는 단어가 대안어로 거론되고 있다. 이러한 논쟁이 일어났다는 것은 탈북자들의 목소리가 가시화될 만큼의 집단을 형성했다는 것을 의미한다. 현재 남한에 있는 탈북자의 수는 3만 2000명을 넘겼다.[4] 주목할 점은 이 중 8할 가까이가 여성이라는 점이다.

여성들이 만든 변화

탈북자 중 여성비율은 2000년대 들어 급증해 2002년을 기점으로 남성비율을 넘어섰다. 통일연구원의 박영자 연구위원은 《북한 여자, 탄생과 굴절의 70년사》(앨피, 2017)라는 책을 통해 이 현상의 구체적 맥락을 설명한다. 사회주의국가로서 김일성은 여성의 사회적 지위를 향상시키는 정책을 펼쳤다. 그러나 한국전쟁을 거치면서 국가와 가족은 일체화되었고 젠더 위계는 강화된다. 1956년 협의이혼제가 폐지되고 재판이혼만이 가능해진 것이 그 분위기를 단적으로 드러내는 한 사례이다. 1967년 '수령제'가 구조화되면서 국가가 요구하는 여성상은 '혁명적 노동자'에서 '혁명적 어머니'로서의 역할로 이동한다.

북한경제가 이상징후를 보인 것은 1960년대 초반부터였는데, 한 가정에서 남성만 일해서는 생계부양이 불가능해지자 기혼여성의 노동력을 활용하기 위해 '가내작업반'이 강화된다. 가내작업반은 전업주부로 구성되어 일상생활용품을 생산하는 단위로, 공장이나 기업소의 종업원 수에 포함되지 않는 비공식노동자들이다. 노동시간은 정해져 있지 않고 보수도 생산량에 따라 받았다. 1970년대 말 경제위기가 구체화되면서 공장가동률이 낮아지자 북한정부는 정규배급을 줄 공식노동자 수를 줄이기 위해 기혼여성들을 퇴출했다. 남성의 얼굴을 한 국가가 여성노동력을 쉽게 쓰고 쉽게 버리는 현상은 북한에서도 예외가 아니었다. 공식영역에서 사라진 여성들은 가내작업반이라는 비공식영역의 노동으로 흡수된다.

1984년에는 경제위기를 타개하려는 목적으로 '8.3인민 소비품 생산운동'이 전개되는데, 가내작업반에서 생산한 제품의 일정비율을 개인이 독자적으로 거래할 수 있는 길이 만들어진다. 또 한 축에서 중요한 변화는 '장마당'이라는 '시장'의 출현이다. 북한에도 전통적으로 '농민시장'이라는 것이 있었지만 이는 텃밭 작물들을 단순 교환하거나 작게 거래하는 정도의 장소에 불과했다. 1970년대 중반을 지나면서 식량과 물자 공급이 줄자 시장과 화폐의 기능이 커졌다. 여성들은 개인 밭에서 경작한 농작물이나 가내작업반에서 생산한 물품들을 장마당을 통해 거래하면서 시장의 주체로 성장해갔다.

제시의 이야기에도 나오듯 북한에서 여성은 가정경제를 책임지는 역할을 부여받았다. 비공식 영역에 내몰린 여성들은 살기 위해 온갖 고생을 했다. 인신매매로 팔려가는 여성들도 상당수였다. 한편으로 이 과정에서 여성들은 자본주의적 기술을 습득했고, 다층적인 사회적 관계망을 이용하는 방법을 알게 되었으며, 바깥세상의 정보에도 해박해졌다. 체제의 틈을 이용할 힘이 축적된 것이다. 그 결과 북한 여성들은 북한사회의 변화를 추동하는 중심에 서게 되었다. 초기에는 여성들이 생계를 위해 국경을 넘었지만, 점차 젊은 여성들을 중심으로 자신의 삶을 개척하려는 목적으로 탈북의 이유가 확장되어갔다. 중학교를 막 졸업한 여학생들 열일곱 명이 함께 국경을 넘은 사건도 있었다고 할 정도다. 제시 또한 그러한 흐름 속에 있다. 이 에너지 넘치는 여성들의 이야기가 내 마음을 자꾸 흔든다.

물론 제시가 말했듯이 탈북의 이유는 3만 2000명의 탈북자 모두 다를 것이다. 큰 그림을 보는 것도 중요하지만 언제나 놓치지 말아야 할 것은 그 안에 '사람'의 이야기가 있다는 사실이다. 제시가 활동하는 '링크'는 한국에서 북한인권단체로 소개되는 것을 경계한다. 한국에서 북한인권을 말하는 사람들은 보수우파로 단정하는 인식이 있기 때문이다. 제시가 지적하듯 한국에서 북한을 바라보는 시선은 정치적 입장에 따라 이분화되어 있고, 통일에 대한 담론은 진보고 보수고 가릴 것 없이 경제적 효과에만 매몰되어 있다. 이제는 링크가 강조하듯 "적대도 시혜도 아닌, 북한 주민에 대한 새로운 상상력"이 필요한 시점이다. 상상력은 우리가 상대에 대해서 아무것도 모를 때 작동하지 않는다. 그때 작동하는 것은 두려움과 혐오다. 우리가 어떤 것을 궁금히 여기고 배우려고 할 때, 그때야말로 상상력이 작동하는 시점이다.

'내가 왜 내 아이를 구걸하면서 키워야 해?' 하며 마음이 확 상
했죠. 그래서 독한 마음을 먹고 '내가 할게, 내가 갈 수 있어' 하
며 모험을 한 거죠. 그날 이후 걱정이 확 줄면서 자신감이 생기
더라고요. '아, 나도 내 힘으로 아이를 키울 수 있겠구나.'

3장 나는 숨지 않는다

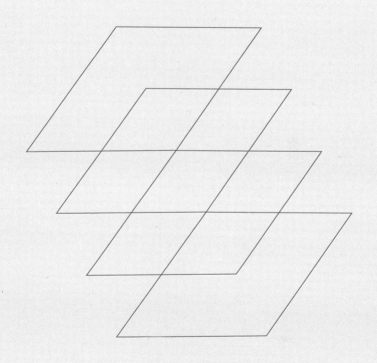

너무 장애인도, 너무 엄마도, 너무 빈민도,
너무 활동가도 아닌 '나'이기를

내가 장애가
있다고 숨으면
아이들도
숨어요

구술: 임경미
글: 유해정

아이를 낳은 후, 남편이 아이를 데리고 길을 나설 때마다 사람들이 말했다. "정말 좋은 아빠네요." 그 말을 들을 때면 내 마음이 삐딱선을 탔다. '아이와 훨씬 많은 시간을 보내는 내겐 왜 아무도 좋은 엄마라고 말하지 않지?' 불편함이 말이 되어 나올 때, '이 여잔 뭐지?' 하는 눈빛이 뒷통수에 꽂혔다.

나는 그를 보며 말했다. "아이를 둘이나 키우다니 정말 대단해." 그러다 문득 그 대단함이 선배 엄마에 대한 동경인지, 워킹 맘으로서의 동질감인지, 그도 아님 그가 중증장애여성이기 때문이었는지 혼란스러웠다. 길을 나서면 듣게 되는 "대단하다"는 칭찬보다 그가 원하는 것은 장애여성의 임신, 출산,

양육이 평범한 풍경이 되고 이를 응원하는 사회이지 않았을까?

7년 전, 탈 수도권을 외치며 아무 연고도 없는 충북 옥천으로 무작정 이주하면서 그와 인연을 맺었다. 한 세기에 걸쳐 육영수 숭모제가 열리는 보수의 땅에서 중증장애여성인 그는 옥천장애인자립생활센터를 일구었고, 장애인 권리의 싹을 틔었다. 때론 동네주민으로, 때론 아이 키우는 엄마로, 때론 인권활동가로 그와 삶을 나누며 또 어떤 날은 세상과 싸우면서, 나는 그에게 반했다. 사심 가득히 인구 5만의 작은 지역사회에서 토박이, 여성, 장애, 활동가이자 엄마로 살아내고 있는 그의 삶을 어딘가 꼭 기록해두고 싶었다. 세상은 여의도 정치, 서울의 시민사회 운동이 아니라 그와, 그의 신랑이자 옥천장애인야학 교장인 최명호 선생님, 그리고 그들과 함께하는 사람들로 인해 변하고 있다고 말하고 싶었다.

오늘 그가 자신을 지우지 않고 살아온 삶으로 세상에 말을 건넨다. 이 말들이 우리에게 닿아 보다 평등한 몸으로, 일상으로, 서로의 삶에 스밀 수 있기를. 그를 예단하는 수많은 편견의 정체성을 배반한, 유쾌한 허나 '불편한' 만남이 가능하기를.

스무 살이 되기 전에

엄마 말이, 제가 태어나서 8개월 되었을 무렵 열병을 앓았대요. 그 무렵부터 아기들은 손 잡아주면 다리에 힘주고 서는데 저는 그걸 못 했어요. 병 고친다고 병원은 물론이고 용하다는 한의원, 듣도 보도 못한 곳까지 안 다닌 곳이 없대요. 아홉 살 때는 수술을 받았어요. 그 뒤 보조기 차고 목발 짚고 걸었던 게 한 1~2년. 보조기 빼고 걸어야 하는데 못 걸었어요.

하지만 나는 내가 다르다는 생각을 못 했어요. 학교도 못 가고 기어 다녔지만 아이들이 나를 찾아오고 나랑 놀고 하니까. 친구들이 중학교를 가면서부터 달라졌죠. 나는 여전히 아이 같은데 친구들은 고등교육을 받으면서 뭔가 달라진 느낌? 그때부터 고민하기 시작했던 것 같아요. 나는 왜 태어났을까? 왜 살아야 하지? 해 지는 것도 싫어했지만 해 뜨는 게 더 싫었어요. 매일 눈뜨고 밥 먹고 다시 자고 눈뜨고, 가족, 책, 텔레비전, 라디오가 세상의 전부였어요. 의미 없는 일상이 매일 똑같이 반복되는 게 너무 끔찍했어요.

열여섯 살 때 자살시도를 했어요. 하지만 그것도 내 마음대로 안 되더라고요. 엄마, 아빠 걱정만 시키다 이렇게 가면 주변에서 '그 집 딸 그렇게 해서 갔대'라고들 수군거릴 텐데 부모님한테 너무 큰 명에가 주어지는 것 같아 다시 시도는 못 하고 매일 기도했어요. '제발 스무 살이 되기 전에 절 데려가주세요……'

날아오를 수 있는 들판 하나쯤

나도 포기한 날 포기하지 않은 건 엄마였어요. 엄마는 옛날 사람이지만 늘 "경미야, 니가 원하는 대로 해"라고 말씀해주셨죠. 엄마는 어렸을 적에 병약해 할아버지한테 오래 못 살 거라고 구박도 많이 받았고, 하고 싶은 게 많았지만 여자라고 배우지도 못하셨대요. 결혼을 해서도 독선적인 아빠 성격에 눌려 엄마는 차츰 꿈을 포기하게 된 거죠. 하지만 저는 지켜주려 하셨어요. 늘 제가 자기가 원하는 걸, 다른 삶을 살게 해주고 싶어 하셨죠.

서예도 엄마 때문에 배웠어요. 서예는 앉아서 손으로 하는 거잖아요? 그러니까 엄마 생각엔 서예를 배우면 혹시라도 나중에 먹고사는 게 가능하지 않을까 싶어서 아빠 몰래 독선생을 모셨는데, 아빠한테 들켜서 난리가 났죠.

"멀쩡한 놈들도 제대로 못 하고 사는데, 아픈 애를 가르쳐서 뭘 할 건데. 아무 소용없어. 너 잘 들어. 나 죽을 때 내 재산 다 너한테 줄 거다. 그럼 형제들이 재산 있는 동안에는 너를 잘 보살필 거야. 그렇게 살아. 아니면 나 죽을 때 같이 죽자. 니가 뭘 할 수 있다고 그래!"

아빠는 늘 나를 가로막고 내 자존심을 건드렸죠. 하지만 아빠 말이 맞았어요. 내가 뭘 할 수 있지? 하지만 서예가 좌절되자 엄마는 저를 아빠 몰래 성당에 보내기 시작했어요. 그때가 제 나이 스물이 넘었을 때였는데, 제가 성당에 등 떠밀려 나갔던 건 세상에 대한 동경, 무엇을 해보겠다는 게 아니라 아빠와 집으로부터 벗어나고 싶어서였어요.

우연히 성당 행사에서 한 여자애를 만났어요. 앞도 안 보이고, 너무 왜소한 체격에 저보다 장애가 더 심한 친구였는데, 되게 밝은 목소리로 당당한 태도로 자기는 꿈이 뭐다 그러는 거예요. 충격이었죠. 나보다 더 어리고 더 힘든 상황인데도 그 친구는 꿈을 이루겠다고 뭔가를 하는데, 나는 아무것도 하지 않고 매일같이 죽겠다는 기도만 하고 있었나? 너무 부끄럽더라고요. 그날부터 내가 서서히 변했어요. 뭔가를 해야 할 것 같고, 빨리 데려가달라는 기도를 못 하겠더라고요.

오빠가 사다준 책으로 독학해서 컴퓨터를 배우고 동호회 활동을 하면서 장애인 직업훈련 학교에 대해서 알게 됐어요. 장애인들만 모아서 전문적인 기술을 가르쳐주고 직업을 갖게 해준다는 거예요. 완전 신세계잖아요? 마음이 혹했죠. 아빠가 알면 다 쓸데없다고 난리가 날 테고 반대할 테니까 뒷일은 모두 엄마에게 맡겨놓고 야반도주를 했어요. 그때 제 나이가 서른이었어요.

2년 동안 장애인 직업훈련 학교에서 디자인을 공부했어요. 학교 기숙사에서 지냈는데, 주말마다 집에 다녀올 수 있거든요. 하지만 저는 한 번도 집에 안 갔어요, 아빠한테 잡혀서 못 나올까 봐. 정말 열심히 공부했어요. 내가 아빠로부터 벗어날 수 있는 절호의 기회라고 생각했던 것 같아요.

네 계단 위의 세상

졸업할 때 포트폴리오를 돌리잖아요? 조금이라도 걸을 수 있는 친구들은 금방금방 취직이 됐지만 저는 늘 우선순위에서 밀렸어요. 그때나 지금이나 편의시설이 안 된 곳이 많잖아요? 그러다 어렵게 취업이 됐어요. 회사가 2층에 있어서 어렵겠다 싶었는데 사장님이 회사 직원들이 다 젊은 남성이라서 도와줄 수 있다고 괜찮다고. 고용공단에서도 장기적으로 리프트를 설치해보겠다고 해서 욕심이 났어요. 가보니 사무실만 2층에 있는 게 아니라 화장실도 네 계단 위에 있는 거예요. 첫날은 도움을 받아 화장실에 갔는데 매일 도움을 받을 순 없잖아요? 다음날부터 최대한 출근 전에 화장실에 가고 회사에서는 물은 거의 안 먹고 점심도 정말 적게 먹었어요. 저는 저만 잘 버티면 된다고 생각했어요. 하지만 회사 분들도 제가 화장실을 한 번도 안 가니까 부담스러웠나 봐요. 일주일 다녔을 때 사장님한테 전화가 왔어요.

"정말 죄송합니다. 다 감당할 수 있을지 알았는데 어려울 것 같네요. 미안하지만 내일부터는 안 나와도 됩니다."

세상이 다 무너지는 느낌이었어요. 눈이 안 떠질 정도로

"나는 아무것도 하지 않고 매일같이 죽겠다는
기도만 하고 있었나? 너무 부끄럽더라고요.
그날부터 내가 서서히 변하는 거예요.
뭔가를 해야 할 것 같고, 빨리 데려가달라
그런 기도를 못하겠더라고요."

울었어요. 다시 학교로 갈 수도 없고, 아빠한테 돌아가긴 죽기보다 싫고. 그때 지금 신랑이랑 사귀고 있을 때였는데 그 소식을 듣고 신랑이 퇴근해서 왔어요. 꽃이랑 케이크를 사 들고 와서는 "나랑 청주로 가자"고 하더라고요. 그때 신랑이 청주에 살았거든요.

신랑은 하이텔 동호회를 통해 만났어요. 처음 만났을 때가 제가 스물아홉, 신랑이 스물일곱이었는데, 처음부터 저를 잘 살피고 잘 따랐다고 해야 하나? 몇 번 정기모임이나 사석에서 봤는데 어느 날은 제게 좋아한다고 고백을 하더라고요. 단칼에 거절했죠. 그때 마음은 그 사람이 싫기보다는 연애, 결혼이 겁났던 것 같아요. 아빠가 늘 말했어요. 저는 남자친구는 물론이고, 결혼은 절대 안 된다고. 저도 그렇게 생각했어요. 내 인생에 결혼은 없다, 나와 결혼은 무관하다. 내 일그러진 몸을 누군가 본다는 것도 싫었어요. 연애를 하고 결혼을 한다는 것은 모든 걸 같이해야 하는데 나도 싫은 내 몸을 보여주기가 싫었어요. 장애여성이라는 이유로 내가 낮아지는 느낌도 싫었어요. 신랑보다 제 장애가 더 심하니까 사람들이 저를 그렇게 바라볼 것 같은 거죠.

거절하고 밀어냈는데 장애인 직업전문 학교에서 다시 만난 거예요. 신랑이 저를 따라 입학했더라고요. 우여곡절 끝에 연애를 시작하고 차츰 같이할 미래를 키워갔죠. 어떻게 단단히 닫힌 마음 문을 열었냐고요? 저는 하반신이 마비된 상태라 다리가 얼음장 같은데 이 사람이 어느 날 제가 너무 추워하니까 자기 품에다 내 다리를 넣어 따스하게 해주는 거예요. 어렸을 때 우리 엄마가 제가 추워하면 그렇게 해줬거든요. '엄마가 해준 걸 이 사람이 하네? 그럼 내가 이 사람하고 같이 가도 괜찮지 않을까?'

삶이라는 감옥

청주로 갔는데 정말 매일 울었어요. 신랑이 출근하면 저 혼자인데 아는 사람도 없고, 밖에 나갈 수도 없고, 그 작은 집에서 온종일 신랑만 기다리는 거예요. 또 금세 아이가 생겼는데 제가 입덧이 심했어요. 먹으면 바로 토하니까 매일 링거를 맞고 버티는데 그것도 너무 힘든 거예요. 그때 신랑 월급이 60만 원이었는데, '아이까지 태어나면 어떻게 하지? 그걸로 생활이 될까?' 하는 생각에 매일매일이 암담했어요. 그때 저희가 정말 작은 다세대 주택에 살았는데 살림이라곤 둘이 같이 살면서 중고로 장만한 가스레인지랑 냉장고가 전부였거든요. 세탁기조차 없었어요. 그런 상황인데 신랑 동료가 신랑 월급까지 들고 튀었어요. 월세도 밀리고 병원비가 없어 병원조차 못 가는 상황이 되니까 애까지 잘못될까 봐 너무 두려운 거예요. 정말 눈물 마를 날이 없었죠. 사정을 안 남동생이 와서는 카드를 주고 가더라고요. 필요할 때 마음 편히 쓰라고…… 그걸로 버텼어요.

임신하고 8개월 됐을 무렵 혼인신고부터 했어요. 제왕절개를 해야 한다는데 수술비가 없으니까 혼인신고를 하고 기초수급자 신청서를 쓴 거죠. 담당자가 조사를 나왔는데, 우리 사는 걸 보더니 그날이 주말이었는데도 바로 수급권 서류를 통과시켜주더라고요.

엄마한테는 임신하고 3개월 됐을 때 말했죠. 엄마가 당장 쫓아오셨는데 집에 와보니 정말 가관인 거야. 내 딸이 이런 곳에서 살다니…… 엄마한테 연락할 때만 해도 애 낳기 전에 결혼식을 올려야겠다는 마음이었는데, 엄마가 반대하셨어요. 유산기가 있으니까 안정이 최우선이라고, 결혼식은 애기 낳고 하자고. 8개월 됐을 때 엄마한테 연락이 왔어요. 아빠한테 얘기 다 해놨으니까 집에 들어와서 아이 낳으라고. 집에 가니 아빠가 눈도 안 마주치시더라고요. 나만 안 보면 괜찮은데 신랑도 안 보니, 너무 미안하고 힘들었어요. 아빠는 저희가 상처 입는 말들만 좀 오랫동안 많이 하셨어요. "자식새끼들 다 필요 없어. 니가 애기 낳는다고 걔가 너한테 효도할 것 같아? 고생해서 낳고 기를 필요 없어……."

아빠가 달라지기 시작한 건 큰애 백일 이후부터였어요. 애기 크는 거 보고, 신랑이 착실히 직장생활하며 양가에 손 안 벌리고 살고, 저희가 아파트로 이주해 저희 살림 사니까 그제야 좀 인정해주셨던 것 같아요. 생각해보면 아빠도 걱정이 셨겠죠. 딸도 장애가 있는데, 사위도 장애가 있어. 거기다 애까지 생기니까 당신이 다 부양해야 하는 것 아닌가 걱정하셨을 듯한데, 결론적으로 아니었던 거죠.

신랑 쪽도 우리 결혼을 반대했어요. 시아버님은 일찍 돌아가시고 시어머님만 계신데, 제가 휠체어를 타는 중증 장애인이라고 하니까 안 만나주시더라고요. 신랑이 여동생만 셋인데 큰 여동생도 우리 사이를 반대해서 신랑이 가족 인연을 끊자고 할 정도였어요. 시어머니는 큰아이 백일 때쯤 처음 뵈었어요. 첫애 백일이라고 집으로 시이모님이랑 같이 오신 거예요. 인사드리고 식사 내드리는데 시이모님이 갑자기 이 음식 누가 했냐고 물어보시는 거예요. "제가 다 했습니다." 그랬더니 미안하대요. 당신은 내가 아무것도 못 하고 우리 애가 다 해주는지 알았다며 오해를 많이 한 것 같다고.

고민을 멈추다

저는 아이를 낳고 싶었어요. 본래 아이들을 되게 좋아해서 '아이를 갖지 않을 생각이면 나는 결혼 안 할 거야'라고, 아이 생각이 없던 신랑에게 연애할 때부터 못을 박아놓았죠. 그런데 막상 임신을 하니까 그때부터 생각이 많아지는 거예요.

처음에는 산부인과를 찾는 게 일이었어요. 2002년에 큰애를 낳았는데, 그때는 장애친화적 병원이라는 것도 없었어요. 휠체어로 접근이 가능한 산부인과를 찾는 게 우선이었어요. 형편이 형편인지라 대학병원은 엄두도 못 냈고요. 처음 산부인과에 갔는데 색다르게 보는 거예요. 장애를 가진 여성이 심지어 결혼도 안 한 상태에서 임신을 하고 출산을 하겠다고 오니까. 위축됐죠. 사람들의 반응도 그럴 것 같은 거예요. 그래서 임신 8개월까지 친한 사람들에게도 임신했다는 얘기를 전혀 안 했어요. 병원에서도 의도적으로 사람들 시선을 피했어요.

조금씩 태동이 오니까 그때부터는 이 아이가 장애를 갖고 있으면 어떻게 하지 싶어 덜컥 겁이 나는 거예요.

"엄마. 나 유전이야?"

"아니. 왜?"

"애가 장애가 있으면 어떻게 하지?"

신랑한테도 혹시 당신 장애가 유전이냐고 물어봤더니 아니래요. 병원에서도 아무 이상이 없다 그러는데 너무 불안한 거예요. 둘이 고민을 했어요. 만약에 낳기 전이라도 아이가 장애가 있다는 진단이 나오면 어떻게 할 거냐? 둘 다 말을 못해요. 내가 먼저 "나는 안 낳을 거야" 그랬어요. 우리는 공기처럼 차별을 겪어왔으니까 삶이 많이 힘들었거든요. 신랑도 자기 생각도 그렇다고. 그럼 그렇게 하자고.

또 다른 고민은 아이가 느낄 삶에 대한 거였어요. 우리가 좋아서 아이를 낳았는데 이 아이는 엄마도 아빠도 가난한 장애인이야. 그 멍에를 아이가 평생 지고 살아야 하는데 그게 맞나? 걱정이 너무 돼서 먼저 아이를 낳은 선배 장애인 부부를 찾아갔어요. 그 부부가 그래요. "우리도 그런 걱정을 했다. 하지만 아이들은 아이들의 몫이 있다. 아이들만의 힘이 있다. 걱정 안 해도 된다. 그러니 걱정 말고 낳아라." 정말 평범한 말이잖아요? 누구나 할 수 있는 말이고, 스스로에게 했던 말이기도 하고. 그런데 확인하고 싶었나 봐요. 붙잡고 싶었나 봐요. 그 말이 그렇게 힘이 되는 거예요. 그 뒤부턴 고민을 멈췄던 것 같아요.

배 속의 아이가 커질수록 내가 장애를 갖고 있다는 게 더 피부로 와닿았어요. 골반이 작으니까 아이가 하루하루가 다르게 갈비뼈까지 치고 올라오는데 살과 뼈가 분리되면서 갈비뼈까지 다 으스러지는 느낌? 아픔의 강도가 차원이 다른 거예요. 거기다 눕지도 못하고, 앉지도 못하고, 어떻게 해도 몸이 안 편했어요. 8개월 때부터는 너무 힘들어서 빨리 나오라고 하고 싶었죠. 9개월 때 대학병원에서 제왕절개로 낳았어요. 출산한 후 제가 처음에 뭐라고 했는지 아세요?

"엄마, 손가락 발가락 열 개야?"

다른 산모도 그랬겠지만 저는 정말 두려웠어요. 사흘 만에 수유실에서 처음 아이를 안았는데, 너무 좋았어요. 내가 안을 수 있고 품을 수 있는 아이가 있구나…….

아이들이 다 알아

퇴원해서 집에 왔는데 그날부터 또 다른 두려움이 생겨났어요. 애기가 너무 잘 자면 너무 잘 자는 게 겁이 나요. 혹시 애기가 죽으면 어떻게 하지? 애가 모유를 먹었거든요. 간혹 분유를 먹이면 다 토했는데 혹시 잘못될까 봐 걱정돼 혼자 막 울고. 거기다 나는 아기를 업지 못하니까 벌어지지 않은 돌발 상황에 대한 걱정이 더 많았죠. 6개월까진 병원 가는 것 말곤 일절 집밖으로 나가지도 않았어요. 저랑 신랑이 둘 다 아기 때 후천적으로 장애를 갖게 된 터라 아이가 혹시라도 탈이 날까 너무 두려웠어요. 지금은 그걸 산후 우울증이라고 하던데, 그때는 아무 정보도 없고, 지식도 없으니 내가 장애가 있어 그런 줄만 알았어요.

아이 키우는 데 자신감이 생긴 건 혼자 예방접종을 하고 와서였어요. 지금이야 접종 날짜에도 에누리가 있다는 걸 알지만 그때만 해도 접종은 딱 정해진 날에만 해야 하는지 알았어요. 접종 예정일에 동네 후배가 데려다주기로 했는데 그날 후배가 다른 일 때문에 어렵다는 거예요. 그래서 내가 어떻게 했냐면, 이불을 방바닥에 내려놓고 침대 위의 아이를 안아 방바닥 위 이불에 내려놨어요. 그러고는 침대에서 내려가 제가 기어서 그 이불을 질질 끌고 거실 소파 앞으로 와 아이를 안아 소파에 올려놓고 휠체어에 탔어요. 그리고 애기 띠를 앞으로 매고는 아이를 띠 안에 넣고는 택시를 불렀죠. 아파트 앞에서 택시 기사가 절 보더니 눈이 휘둥그레져요.

"지금 병원에 가는데 좀 도와주실래요?"

"어떻게 하면 됩니까?"

"애 좀 잠깐만 안아주세요. 제가 택시 타면 저한테 애기 주시고 휠체어 좀 챙겨주세요."

병원에 도착해서는 기사님께 잠깐만 기다려달라고 하고 접종을 마치고 다시 그 택시 타고 돌아왔는데, 세상에, 정말 마음이 뿌듯한 거예요.

분명 그 후배는 중요한 일이 있었을 거예요. 하지만 나는 '내가 왜 내 아이를 구걸하면서 키워야 해?' 하며 마음이 확 상했죠. 그래서 독한 마음을 먹고 '내가 할게, 내가 갈 수 있어' 하며 모험을 한 거죠. 그날 이후 자신감이 생기더라고요. '아, 나도 내 힘으로 아이를 키울 수 있겠구나.'

둘째는 큰애 낳고 5년 뒤에 낳았어요. 처음에는 하나만 낳으려고 했어요. 그런데 키우다 보니 큰아이가 유치원에만 다녀오면 왜 나는 형제가 없냐고 묻는 거예요. 또 우리 부부가 둘 다 장애가 있으니 몸이 건강하지 않잖아요? 이 세상에 아이 혼자 남겨질 때 의논할 가족이 한 명도 없는 건 너무 힘들지 않을까 싶은 거죠. 그래서 하나 더 낳기로 결정했어요. 둘째 낳을 생각을 하면서 다른 걱정은 안 했어요. 첫째를 키우다 보니 걱정이 사라진 거예요.

제가 집 안에서 휠체어를 타잖아요. 방이 좁으니까 잘 때마다 휠체어를 거실에 놓았다가 아침에 신랑이 침대 머리맡에 가져다주는데, 아이가 걸음마를 시작하니까 겨우 아장아장 걷는 아이가, "엄마, 엄마" 소리만 하는 아이가, 거실에서 휠체어를 밀고 와서는 "엄마 타, 엄마 타" 하는 거예요. 그리고 밥을 먹으면 아빠가 밥그릇은 개수대에 놓고 반찬은 냉장고에 넣잖아요. 그걸 보고 애기가 밥을 먹으면 지 밥그릇은 개수대에 넣고 반찬은 냉장고에 넣는 거예요. "내가 백번 말해도 몰라. 낳아봐, 아이들이 다 알아"라고 했던 장애인 부부의 말이 뭔지 알겠더라고요. 아, 아이들은 보고 크고, 또 스스로도 크는구나 싶으면서도, 미안하고 고맙고.

나를 대단하다고 하지 마

둘째 임신하고 6개월이 될 때까지 엄마한테도 말을 안 했어요. 엄마는 늘 "결혼은 안 해도 돼. 그래도 애는 있어야지" 했던 분이셨는데 제가 첫째 낳았을 때, "하나면 됐다" 그러셨거든요. 그래서 둘을 어떻게 키우려고 그러냐, 병원에 가는 게 낫지 않겠냐는 소리를 들을까 봐 겁났어요. 나중에 둘째 임신했다고 하자 지인들 반응이 모두 똑같았어요. '그 몸에 어떻게 둘째를 낳고 키울 거냐?' 가난하고 나이 많은 중증장애 여성, 하물며 남편도 장애인. 사람들 눈에 나는 그렇게 비쳤을 거예요.

아이들 유치원 버스 태울 때면 사람들이 신기한 얼굴로 "매일 친정엄마가 오세요?" 하고 묻곤 했어요. "밥할 때마다 오세요? 아이 씻길 때마다 오시나? 아님 다른 사람 누가 와서 해주세요?" 등등. 큰애 키울 땐 활동보조 서비스도 없고, 가사지원 서비스도 없는 시절이었어요. 심지어 그땐 제가 수동 휠체어를 타던 때였는데 제 손으로 큰애 다 키웠거든요. 하지만 사람들 인식에 장애여성은 아무것도 못 하는 사람인 거죠. 결혼을 해 아이를 낳고 키운다는 걸 믿을 수가 없는 거죠.

제가 애들 키우면서 가장 많이 들은 말이 뭔지 아세요? 대단하다는 말이에요. 처음에 들었을 때는 내가 정말 대단한가 싶고 그 말이 칭찬인 줄 알았어요. 그런데 너무 자주 들으니까 헷갈리기 시작하더라고요. 내가 소아마비 장애인이니까 남들보다 많이 느리고 못 하는 것도 있지만 엄마가 자기 아이 키우는 건 다 똑같잖아요. 그런데 비장애인엄마들에게는 안 그러면서 장애엄마에게만 대단하대요. 둘째 키울 때는

"자녀가 둘이나 돼요?" 그 말을 가장 많이 들었어요. 비장애인들에겐 그렇게 말 안 하죠?

큰애 어렸을 때 우리 가족이 낯선 식당에 가면 생전 처음 보는 사람이 아이한테 돈을 줘요. 당황해 쳐다보면 아이가 예뻐서 주는 거라는데 아이가 상처받을까 봐 제가 화를 낼 수도 없고 싸울 수도 없고. 그럴 땐 그냥 "니가 너무 잘생겨서, 예뻐서 주신대" 하고 애한테 말하고 그냥 넘겼는데 남편도 장애인, 저도 장애인이니까 앵벌이 아닌 앵벌이가 되는 경우가 많았던 거죠. 그때 일들을 큰애가 기억할 것도 같은데 한 번도 얘길 못 했어요. 묻자니 상처가 됐을까 너무 겁이 나서. 그나마 다행인 건 둘째 낳을 때에는 세상이 좀 변해 있더라는 거죠. 둘째는 그런 경험이 없거든요.

애들이 크니까 요즘은 아이들을 제 보호자라고 여기는 경우가 많아요. 아이들이 10대가 넘으니까 병원에 가면 처음 보는 의사나 간호사들이 아이를 보고 말을 해요. 아이들은 당황스럽죠. 자신들을 쳐다보며 엄마 어디가 아프냐고 물으니까. 아이들이 아파 제가 병원에 데리고 가도 마찬가지예요. 그때마다 번번이 저한테 얘기하시라고 이야기를 해야 하는데 이런 일이 수시로 일어나요.

한번은 지역 초등학교에 편의시설 조사를 나간 적이 있어요. 그 학교 교장 선생님이 여기 오시기 전에 우리 아이들 다

넜던 초등학교 교장 선생님이셨대요. 우리 아이들이 그 학교 출신이라고 하니 대뜸 "제가 도움반에서 못 봤는데?" 하는 거예요. 부모가 장애가 있으니 당연히 아이들이 장애가 있다고 생각한 거죠. 제가 아이들은 장애가 없다고 하니 "아, 네" 하고 말아요. 미안하다는 말도 사과도 없어요. 한번은 발달장애인 자녀를 둔 부모랑 상담을 하는데 저한테 아이가 있냐고 묻더라고요. 있다고 했더니 장애가 있냐고. 없다고 했더니 하는 말이 "우리는 둘 다 장애가 없는데 왜 우리 아이는 장애인이죠?"였어요. 할 말이 없더라고요. '아, 여전히 많은 사람들이 장애가 유전된다고 믿는구나. 마치 첫애 임신할 때 나처럼. 그게 벌써 18년 전인데……' 세상은 변한 것도 같지만 또 쉽게 변하지는 않는구나 싶더라고요. 이런 얘기를 하자면 끝도 없어요.

거부당하는 몸

최근에 상담을 했는데, 남자 분은 발달 경계성 장애고 여자 분은 지체장애인데 두 분이 같이 살아요. 그런데 여자분 가족들은 둘이 같이 사는 게 싫은 거예요. 자기 몸도 건사 못 하는데 어떻게 아이를 키우냐면서 여자분 몸에 임신은 안 되게끔 시술을 했어요. 그러면서 저한테 결혼했냐고 묻더라고요. 결혼했다니 깜짝 놀라요. 아이가 둘이나 있다니 더 깜짝 놀라

"제가 애들 키우면서 가장 많이 들은 말이
뭔지 아세요? 대단하다는 말이에요.
엄마가 자기 아이 키우는 건 다 똑같잖아요.
그런데 비장애인엄마들에게는
안 그러면서 장애엄마에게만 대단하대요.
둘째 키울 때는 '자녀가 둘이나 돼요?'
그 말을 가장 많이 들었어요. 비장애인들에겐
그렇게 말 안 하죠?"

고요. 올해 제가 쉰인데 어디를 가면 보통 저를 '아가씨'라고 불러요. 좋은 의미에서 아가씨가 아니에요. 중증장애인이니 당연히 결혼을 안 했을 거라는 거죠. 아니 더 정확하게는 결혼을 안 해야 한다는 거죠.

아는 비장애 부부가 난임이에요. 들어보면 난임에 대한 지원책은 계속 개선되고, 다양한 출산장려책들이 쏟아져요. 장애여성의 임신, 출산이 어렵다는 건 사회적으로 다 알아요. 그렇다면 장애여성을 위한 대책을 세워야 하는데 모든 출산장려책에서 장애여성은 빠져 있어요. 이런 사회에서 장애여성이 난임 때문에 병원에 간다면 사람들이 뭐라고 할까? 간절한 시도 끝에 임신이 되면 축복받을 수 있을까? 또 비장애 부부가 낳는 자녀에 대해서는 대책들이 계속 세워지는데 장애부부 자녀들에 대한 대책은 없어요. 이래저래 정책적으로 정말 대놓고 차별하는 거죠.

산모가 건강해야 건강한 아이를 출산할 수 있잖아요? 장애는 질병이 아니지만 신체적 특성이나 장애에 친화적이지 않은 환경 때문에 장애인들이 질병에 더 취약한 것도 사실이고요. 그래서 정기적인 건강검진이 정말 중요한데 장애인들은 건강검진도 어려워요. 서 있어야지 유방 엑스레이를 찍을 수 있대요. 몸을 돌리고, 가슴을 엑스레이 기계에 놓고 움직이래요. 제가 그걸 혼자 다 할 수 있으면 장애인이겠냐고요.

때문에 병원에 가면 종종 내가 사람이 아니라 마치 물건? 좀 심하게 말하면 정육점의 고기 덩어리 같은 그런 느낌이 들어요. 혼자 몸을 돌리고 자세를 잡을 수 없기 때문에 직원들이 도와주는데, 그때 그들 입에서 새어 나오는 그 작은 한숨과 탄식. 항변을 해야 하는데 오히려 내가 움츠러드는 거예요. 꼭 구차하게 검진을 받아야 하나? 아프면 그냥 죽으면 되지 않나 싶고……. 선배 장애여성들에게 물어봤더니 진즉 포기했대요. 검진 잘 받아 살면 얼마나 산다고 그냥 아플 때 죽을 거래요. 난 우리 후배 장애여성들은 안 그랬으면 좋겠어요. 나처럼 내 장애 탓하며 안 살았으면 좋겠어요. 그래서 불편하고 불쾌해도 꼬박꼬박 건강검진 받으러 가서 문제제기를 해요. 병원에서 그 껄끄러워하는 미묘한 눈빛, 몸짓, 목소리를 경험할 때마다 스스로 내가 아이를 낳아 키우며 생활하며 병원에 오가는 이 모든 것들이 나를 넘어 후배 장애여성들에게도 의미 있다고 늘 북돋는 거죠.

장애를 대면하는 법

아이를 키우면서도 항상 되새겨요. 내가 장애가 있다고 숨으면 아이들도 숨는다. 그래서 숨지 않았어요. 어린이집 다닐 때 유치원 다닐 때 항상 제가 데리고 다니고, 제가 못 나가면 아빠가 배웅을 하는데, 사람들이 많이 모여 있잖아요. 그럼 보통 눈치 빠른 아이들은 "엄마, 아빠, 들어가. 나 혼자 갔다 올게" 하는데 우리 애들은 항상 우리를 먼저 끌고 가고 거기서 우리를 끌어안고 있는 거예요. 또 밖에 나가 놀면서도 "엄마, 엄마" 하면서 휠체어 타는 엄마에 대한 거리감을 안 두는 거예요. 그걸 보면서 안도했죠. '중요한 건 부모의 장애가 아니구나. 부모가 장애를 어떻게 마주하느냐에 따라, 어떻게 아이를 키우느냐에 따라 아이도 달라지는구나.'

제가 종종 뇌병변 장애인 부모들과 동료상담을 하곤 하는데 물어보면 한 번도 자녀 유치원, 학교에 간 적이 없대요. 부모의 장애가 알려져 자녀가 놀림을 받거나 상처 입을까 봐 참관수업, 졸업식, 운동회 다 안 간다는 거예요. 그럼 제 이야기를 해줘요. 나도 처음엔 많이 두려웠다. 하지만 아이는 엄마의 장애가 아닌 엄마를 본다. 물론 다른 아이들은 내 장애를 먼저 본다. "텔레비전에서 봤던 장애인이잖아?" "와, 장애인이다" 그렇게 말한다. 아이 엄마들도 저를 장애인으로 본다. 하지만 두 번 보고, 세 번 보고, 계속 얼굴을 마주치고 이야기를 나누다 보면 "장애인이다" 하고 불렀던 아이도 나중에는 "○○이 엄마다"라고 부른다. 엄마들도 마찬가지다. 그래서 나는 바빠서 못 갔지 상처 입을까 봐 빠진 적은 없다. 지금 큰애가 고3, 둘째가 중1인데, 입학하고 졸업할 때도, 대학 때도 갈 거다.

물론 아이들과 문제가 있을 때도 있어요. 큰애가 초등학교 4학년 때 저랑 같이 다니는 걸 잠깐 피한 적이 있어요. 나는 모른 척했는데 조금 지나서 큰애가 얘기를 하더라고요.

"엄마 내가 그때는 좀 그랬어. 그래서 안 다니려고 했어. 엄마 느꼈어요?"

"그동안 잘 다니다가 왜?"

"그냥 갑자기 좀 그랬어."

"지금은?"

"지금은 아니야. 괜찮아."

뭐든 한 번은 겪어야 할 때가 있는 거죠.

둘째는 첫째보다 더 엄마 껌딱지라 유치원이나 학교에 안 오면 난리를 쳤죠. 운동회 때 되면 김밥 사서 가면 안 된대. 다 싸달래요. 우리 엄마도 다 할 수 있어, 그런 걸 과시하려고 한 건지는 잘 모르겠지만 친구들이랑 같이 먹는다고 늘 많이 싸달래요. 또 제가 장애인권교육을 하니까 종종 학교를 가잖아요. 그때마다 "엄마, 아는 척하지 마" 그러는데, 막상 가보면 "와, 우리 엄마다" 그리고 친구들도 "00이 엄마다" 해요.

서비스는 구걸이 아니다

아이를 가질 때도 힘들어, 낳을 때도 힘들어, 키울 때도 힘들어. 근데 더 힘든 건 이 모든 걸 장애 당사자가 감수해야 한다는 거예요. '니가 장애인이기 때문에 힘든 거야, 어려운 거야.' 우리 사회는 이렇게 말하거든요. 저도 첫째 낳을 때는 제 장애가 문제라고 생각했어요. 교육도 안 받았고, 장애여성의 임신, 출산에 대한 정보를 제공받은 적도 없고, 장애인 권리라는 말도 몰랐으니 다 모두 내 탓이다 했죠. 그러다 둘째 아이를 낳고 키우다 보니 점점 '세상이 뭔가 이상한 거 아냐? 왜 이렇게 힘들어야 하지?' 싶은 거예요.

사건이 있었어요. 2010년도에 활동보조지원 서비스를 받으려고 신청했는데 덜컥 가사간병지원을 끊겠다는 거예요. '활동보조지원 서비스가 확정된 것도 아니고 신청밖에 안 했는데 끊으면 어떻게 하냐? 아이도 있고, 집안일도 도움이 필요하다'고 했더니 이 두 개가 중복 사업이라는 거예요. 알아보니 둘이 연계 사업이지 중복 사업은 아닌 거죠. 근데 옥천군에서는 여러 이유를 들면서 어렵다고 하더니 한 달만 유예해주겠다고 했어요. 그 사이 활동보조지원 서비스를 위한 인정조사를 받았는데 지원을 못 해준다는 거예요. 자기네들이 봤을 때는 활동보조지원 서비스가 필요 없다는 거였죠.

재인정조사를 신청했는데, 군청에서 6개월치 병원 진료기록을 가져오래요. 보건복지부에 문의해보니 장애진단 1급 소아마비라 이미 영구판정이 나온 거라서 진단서만 있으면 된대요. 그렇게 항의했죠. 그러고 나서 결과를 기다리는데 가

사간병지원이 끊긴 거예요. 이렇게 끊어버리면 어떻게 하냐고 항의했더니 오히려 짜증스러운 목소리로, "그럼 어떻게 하면 좋겠어요? 어떻게 해달라는 거예요?" 이러는 거예요. 그 소리를 듣는데 제가 확 무너졌어요. 내가 뭘 구걸하는 건가? 제도에 있는 필요하고 정당한 서비스를 이용하려는 건데, 군청에서 저를 구걸하는 사람처럼 취급하니까 자존심이 확 상하는 거예요. 거기다가 재인정조사 결과 저한테 활동보조지원 서비스가 필요 없다고 결론이 나왔어요. 기가 막혔죠. 너무 화가 나서 제 경험과 심경에 대한 글을 써서 보건복지부와 군청 온라인 게시판에 올렸어요. 그 글이 여기저기 퍼 날라지고, 조회수가 높아지니까 옥천군이 발칵 뒤집혔어요. 담당자가 밤 10시 넘어 찾아와서 '나 좀 살려달라'고, 그 글 좀 제발 내려달라고 하더라고요. 그 사람 상사는 담당자한테 '네가 가서 대신 활동보조 해주라'고 그랬대요. 제가 안 내렸어요. 이건 이렇게 해결할 문제가 아니라는 게 제 생각이었죠.

버스 타기 운동을 시작하다

그 일이 있은 후 신랑에게 옥천에서 장애인들을 지원하는 단체를 만들고 싶다고 말했어요. 신랑도 좋은 생각이라고, 같이 해보자고. 그때 마침 신랑이 대전에 있는 장애인 지원센터에 다녔는데, 저도 신랑이랑 일주일에 이틀 정도 함께 출근해 디자인 일을 거들었어요. 그러면서 둘 다 '아, 옥천에도 이런 장애인 지원센터가 있으면 좋겠다'고 생각했던 참이었거든요. 저랑, 신랑을 비롯해 지역의 장애인 두 분, 그리고 어르신 한 분, 그렇게 다섯 명이 모였어요. '우리는 예산도 없고 계획도 없지만, 장애인이라는 이유로 지역에서 차별받고 서비스에서 소외되는 상황을 해결하기 위해서 뭔가 해보자. 자리 잡는 데 2~3년이 걸릴 수도 있고, 더 걸릴 수도 있다. 고생길이 될 수 있는데 괜찮겠냐' 했더니 다들 괜찮대요. 좋은 생각이래. 다섯 명이 5만 원씩 출자해서 팩스 하나, 프린터 하나, A4용지 한 박스를 사서 우리 집 작은방에 놓고 일주일에 한 번씩 모였어요. 다섯 명이 모여 처음 옥천에서 시작한 일이 길거리 턱을 없애는 거였어요. 휠체어 장애인이라면 모두 어려움을 느끼는 일이었으니까요. 그때 우리 목표가 우선 1년만 버텨보자는 거였어요.

1년쯤 지났을 무렵 충청북도가 도 내에 8개 장애인 자립생활 지원센터 건립 계획을 발표, 사업을 시작했는데 우리가 낸 사업신청서가 선정됐어요. 그때부터 '옥천장애인자립생활센터'라는 명칭을 달고 활동하기 시작했죠. 당시 지원받은 사업비에 두 명의 인건비가 포함돼 있었는데 신랑이랑 상의를 했죠. 우리 둘은 돈을 받지 말자. 그 대신 활동할 사람을 두 명 뽑자. 지원받은 인건비로 사회복지사 한 명을 채용하고, 원년 멤버였던 친구에게 월급을 지급하기 시작했어요.

'옥천장애인자립생활센터' 이름을 걸고 처음 시작한 활동이 장애인 이농권 보장을 위한 버스 타기 운동이었어요. 이후에 장애인 활동보조지원 서비스, 장애인 자립생활 체험홈, 장애인 동료상담, 장애인 인권교육 및 인권강사 양성, 장애인 야학 등의 사업을 해왔어요. 지역에서 발생한 현안에 대응하는 것도 우리 일이었죠. 저는 센터 소장 일을 맡았고, 신랑은 장애인 야학 교장 선생님이 됐지요.

초반엔 지역에서 갈등이 많았죠. '왜 너희가 필요한데? 이미 여러 장애인 단체가 있고, 장애인 복지관도 있고, 그쪽이 일을 다 하고 있는데, 너희가 뭔데?' 하는 눈초리였죠. 요즘에는 단체가 자리를 잡으면서 그런 의심, 따가운 눈초리들이 누그러지긴 했지만 여전히 작은 농촌 지역사회에서 장애인의 권리를 이야기하는 건 쉽지 않아요.

지역에서 활동하다 보면 눈에 보이는 성과도 중요하지만, 저는 사람들이 달라지는 것에 대한 자부심이 더욱 커요. 지금 장애인 자립생활 체험홈에 여성 체험자 한 분이 와 생활하시는데, 그분 마음을 다잡는 데는 1년이 걸렸고, 이 분이 밖으로 나올 수 있게 가족을 설득하는 데는 1년 반이 걸렸어요. 지금 마흔여덟 살인데 마흔일곱에서야 세상 밖으로 나오다 보니 체험홈에 처음 올 무렵에는 많이 힘들고 갈등도 많은 거예요. 그러다 활동보조인이 붙고 자기가 원하는 것들을 조금씩 할 수 있게 되니까 본인도 자신감이 생기고 재미도 생기며 변하더라고요. 지난해 추석에 오빠네 집에 갔는데 하루 만에 왔어요. 왜 벌써 왔냐고 했더니 체험홈이 더 편해서 왔대요. 그러더니 올 설에는 집에 안 갈 거래요. 집을 떠나면 죽는 줄로만 알았는데 체험홈에 와 살면서 스스로 그게 아니라는 걸 차츰 알게 되는 거죠. 자기 삶을 선택해서 산다는 기쁨을 느끼게 되는 거죠. 그러니까 가족들이 변해요. 장애 당사자가 변하니까 가족들이 변하는 거죠.

사실 장애인들 얘기 들어보면 그게 제 얘기고, 제 가족의 이야기거든요. 그래서 집에, 시설에 갇혀 사는 장애인분들 만나면 늘 이야기해요. 부모 뜻 어기는 게 불효가 아니다. 그걸 어기고 나와서 당신이 더 행복한 삶을 살면 부모님이 변한다. 부모님은 스스로 바뀌는 게 아니라 당신이 바꾸는 거다. 나는 세상도 마찬가지라고 생각해요. 세상이 먼저 변하진 않아요. 장애를 가진 사람들이 변화시키는 거지.

부족한 엄마의 자학에서 벗어나

한창 센터를 만들고 활동을 시작할 때가 큰아이가 초등학교 2학년, 둘째가 유치원생일 때였는데, 시어머님이 1년 같이 살고, 장애인 활동보조 선생님이 조금씩 거들어주셨죠. 6시에 칼퇴근을 하면 괜찮은데, 일을 하다 보면 시간이 지체되는 때도 있고, 지방에서 늦게 오는 때도 있어서 집에 애들 둘밖에 없는 시간도 생기잖아요? 어느 날은 늦게 집에 가보니 식탁 위에 빈 그릇이 두 개가 있는 거예요. 애들 둘이 거실에서 자고 있고. 다음 날 "뭐 먹었어?" 하고 물어보니 큰애가 "애기가 배고프다고 해서 케첩에다 밥 비벼줬어. 응가해서 동생 똥도 닦아줬어" 하고 대답하더라고요. 그때 정말 많이 울었어요. 내가 이 일을 왜 하지? 우리 아이들을 아무도 돌봐줄 사람이 없는데 내가 우리 아이들 이렇게 고생시키면서까지 일을 해야 하나? 아이들이 고생하는 게 보이니까 이걸 계속 해야 하나 갈등이 심했죠.

힘들 때마다 동네 친구를 붙잡고 이야기를 했어요. 그 친구는 주말부부 하면서 워킹 맘으로 애 셋을 혼자 키웠어요. 그 친구가 "언니, 나도 그럴 때 많어. 언니가 지금 여기서 쉬면 당장은 애들 보기가 수월하겠지만 애들 금방 커. 그때는 애들이 옆에만 있는 엄마를 귀찮아할 수도 있어. 지금 언니 마음, 애 키우면서 일하는 엄마들 모두 느끼는 마음이니 너무 자학하지 마. 언니가 하고 싶은 거, 해야 할 걸 해"라고 다독여주는데 힘이 나더라고요.

생각해보면 애들은 한 번도 내 탓을 안 했어요. 내가 잘 못 챙기니까 스스로 미안하고 마음이 괴로운 거죠. 또 내가 다른 엄마들에 비해 못 하는 것도, 못 해준 것도 많으니까. 바깥에 쓰레기 버리는 건 큰애가 하고, 작은애가 설거지하고. 만약 내가 장애를 갖지 않았다고 하면 어땠을까? 내 자격지심일 수도 있는데, 일상에서 미안할 때가 많죠.

애들이 조금 크고 나니 요즘은 경제적으로 미안해요. 우리가 기초생활수급자다 보니까 아이들에게 기회를 많이 못 주는 것 같아요. 여유가 있는 분들은 아이들이 하겠다고 하면, "한번 해봐" 하잖아요. 나는 "이거 해볼래?" 하고 물었는데 아이들이 "싫어"라고 하면 겉으로는 "그래" 하고 말 들어주는 것처럼 하지만 속으로는 '돈도 없는데 잘 됐다'라고 종종 생각했던 것 같아요. 이런 마음이 미안하고, 아이들에게 어떻게 설명할 수 있을지 모르겠어요. 그렇다 보니 해줄 수 있는 게 먹는 거죠. 주말만 되면 아이들이 좋아하는 거 해주는 거예요. 떡볶이, 닭튀김, 과자도 구워주고, 온 마음으로 힘껏 안아 사랑한다 말해주고…….

너무 고마운 건 애들이 티 없이 자라준다는 거예요. 둘 다 그냥 보통 아이들처럼 '엄마 아빠가 장애가 있어, 우리 집은 가난해' 하며 우울해하는 것도 아니고, 반대로 부모가 장애인권운동을 하는 지역의 유명인사라는 식으로 생각도 안 하고. 작은애는 이제야 조금 생각을 해보는 것 같고, 고등학생인 큰애는 엄마가 사회복지 일을 하는데 장애가 있고, 장애인들을 위해서 더 열심히 일한다는 정도로만 생각하지 더 크게도, 더 작게도 생각하지 않는 것 같아요. 동네가 작다 보니 엄마 아빠 귀에 들어갈까 봐 여자 친구랑 손 못 잡고 다니는 걸 아쉬워하는 정도랄까?

친애하는 삶에게

저는 살면서 사람 변하는 게 좋고, 지역 변하는 게 좋고, 그러면서 내가 행복한 게 좋아요. 엄마가 살면서 못 했던 것들, 억눌리면서 포기했던 것들을 딸인 제가 하길 바랐던 것처럼 저도 장애 때문에 갇혀 있던 시간들이 길었잖아요. 그러니 다른 분들도 저를 보고 용기 냈으면 좋겠어요. 아무것도 할 수 없다고 생각했을 때는 아빠는, 그리고 세상은 절대 변하지 않는다고 생각했어요. 그런데 지금 내가 움직이고, 두 아이를 낳아 키우고, 사회적으로 내가 할 수 있는 걸 할 수 있게 바뀌니까 아빠가 변했고, 주변 사람들이 변했고, 세상도 더 많이 변할 거라는 확신이 들어요. 물론 어느 정도 사회변화가 뒷받침됐기 때문에 가능한 거지만, 그 세상도 장애인들이 변화시킨 거라고 생각해요. 나는 지금 내가 살고 있는 세상보다는 앞으로가 더 좋아질 거라 믿어요. 이런 과정을 거치면서 조금씩 삶이 이뤄지고 있는 거라고 생각해요.

제 신조가 '하루를 충실하게 살자'예요. 오지 않은 미래가 불안하다고 고민하는 것보단 오늘 하루를 충실하게 살면 미래가 생겨난다고 믿어요. 내가 처음에 사랑을 하고 결혼을 했을 때의 마음, 아이를 낳고 키울 때의 그 마음, 센터를 시작하면서 가졌던 그 마음을 잊지 말자. 그 다짐으로 오늘을 또 열심히 살아요.

정상가족 신화에 대한 도전

2019년 4월 20일. 장애인의 날을 맞아 이상우 씨와 최영은 씨의 웨딩사진과 러브스토리가 한 일간지에 크게 보도됐다. 각각 30년과 20년 동안 거주했던 장애인 거주시설을 벗어나 자립생활을 시작하며 사랑을 꽃피운 이들의 결혼 보도에 이들의 사랑을 응원하고 축복하는 많은 댓글이 달렸다. 중증장애인 부부의 탄생을 축복하다니 격세지감이 느껴졌다. 하지만 사랑은 축복해도 아이는 낳지 말라는 댓글이 적지 않았다.

"둘이 같이 평생해로 하기를 바라나 2세는 갖지 않았으면 좋겠다."

"애는 낳지 마세요. 아이에겐 고통입니다."

"그냥 혼자 살지. 애를 낳으면 2세는 앞날이 깜깜하다. 현실을 생각해야지."

2017년 장애인 실태조사(이하 '조사')에 따르면 만 18세 이상 장애인의 84.6%가 결혼 경험이 있고 그중 96.4%는 자녀가 있다. 예상을 뒤엎는 이 수치는 현재의 수많은 장애가 후천적이라는 사실을 반영한다. 상당수(77%)의 사람들이 결혼 이후 장애를 갖게 됐기 때문이다. 따라서 수치에 속으면 안 된다. 여전히 많은 장애인들이 장애와 건강 문제로 결혼 앞에서 좌절한다. 낮은 학력[1]과 비장애인에 비해 절반밖에 안 되는 취업률,[2] 낮은 임금에 따른 경제적 어려움 역시 결혼을 망설이는 주요한 이유다.

장애여성의 상황은 장애남성에 비해 더 좋지 않다. 장애남성에 비해 더 빈곤하며, 더 낮은 학력과 더 많은 사회적 억압과 폭력에 노출돼 있기 때문이다. 하지만 장애여성들은 결혼, 임신, 양육을 통해 사회적 금기를 깨트리고 있다. 위 조사에 따르면 결혼 경험자 중 결혼 당시 장애가 있던 장애여성이 87명이었는데, 이 중 91.9%에 달하는 80명의 장애여성이 장애가 있는 상태에서 임신과 출산을 감행했다. 전통적으로 장애여성은 수동적이며 무성적 존재로 간주되어왔으며 그의 결혼과 출산에 대한 자기결정권은 부정돼왔다. 또한 장애인은 그 스스로가 타인의 돌봄이 필요한 의존적 존재이자 복지 수혜자로 표상돼왔다. 하지만 이들 '용감한' 장애여성들은 결혼과 출산, 양육을 통해 비장애인중심적인 사회를 교란하며 사회통념에 저항한다. 또한 자녀 양육과 교육을 책임지는 돌봄 책임자로서, 동시에 가족을 부양하거나 가사 노동자로서의 역할을 수행해오고 있다. 비장애여성이 출산과 양육을 거부하며 가부장적인 정상가족의 신화와 전통적 여성상에 도전하고 있다면, 장애여성은 출산과 양육을 통해 비장애인중심적인 정상가족의 신화와 전통적 장애여성상에 균열을 내고 있는 것이다. 이런 관점에서 장애여성의 섹스와 결혼, 임신과 출산, 양육은 빼앗긴 주체성을 회복하고 긍정적 자기 정체성을 확립하기 위한 사회적 분투다.

보편적이면서도 특수한

하지만 장애여성의 결혼과 임신, 출산과 양육은 쉽지 않다. 가장 근본적인 이유는 경제적, 사회문화적 장벽 때문이다. 결혼과 임신, 출산과 양육을 위해서는 안정적인 삶을 유지할 수 있는 재원이 필수적인데, 수많은 비장애인들도 이 문턱 앞에서 좌절한다. 더 빈곤하며, 더 높은 실업률에 시달리는 장애인들이 평범한 삶을 꿈꿀 수 없는 이유다. 부양의무자 기준으로 52만 원(생계급여) 남짓한 기초생활수급비조차 제대로 받지 못하는 현실은, 혼자의 삶만을 영위하기에도 숨이 막힌다. 또한 '중증장애인의 집=시설'이라는 공식이 지배적인 사회에서 시설에 갇힌 중증 장애인들에게 연애와 결혼, 임신과 출산, 그리고 양육이 '허락'될 리 없다. 근본적인 인식과 제도의 성찰과 전환이 필요한 이유다.[3]

　장애인 산모가 비장애인 산모에 비해 임신과 출산에서 많은 어려움을 겪지만 이들을 위한 출산 기반시설과 지원이 부족한 것도 매우 중요한 이유다. 일례로 정부는 2013년도부터 장애인 진료에 적합한 의료장비와 장애인 편의시설을 구비하고 장애 이해 교육을 받은 의료진을 배치한 '장애친화산부인과'를 지정했다. 2019년 11월 현재 7년째 운영 중이지만 '장애친화산부인과'는 전국에 13개소뿐이다. 이마저도 광주, 대전, 전북, 전남, 경남 5개 광역시에 편중돼 있어 11개 광역지방자치단체에 거주하는 장애인 산모들의 접근이 어렵다. 소도시에 거주하는 이들의 접근성은 더욱 떨어져 이들은 의료사각지대에 놓여 있다. 또한 비장애인 산모에 비해 상급의료기관을 이용해야 하는 경우가 많고 제왕절개 수술 비율도 높다. 따라서 더 많은 의료비용이 부과되지만 이에 대한 지원도 부족하다. 임신과 출산에 관한 도서는 서점에 넘쳐나지만 장애부부의 임신과 출산을 다룬 책을 만나기란 쉽지 않다. 그렇기 때문에 조사에서 출산 유무를 떠나 '장애여성에게 가장 필요한 서비스가 뭐냐?'는 질문에 53.5%의 장애여성들이 임신, 출산과 관련한 기반시설과 지원이라고 답했다.

장애가 대물림되지 않을까 하는 불안감, 본인의 장애가 자녀에게 부정적 영향을 미칠 수도 있다는 근심도 쉽게 해소되지 않는다. 조사 결과에 따르면 4명 중 1명의 장애인 산모가 자녀가 장애를 가질까 두려워하며, 자신의 장애가 자녀의 성장에 걸림돌이 되지 않을까 염려한다.

조사 응답자 중 자녀에게 장애가 있는 경우는 5.9%, 없는 경우는 94.1%였는데, 장애여성의 47.9%가 초기 자녀의 성장 및 발달에 어려움을 경험했다고 답했다. 이는 상당수의 장애여성이 어린 자녀의 돌봄 수행 및 가사의 양립에서 어려움을 겪고 있음을 보여준다. 특이한 점은 양육 단계에 들어서면 장애여성이 본인의 장애를 양육의 중요 변수로 생각하지 않는다는 사실이다. 88%의 장애여성이 자녀 양육 시 본인의 장애로 인한 어려움이 없었다고 답했다. 해석해보면 이렇다. 초기 자녀의 성장·발달은 좀 더딜 수 있지만, 상당수의 장애여성은 양육 경험을 통해 본인의 장애 자체가 자녀 양육에 결정적 문제가 되지 않음을 확인하게 된다. 장애 여부를 떠나 모든 부모는 각기 다른 문제를 안고 있으며, 저마다의 방식으로 문제를 해결하기 때문이다. 또한 부모와 자녀는 제 나름의 방식으로 교감하며 함께 성장한다. 공적 지원이 언제, 어떻게 제공되어야 하는가를 생각하게 하는 대목이다.

문제가 되는 것은 장애부모 및 그 자녀들을 둘러싼 사회적 편견과 차별이다. 장애부모에게서 태어난 아이는 무슨 죄냐는 인식, 부모의 장애가 자녀 또래 집단에서 따돌림이나 놀림의 이유가 될 때, 사회가 자녀를 장애부모의 보호자로 인식하고 책임을 부과할 때 장애부모와 아이가 아프다.

양육 및 교육비용, 돌봄 시설이나 돌볼 사람의 부족, 정보부족도 양육의 걸림돌이다. 이는 장애부모를 넘어 비장애부모들도 동일하게 직면하고 있는 문제라는 점에서 전반적인 양육 및 교육 정책의 쇄신이 요구된다. 특히 장애 가족의 경우 장애 특수성을 감안한 생애주기별 체계적인 양육 서비스 정책 수립 및 지원이 필요하다. 일례로, 여성장애인 양육돌봄, 아이돌봄서비스, 활동지원서비스 등 다양한 양육지원제도가 존재하지만 각 지원서비스들이 장애부부의 장애유형별 정도별 양육요구에 적절히 대응하지 못하고 있다. 특히 아이돌봄서비스는 장애인, 저소득층에 대한 본인부담금 면제 등 지원 우대정책이 없다 보니 실효성 있는 돌봄 체계로 활용되지 못하고 있다.[4]

엄마는 모두 처음이라

"누구나 처음 부모가 되면 아이를 돌보고 기른다는 것은 많은 이의 도움이 필요하다. 혼자의 힘만으로는 해낼 수 있는 일이 아니다."[5] 나 역시 그랬다. 엄마는 처음이라 모든 게 혼란스럽고 어려웠다. 주변의 수많은 선배 엄마들, 엄마, 언니, 이웃이 없었더라면 어떻게 넘겼을까 싶은 아찔했던 시간들이 많았다. 일을 해야 되겠는데 아이 맡길 곳이 없어 긴 경력단절과 함께 깊은 우울의 시간들을 보내기도 했다. 단 1분 1초라도 잠시 아이를 맡기고 숨 돌릴 손 하나가 절실했다. 사회는 아이를 낳으라는데, 출산과 양육은 모두 우리 가족의 몫이었고, 주변에 얼마나 손 벌릴 더 많은 여성 자원이 있는가가 직면한 양육 문제를 해소할 수 있는 거의 유일한 방안이었다.

장애엄마도 마찬가지일 게다. 아니, 더할 게다. 주변에 장애엄마가 소수다 보니 정보의 부족, 사회적 지지의 부족을 더 많이 경험할 수밖에 없다. 이는 더 많은 사회적 지원의 필요성으로 자연스럽게 귀결된다. 더욱이 장애인들에 대한 더 많은 공적 지원은 비장애인에게 무게중심이 맞춰진 기울어진 운동장을 바로잡는 데 매우 중요한 과정이다. 또한 인간은 모두 기대어 산다는 점에서 개인과 가족의 건강한 자립이 가능해지기 위해서는 필요한 지원을 제때 요청하고, 의존할 것을 선택할 수 있어야 한다. 자립은 의존하지 않는 것이 아니라 존중에 기반해 의존하는 대상이 늘어나는 것이며, 그것이 가능할 때 삶은 풍요롭고 단단해진다.[6]

이제 '장애여성이 좋은 부모가 될 수 있는가?'라는 질문은 '무엇이 장애여성의 좋은 부모 되기를 가로막는가?'로 바꾸어야 한다. '한국사회가 좋은 부모 되기를 권장하는 사회인가?'라는 질문도 동시에 던져야 한다. 가난이, 장애기, 사회적 부담이 부모 됨의 결격 사유라면, 계층의 사다리가 끊기고, 후천적 장애인이 급증해 등록된 장애인구가 전체 인구의 5%에 달하는 사회에서 대체 누가 부모 될 자격이 있단 말인가?

동시에 전통적인 여성상에 대한 도전과 정상가족에 대한 질문도 던져야 한다. 양육과 돌봄 노동이 여성의 몫으로만 전가되는 한 장애여성의 임신, 출산, 양육이 갖는 사회적 분투는 빛이 바랠 수밖에 없다. 또한 정상가족을 규범화하지 않는다면, 정상가족에 속한 가족들도, 비정상가족으로 폄하되던 가족들도, 나아가 가족 밖에 위치한 이들도 사회적 억압에서 벗어나 좀 더 다른 삶을 경험할 수 있기 때문이다. 삶은 보다 가치 있고, 빛날 것이다.

"내가 처음에 사랑을 하고 결혼을 했을 때의 마음,
아이를 낳고 키울 때의 그 마음, 센터를 시작하면서
가졌던 그 마음을 잊지 말자. 그 다짐으로 오늘을
또 열심히 살아요."

구루마 끈 지 거진 한 20년 다 돼가는구나……. 구루마를 끈
이유는 돈이 없으니까. 서울역에서 방 얻어봐야 쪽방 그런 거
잖아. 그러니 그 돈 갖고 차라리 맛있는 거나 먹고 길에서 생
활하자 싶었지. 외롭거나 좀 쓸쓸하거나 그럴 거 같으면 벌써
남자 만났다고 그랬잖아. 외롭고 쓸쓸하고, 나는 혼자 살면서
지금까지 그런 거 전혀 없어.

4장

여기서
성질을
더 죽이면
못 살지

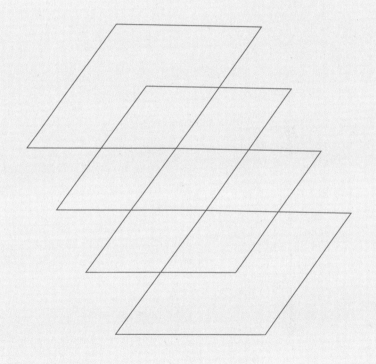

70대 홈리스 여성, 그가 거리를
집 삼은 이유, 그리고 '나'의 삶

살다 보면
'시간'을
알게 돼

구술: 김복자
글: 박희정

김복자를 만난 건 '홈리스행동'을 통해서였다. 홈리스행동
은 홈리스 문제를 게으름, 무능 등 개인의 책임으로 떠넘기
는 인식에 반대하며 홈리스 문제를 해결하기 위한 다양한 활
동을 모색해온 시민단체이다. 올해 70살인 김복자는 50대 초
반부터 꽤 오랫동안 거리에서 생활하며 폐지를 주워 생계를
이어왔다. 수년 전 홈리스행동 활동가의 지원을 받아 기초수
급을 신청하고 고시원에서 생활하고 있다. 처음 만난 날, 인
터뷰가 끝난 시각이 저녁 즈음이라 그에게 식사를 하러 가자
고 제안했다. 홈리스행동 활동가가 추천한 인근 식당 앞에서
그는 바로 들어가지 않고 멈추어 섰다. 바깥에서 한참 안을

둘러보며 이 식당이 맛이 괜찮을 곳인가를 신중히 살펴보고 서야 들어갔다. 돈을 내는 내 주머니 사정을 걱정하면서도, 고를 때는 자신에게 가장 최선의 것을 골랐다. 김복자는 모든 것에 좋고 싫음의 분명한 기준을 가진 사람이었고 매일의 삶에 자기만의 루틴을 가지고 있었다. 그것은 주위를 경계하며 살아야 했던 역사 속에서 만들어진 것일 수도 있겠지만, 이야기를 들으면 들을수록 오히려 '나다움'에 가깝다는 생각이 들었다. 홈리스 여성이 루틴을 가진다는 건, 자신의 행동을 예측 가능한 것으로 만든다는 점에서 위험한 일일 수도 있기 때문이다. 그는 지금 상황에서 가장 최선의 것들을 고집하고 살아간다. 나에게 빈곤은 관심사이자 가장 멀리하고 싶은 주제였다. 그것은 늘 나의 일이었기 때문이다. 김복자와 이야기를 나누며 어쩐지 나는 묘한 안도감 같은 걸 느꼈다. 마치 내가 언제 어디서도 고집을 포기하지 않아도 된다는 토닥임처럼 다가왔기 때문이다.

아버지의 집

내 이름은 김복자. 49년생이니까, 올해 나이 칠십. 아버지는 함경도 사람이고, 엄마는 충남 논산이라고 그래. 아버지가 장사를 해갖고 왔다 갔다 했대. 그때 엄마네 집이 어머니 한 분 계시고 아주 못살았나 봐. 한마디로 딸을 판 거지. 엄마가 아버지 따라가서 나를 낳은 거야. 내 친할머니가 엄마를 그렇게 구박했대. 내가 태어났을 때 애가 작고 온몸이 털로 새카맣더래. 할머니가 그랬다는 거야. 이년, 이 개 같은 년, 짐 승을 낳았냐. 그거를 안고 6.25 때 피난 나온 거야.

서울 미도파백화점¹ 있죠? 나 국민학교 때 그 뒤에서 엄마가 장사를 했어. 중화요릿집. 거기서 쭉 올라가면 남대문 국민학교가 있었어. 지금은 없어졌지. 그때만 해도 철없이 학교 가기 싫다고 엄마하고 실랑이했어. 내 밑으로 남동생이 둘 있었어. 하나는 나중에 일찍 풍으로 죽었지. 엄마는 잘해줬는데 아버지가 무서웠어. 엄마하고 아버지하고 허구한 날 쌈하는데 어린 마음에 좀 그렇더라고. 아버지는 엄마하고 싸움해도 잔인하게 패고 우리 팰 때도 그랬어. 말 안 들으면 무조건 전깃 줄로 패니까. 아버지가 있으면 집에 못 가. 툭하면 때리니까. 아버지가 술 취해서 잠들어야 살금살금 다락방으로 올라가. 올라가서도 잠을 못 자. 언제 아버지가 일어날지 모르니까.

나 국민학교 5학년 때 아버지가 돌아가셨어. 술 때문에 돌아가셨어. 아버지 돌아가실 때 눈물도 안 나. 아버지가 진 빚을 갚느라고 중국집 내놓고 쫄딱 망해서 나왔어. 거지 신세된 거나 마찬가지였지. 돈 몇 푼 있는 걸로 엄마가 쪼끄만 하꼬방(판잣집) 하나 얻어갖고 밥집을 했어. 나는 국민학교 겨우 졸업하고 중학교는 못 갔어. 삼남매를 데리고 당장 굶게 생겼으니까 엄마가 누구 소개로 재취를 한 거야. 일단은 먹고 입히고 할라고. 엄마가 희생을 한 거지. 옛날에 남산 올라가는 쪽 보면은 다리 밑에 점쟁이들 많았잖아. 길에서 점치는 사람도 있고. 양아버지가 거기 하꼬방에서 점집 하는 무당이었어. 앞을 통 못 봐. 양아버지가 굿 하러 댕기는 적마다 엄마가 데리고 댕겼어. 우리는 집에다 남겨놓고.[2]

그쪽 양아버지한테 딸린 식구가 또 셋이야. 아들 하나 딸 둘. 양아버지 자식들하고 우리하고 사이가 안 좋아. 그쪽 딸이 나하고 두 살 차이야. 그럼 나한테 언니라고 해야 되는데 '야, 야' 그러니까. 그럭저럭 한 5개월 살았나. 깜박 잠결에 보니까 양아버지하고 엄마하고 싸움을 하는 거야. 아버지가 욕을 있는 대로 해. "야 잡년아 개 같은 년아. 니 자식 데려왔으면 밥값을 해야 될 거 아니야." 양아버지 승질이 개떡 같은데 엄마는 그걸 모르고 재취를 한 거야. 노상 이틀이 멀다 하고 싸움질이야. 사람들은 나 무당 딸이라고 손가락질하고. 아무리 생각해도 안 되겠어. 1년 넘게 거기 있다가 내가 큰동생한테만 얘기했지.

"내가 나가서 자리 잡고 돈 벌어올 테니까 니네들은 여기서 그냥 살아. 꼭 참고."

"누나 어디로 갈라고?"

"모르지."

그러고 엄마한테도 얘기 안 하고 집을 나왔어. 그때 내가 열일곱 살이었어.

따뜻한 밥 한 그릇

길을 가는데 아줌마들이 쭉 섰어. 나는 뭐 하는 아줌만지 신경 안 쓰고 모르지. 내 볼일만 보면 되니까. 어떤 아줌마가 나를 부르더니 잠깐 얘기 좀 하자고 그래. 첨 보는 사람한테 무슨 얘기를 해? 그랬더니 잠깐 가자고 해. 집 나와서 이렇게 돌아댕기는 거 같다면서. 그런 건 또 척척 알아. 가니까는 밥도 주고 뭐도 주고 이러는데, 그거 안 먹어야 되는 건데 먹었어. 배가 고프니까. 밥을 먹고 났더니 아줌마가 괜찮으니까 한숨 자래. 그 말에 한숨 자고 일어나서 정신을 차리고 보니까 방이 한 다섯 개가 있어. 이쪽은 식모로 갈 아줌마들. 이쪽은 술집으로 가는 아가씨들. 또 이쪽은 어디로 가는 사람들. 방마다 여자들이 다 들어가 있더라고. 주인이 나가고 우리끼리 있으니까 누가 나보고 그래.

"여기서 빨리 나가. 우리도 꼼짝 못 하고 잡혀 있어."

"왜 잡혀 있어?"

"술집에 보내잖아. 소개소에서."

을지로에 보면 시계 팔고 팥죽 팔고 하는 그런 골목에 쏙 들어가면 하꼬방 같은 집이 있어. 그걸 무허가소개소(불법 직업소개소)라고 그래. 지금은 다 허가가 있잖아. 그때는 그런 게 많았어. 거기서 아가씨들을 팔아넘기는데, 술집 주인한테 빚을 얼마를 땡겨. 그러면 여자는 10원도 못 갖고 소개소 사람들이 다 먹어. 소개비는 주인한테 또 받고. 팔려 가면 그 아가씨는 며칠 만에 거기서 도망 나와야 돼. 소개소에서 그렇게 시켜. 도망쳐서 어느 쪽으로 오면 우리가 간다고. 그 장소까지 오면 그 소개소에서 다시 우리를 데리러 와. 도망치지도 못하고 또 팔려가는 거지. 나도 몇 번 그렇게 했어.

소개소에서는 여자들이 도망갈까 봐 밤에는 문을 잠그고 퇴근해. 그러다 어떻게 우연치 않게 내가 거기 있는 아가씨들 데리고 도망을 쳤어. 점심시간에 주인이 우리 밥 시켜주러 간다고 나가면서 문을 안 잠그고 간 거야. 지키는 사람도 밥 먹으러 가고. 전부 다 데리고는 못 도망치니까 몇 명만 같이 도망쳤어. 계단에서 엎어지고 넘어지고 허둥지둥 정신없이 행길 바깥에까지 도망 나왔는데, 보니까 누가 잡으러 온 거 같애. 그때 수중에 돈도 없잖아. 몇 명은 저쪽으로 가고 몇 명은 나하고 같이 무조건 택시를 잡아탔어.

"아니, 어떻게 아가씨들이 그런 데 잡혀 있었어?"

기사가 그래.

"어떻게 알아요?"

"딱 보면 알지 왜 몰라?"

그 아저씨가 택시 운전을 20년 했대. 우리보고 그러더라고. 어떤 기사는 소개소에 다 연결이 돼가지고 아가씨들이 택시비가 없다고 하면 다시 빠꾸해서 그 소개소로 데려간대. 돈 받을라고. 지금은 법도 있고 단속도 세고 그렇잖아. 그때는 파출소고 소개소고 택시고 믿을 사람이 없어. 우리는 마침 좋은 분을 만난 거야. 그 기사 아저씨가 우리를 내려주면서 그러더라고.

"택시비 됐고, 어디 가든지 잘 살아."

엄마……

집에 다시 들어갔는데 엄마하고 동생들이 없어. 양아버지 자식들이 있길래 내가 물어봤더니 다 내보냈대. 갔대. 1년 넘게 살다가 돈 10원도 없이 내보낸 거야. 어디로 갔는지도 모르지. 혼자 떠돌이 생활을 한 몇 개월 했어. 하루는 남대문 시장을 한 바쿠 도는데 어서 본 듯한 사람이 있어. 다시 가서 이렇게 보니까 엄마가 주방일을 하고 있는 거야. 엄마가 나를 딱 보더니 붙잡고 울더라고. "이 망할 것아. 너 왜 엄마한테도 아무 소리 안 하고 동생한테만 얘기하고 집 나갔냐." 서로가 붙잡고 울었지.

엄마가 너 지금 어디 있냐고 하는데 거짓말을 했어. 어디 일자리 얻어갖고 그냥 심부름만 하고 있다고. 동생 얘기를 하니까 동생이 저 앞에서 구두 닦는다고 그래. 가보니까 미도 파 옆에 조선신문사 앞에서 구두를 닦는 거야. 구두 닦는 거 도와주고 집에를 갔어. 마포 옛날에 새우젓 동네³ 쪼끄만 하꼬방 한 칸에서 엄마하고 동생 둘이 같이 지낸 거야. 엄마가 봉급 탄 돈, 동생이 구두 닦은 돈, 그렇게 해서 사글세를 싼 걸 얻어서 살아. 작은동생은 몸이 안 좋아서 집에 있고. 거기서 같이 살면서 일자리를 구했어. 배운 게 없으니까 여자가 갈 데라는 거는 식당 청소하는 것밖에 없더라고. 그렇게 살다가 동생하고 엄마한테 얘기했어. 서울 근방에서는 안 되니까 멀리 가야겠다고. 속초나 강원도 쪽은 10원이래도 많이 준다고 하니까 그쪽으로 가볼 거라고.

그런 식당에서는 젊은 사람만 썼어. 서른 넘으면 안 써줬어. 설거지도 하고 손님 오면 접대도 하고 두루치기로 사람 쓸라고. 손님 옆에 앉아서 술 따라주고 밥만 팔 적에는 주방에서 일하고 그럴 사람이 필요한 거지. 그런 식당이 보통 서울은 드물고, 속초나 포천⁴ 그런 데로 내가 일을 많이 다녔어. 그쪽에 깡패들이 바글바글해. 말 안 듣는다고 두드려 맞고 그랬어.

산 쪽으로 가니까 여름에는 엄청 덥고 겨울에는 엄청 춥더라고. 지금은 행길이 넓어지고 교통이 잘 돼 있어. 그때만 해도 양구 같은 데 갈라면은 길이 좁고 사고도 많이 생겨. 차 안에서 요렇게 내려다보면 아찔해. 낭떠러지야. 그런 데를 몇 해를 왔다 갔다 하면서 돈을 모았어. 엄마가 소 족발 좋아하니까 가끔 한 번씩 집에 가면 소 족 사다가 같이 먹고 그랬어. 어느 날부터 엄마가 몸이 안 좋다고 그러더라고. 자꾸만 그러는데 나는 신경 안 썼지. 어느 날 집에 갔는데 엄마가 꼼짝을 안 해. 안 일어나. 동생들이 일 끝나고 들어왔어. "야, 이상하다. 엄마가 내가 들어왔는데도 들은 척도 안 하고 안 일어난다." 만져보니 싸늘해. 그때 이미 간 거지. 내가 스물두 살 때야.

그들의 집

엄마 돌아가시고 동생 둘을 내가 뒷바라지하고 같이 벌어먹고 그랬어. 큰 동생은 구두닦이 하고 나는 나대로 식당 같은 데서 심부름하고. 동생이 구두닦이 하면서 다방 여자, 옛날로 말하면 다방 레지하고 눈이 맞아서 결혼을 했어. 올케가 나보다 세 살 밑이야. 첨에 만났을 때 내 동생하고 나하고 애인인 줄 알았대. 고모는 화장도 안 하는데 몸매도 그렇고 얼굴도 이뻐서 오해했대. 내가 젊으니까 같이 사는 걸 싫어하더라고. 그래서 내가 나왔어.

그렇게 돌아댕기다가 깡패 우두머리를 만났어. 나보고 쪼끄만 게 귀엽게 생겼네 어쩌고저쩌고하면서 필요한 거 다 해줄 테니 자기랑 동거생활 하자더라고. 돈도 얼마 안 받고 남의 집 식모살이하는 것보다 그게 나을 것 같았어, 그때 생각에는. 방 쪼끄만 거 하나 얻어갖고 동거를 했지. 한 몇 개월 지내니까 이놈이 주태백에다가 사람을 그렇게 잘 패. 동네에서 나보고 그래. "도망 가. 안 그러면 죽어." 저 사람 여자가 벌써 몇 번 도망갔다는 거야. 아가씨는 나이도 어린데 어떻게 걸려들었냐고 그래. 도망 나올라니까 이미 부하들이 다 지키고 있어서 도망 나올 수는 없더라고. 다행히 이 사람이 술 한 번 먹고 곯아떨어지면 세상몰라. 그 틈을 타서 새벽에 시장 골목으로 해서 몰래 도망 나온 거야.

도망 나와서는 신설동에 갔어.[5] 지금은 니야까(리어카)로 종이 줍고 댕기잖아. 옛날에는 대나무로 된 망태기를 어깨에다가 메고 집게로 줍고 다녔어. (이러한 사람들을 '넝마주이'라고 불렀다.) 거기서 일을 하면 밥은 먹여준다고 그래가지고 거기 있었어. 남자들이 폐품을 실어갖고 오면은 일일이 내가 다 손질을 해. 신문은 신문대로 뭐는 뭐대로. 그렇게 해가지고 내가 이거 줍게 됐나 봐. 부르는 이름은 다르지만 종이 줍는 건 똑같잖아.

그럭저럭 살고 있는데 아저씨 하나가 나보고 그래. "그러지 말고 차라리 시집을 가" "시집은 왜 가?" 그랬더니, "명동서 장사하는 총각이 있는데 그리로 시집가면 괜찮을 거야" 이러더라고. 면사포는 내가 나이 더 먹어서 쓰고, 우선은 들어가서 같이 살면 된다고. 옛날에 명동에 한일관이라고 설렁

탕집이 있거든. 그 옆에다가 그 총각네가 가판을 하더라고. 보니까 시어머니 하나, 시아버지 하나, 시누 하나가 있어. 딱 보니까는 시아버지가 날카롭게 생겼고, 시어머니는 좀 좋게 생겼고. 그때 내가 스물둘이면 그 남자 나이가 스물여덟 살. 어떻게 들어가서 살게 됐는데 알고 보니까 그 아저씨가 나를 거기다 팔고 간 거야. 나중에 동네에서 들어보니까 여자가 몇 번 살다가 도망갔대. 그 남자가 지금 말할 거 같으면 좀 변태 같은 게 있대. 나는 그때만 해도 나이가 어리니까 몰랐지.

어느 날 속이 미식미식하고 안 좋아. 병원에 가서 진찰하니까는 임신했대. 애기가 애기를 가진 거지. 그 집 식구들은 나를 탐탁지 않아 했어. 하루는 옆방에서 그 집 식구들끼리 수군거리는 말이 언뜻 들려. 나를 내보내고 애만 데리고 있겠다는 말을 하는 데 충격을 받았지. 그러고 내가 딸을 낳았어. 백일까지는 거기서 살면서 내가 키웠지. 애가 백일 딱 되고 나니까 시어머니는 나를 감싸주고 같이 살자 이랬는데 시아버지는 돈 몇 푼 던져주면서 너 갈 길 가라고 했어. 그길로 10원도 안 갖고 나왔어. 젖은 팅팅 불고 남의 집 생활 할라니까 죽겠는 거야. 약방 가니까 젖 짜내는 고무를 줘서 일하다가 시간만 되면 화장실 가서 짜내고. 그걸 주인한테 들켜가지고 일도 못 하고 쫓겨나고 그랬어. 지금은 애가 있어도 일만 잘하고 그러면 괜찮은데 그때만 해도 그게 안 통하거든. 젖 때문에 몇 집을 쫓겨나가고 먹을 게 없어서 얻어먹고 그렇게 지냈어. 두어 달 되니까 젖이 사그라들더라고.

그때는 나이가 어려서 애를 놓고 나오면서도 섭섭한 걸 몰랐어. 나이 먹고 난 후로 생각이 가끔 나지……. 생각이 자꾸 나니까 일을 못 하겠더라고. 아침저녁으로 툭하면 울었으니까. 조금씩, 조금씩 생각을 지웠어. 그놈 집구석 피붙이 내 꺼도 아니고 잊자, 잊자. 그러다가 완전히 싹 지워갖고 생각도 안 나. 1년 전만 해도 가끔 생각은 했어. '시집가서 자식 낳아서 살겠지……, 그 나이가 됐겠네…….' 지금은 아예 안 해. 그 집에서 나를 찾을 거 같으면은 벌써 찾아도 찾았겠지. 나는 돈도 없고 맨손으로 찾을 수도 없고.

자다가 헐린 집

식모 생활로 돈을 좀 모아갖고 장사를 했어. 식당 얻어서 하면 돈이 많이 드니까 포장마차로 국수 팔고 그랬지. 그때는 단속이 무지하게 셌어. 화장실 갔다 오니까 구루마가 없어. 그 옆에 구둣방 아저씨가 시청에서 가져갔대. 시청까지 쫓아갔어. 벌금을 내야 된대. 벌금 2~3만 원 줄 바에는 구루마 포기하는 게 낫겠더라고. 그때 돈 1만 원이면 나한테는 큰돈이야. 국수를 몇십 그릇을 팔아야 돼. 포기하고 그냥 왔어. 아무것도 못 갖고. 구두닦이도 하고 껌팔이도 하고 그러다

시청에서 관리하는 노점을 하나 얻었는데 자릿세는 자꾸 올라가고. 그래서 이것저것 다 포기하고 요정으로 갔어. 한복 입은 기생들 있는 집. 거기서 심부름 해주면서 돈 받고, 그 집에서 한 3년은 있었지. 주인이 어디 가서 잘 살라면서 돈을 좀 보태주더라고.

맥줏집을 하는데 누가 이 집보다 저 집이 장사가 잘 되니까 한번 옮겨보라 그래. 그때만 해도 사람을 믿었지. 그걸 얻어서 1년도 못 됐는데, 새벽에 뭔가 드렁드렁 큰 소리가 나길래 나가보니까 앞에 커다란 차 두 대가 있어. "이게 무슨 차예요?" 했더니, 집 허는 차래. 이거 헐어야 된대. "나 이 집 주인한테 보증금 주고 집세도 주고 거진 1년 넘게 살았는데 지금 무슨 소리하는 거예요?" 그랬더니 집주인이 어디 있냐고 해. 각서를 보여줬지. 보더니 이 사람 집주인도 아니고 이 각서도 가짜래. 집을 허는데 그냥 무조건 밀어버려. 살림살이도 그 안에 다 있는데. 아무것도 못 들고 나왔어. 그게 내가 스물여덟 살 때지. 옛날에 용산 부대 있을 때 그 옆에 쪼끄만 하꼬방을 하나 얻어갖고 장사를 했는데, 그것도 장사가 잘 되니까 또 헐리고.

나 서른일곱 살 때 큰동생을 어떻게 하다 찾았어. 막내는 죽었다더라고. 큰동생이 그때 길에서 물건 펼쳐 놓고 장사를 했어. 내가 그거 도와주고 한 몇 년 같이 살았지. 방은 내가 별도로 얻었어. 한 집에서 살면 올케가 안 좋아하니까. 그러다 동생이 내 재산까지 전부 털어갖고 마포에 의상실을 하나 얻은 거야. 그럭저럭 살기 괜찮아지니까 좀 눈치가 안 좋아. 내가 객지 밥을 어렸을 때부터 먹어서 눈치가 빨라. 혼자 나와 사는데 나이는 자꾸 먹고 돈은 없고. 진짜 손발이 힘이 없고 맥이 탁 풀려요. 그래서 내가 그냥 시골로 밭일 거들어주면서 거지마냥 얻으러 댕겼어. 시골에서 한 몇 년 살다가 서울로 올라와서는 또 막막한 거야.

한번 해보지요

내가 52살서부터 구루마를 끈 거 같아. 서울역 뒤쪽으로 가면은 고물상이 있어. 구루마는 고물상에서 빌려줘. 주민등록증을 맡기고 빌리는데 안면이 생기면 돌려준대. 고물상에서 처음에 날 보고 그러더라고.

"구루마 끌 아줌마가 아닌데."

"구루마 끌 아줌마 따로 있어요?"

첨에는 박스 줍는 것도 어떻게 줍는지도 모르고 막막했지. 길에 나갔더니 구루마 끌던 사람들이 왜 여기서 줍냐고 텃세를 해. 이렇게 길에 봐서 라면상자나 있으면 담고 다른 아줌마 아저씨들은 봐도 안 줏어가는 거 담고. 내 생각에는 이 정도면 많겠지 싶어서 고물상에 가면 욕하는 거야. 열댓 개밖에 안 되는 이것도 박스라고 끌고 댕기냐고. 한 3개월은 그렇게 애먹었어. 그러다가 요령이 생겨. 어디 가면은 아줌마 아저씨들이 있고 어디 가면 없고를 알게 돼. 하루는 고물상에서 놀라더라고. 저울로 다니까 80킬로야.

한 5개월 접어들어가니까 그때부터는 고물상에서 칭찬받는 거지. 박스보다도 공사판에 쫓아댕기면서 쇳덩어리를 많이 주웠어. 쇠는 비싸. 1킬로면 5천 몇백 원 했으니까. 박스는 1킬로에 100원 했어. 공사판에서 고철은 그냥 안 줘. 일하는 사람들한테 잘 보여야 몇 개 얻어. 종이도 길에 버려진 것만 주워가지고는 택도 없더라고. 다른 아줌마 아저씨들이 안 댕기는 집들을 봐뒀다가 부탁을 해. 호텔 같은 데도 부탁을 하고. 그러면 그냥 주는 거 받아서 나오는 게 아니라 지저분한 거 청소를 해주고 나와. 그래야 다음에 가면 또 모았다가 주지. 그런 식으로 단골이 몇 집 생기니까 하루에 3, 4만 원 버는 건 문제가 아니야.

비올 때는 못 나가. 박스가 젖으면 고물상에서 제값을 안 쳐줘. (무게로 값을 치르는데 종이가 젖으면 무거워지기 때문.) 날씨 좋을 때도 조금이라도 젖은 게 있으면 깎아. 그러니까 비올 때는 아예 안 하고 여기저기 돌아댕기다가 저녁때쯤 되면 마트에서 김밥하고 라면 한 그릇 먹고 의자에서 꾸벅꾸벅 졸다가 비 그치면 또 돌아댕기는 거지. 박스 줍는 사람들은 여자들

"내가 52살서부터 구루마를 끈 거 같아.
서울역 뒤쪽으로 가면은 고물상이 있어.
구루마는 고물상에서 빌려줘.
주민등록증을 맡기고 빌리는데 안면이
생기면 돌려준대. 고물상에서 처음에
날 보고 그러더라고."
"구루마 끌 아줌마가 아닌데."
"구루마 끌 아줌마 따로 있어요?"

보다는 아저씨들이 많았어. 내가 알기로는 여기 밥 주는 데 (무료급식소)가 많잖아. 거기 가서 밥 먹고, 방이 없는 사람은 길에서 자고, 고시원에 사는 사람들은 고시원서 살고. 내가 알기로는 한 스무 명이면 열 명은 방이 없어. 그냥 술 한잔 먹고 길에서 자는 사람들이 더 많아. 그러다 날 새면 구루마 빌려다가 그렇게 사는 거지. 요즘은 박스 값이 30원으로 뚝 떨어졌어. 신문 값도 떨어지고 옷값도 떨어지고 다 떨어졌대. 길에 댕기면서 보면 박스들은 많은데 줍는 사람은 없어. 안 보여. 나는 모르지. 그 사람들이 다 어디 가서 뭐 하고 있는지.

살다 보면 '시간'을 알게 돼

고물상이 새벽 4시면 문 열어. 저녁에 9시면 닫고. 밤새도록 종이 주우러 댕기다가 정 피곤하면 서울역 근처에 호텔이 있어, 거기 호텔 화장실에서 잠깐 앉아서 눈 좀 붙이고. 경비들이 못 들어가게 하면 바깥에 의자 있어. 평상. 그 의자에서 잠깐 졸고. 거기는 사우나 댕기느라고 사람들이 왔다 갔다 하니까. 그 앞에 마트가 두 개가 있고 또 길 건너 저쪽에도 하나 있고. 아파트도 있고. 그냥 행길가에서 졸면 위험하지. 길에서 겨울에 의자에서 잠깐 졸다가 추우면 화장실에 들어가. 경비 딱 없을 시간에 들어가서 몸 좀 녹이다 경비 나올 시간 되면 나오고. 그러다가 안 되겠으니까 경비한테 슬슬 말을 시

컸어. 사귀어놓는 거지. 어느 날 우연찮게 저쪽을 봤는데 의자 밑에 뭐가 있어. 이렇게 보니까 지갑이야. 나는 지갑 주우면 안 열어봐. 무조건 경비 갖다줘. 경비아저씨들은 안에 뒤져봐도 되거든. 지갑 안에 연락처가 있잖아. 그러면 지갑 주인이 오면은 그냥 가? 다 사례를 하고 가지. 경비들이 나 때문에 덕을 본 거야. 그때부터는 경비가 있든 없든 화장실을 들락날락하게 된 거지. 오며 가며 지갑 많이 주워서 경비한테 맡겼어.

그럭저럭 거기에서만 잠잔 게 한 몇 년 돼. 그 의자, 여름에는 앉아 있으면 시원하고, 그 앞에 마트에서 라면하고 김밥하고 사 와서 먹어도 되고. 처음 길에서 잘 때는 죽겠지. 그래도 몸에 인이 백히니까 괜찮아. 괜찮아진 거지. 첨에는 막 배기고 쑤시고 구루마 끄는데 팔을 쳐들지도 못하고 그랬어. 누구한테 말은 못 하고 죽겠지. 약방 가서 땡길 적마다 진통제 하나씩 먹고 그렇게 하다가 몸이 인이 백히더라고.

씻는 거는 화장실에서 했어. 밤에 2시 3시 되면 사람이 덜 들락거려. 화장실 옆에 세면장은 세수하고 손만 닦고 목욕은 청소하는 아줌마가 마포 세워놓는 자리에 큰 통이 있어. 그 안에 들어가서 씻어. 뜨거운 물 나오니까. 청소하는 아줌마 있을 때는 못 씻지. 그 아줌마가 늦어도 밤 1시에는 퇴근하니까. 아줌마들이 마포 세워놓는 자리는 목욕탕같이 생긴 게 있어. 거기다 마포들 빠니까. 거기에 구녁(구멍) 고무로 껴갖고 물 받아서 씻고. 고무 빼면 물이 내려가. 그럼 한 번 더 헹구고. 청소하는 아줌마 퇴근할 때까지 기다려야 해. 그러니까 자주는 못 하지. 한 열흘에 한 번. 늦어야 한 보름에 한 번씩. 또 그 아줌마가 야간 일 3시까지 할 때는 아예 씻는 거 포기해야 돼.

들킨 적은 없어. 그 아줌마가 언제 퇴근하고 언제 오는지 시간을 다 아니까. 경비들 몇 시에 들어가고 몇 시에 나오는 거, 청소하는 아줌마들 몇 시에 들어가고 몇 시에 나오는 거, 거기서 생활하다 보면 시간을 알게 돼.

화장실 들어가는 그 옆에 에레베타 타고 올라가면 3층에는 사우나, 4층에는 식당들이 쭉 있어. 중국집 배달하는 아저씨들 가끔 나 짜장면 짬뽕 하나씩 갖다줘. 낮에 1시나 12시는 박스가 별로 안 나오니까 내가 한 바퀴 돌다가 잠깐 앉아 있으면 중국집 사장도 한 그릇씩 갖다주고 배달하는 사람도 갖다주고. 매일은 아니지만, 며칠에 한 번씩 갖다줘. 거기서는 괴롭히고 이런 사람 없었어. 이쪽에 화장실 들어가는 옆에 마트거든. 마트 옆에 건물이 있어요. 아파트지. 거기 사는 사람들이 오며 가며 나 몇 푼씩 주고 먹을 것도 주고 그랬어.

버티게 해준 사람들

하루는 고물상 바로 문 앞에서 넘어진 거야. 그 앞에가 불을 안 키면 깜깜해가지고 잘 안 보여. 가운데가 돌이 있어가지고 구멍이 파졌거든. 밤에 고물상 문 닫기 전에 갈라고 얼른 가다가 넘어진 거지. 골반이 부러진 건 첨에 몰랐지. 지나가는 사람도 없지, 있어도 쳐다만 보고 그냥 가지. 그때 달자 (시민단체 '홈리스행동'의 활동가)가 나보고 "커피 한잔 드실래요? 추운데", 그래. 그때 겨울이거든. (홈리스행동은 노숙인들에게 차를 나눠주며 거리 상담 활동을 한다.) "나 지금 인나지도 못해서 죽겠는데 무슨 커피여!" 내가 좀 성질을 부렸어. 아파 죽겠으니까. 달자가 나를 일으켜 세우니까 도대체가 못 일어나. 일어날 수가 없어. 길 건너가면 거기 약방이 스물네 시간 하거든. 그때 나한테 수중에 돈 만 몇천 원 있는 게 전 재산이야. 그걸 주고 우선 진통제 좀 사달라고 했어. 진통제 먹고 한 시간 정도 있어도 소용이 없어. 병원에 가서 엑스레이 찍으니까 뼈가 부러졌대. 달자 없으면 난 어떻게 됐는지도 몰라. 달자가 나 커피 먹으라고 안 불렀으면. 달자가 나를 살린 거야. 수급자도 맹길어주고, 고시원 방도 얻어주고. 그럭저럭 벌써 7년을 살았어.

내가 이것만 아니었으면 지금까지도 길에서 살 거야. 내가 뭐 잠도 그렇게 많이 없고 깊은 잠을 못 자. 아무리 피곤하고 죽겠어도 누가 옆에서 부스럭하면 금방 일어나. 어렸을 때부터 아버지한테 그렇게 맞고 살아온 후부터 그랬어. 옆에 동네 아줌마들이 "니네 집은 도둑이 안 들 거다" 그랬어. 그렇게 지금까지 살은 거야. 쓸쓸하고 서운하고 한편으로 내 신세가 처량하다 생각도 하다가, 그래도 이렇게 구루마 끌고 지나가면 먹을 것도 주고 점심 사 잡수라며 몇천 원씩 돈도 주고 그러는 사람들도 있잖아. 그러니까 지금까지 이렇게 버티고 살아왔나 봐.

골반이 두 번이나 더 부러졌어. 세 번 수술해도 구루마는 계속 끌었어. 수급비가 얼마 안 되니까. 가만히 있어봐야 다리가 더 힘없고. 지금은 아예 못 끌어. 얼마 전에 술 때문에 다리하고 배가 붓는 바람에 병원에 한 달 갔다 오는 바람에 구루마를 못 끈 거야. 사람들이 내 걱정들 많이 해. ㄹ마트에서 폐지 줍는 아저씨가 있어. 그 아저씨가 나 구루마 끌 때 항상 잘해줬어. 박스도 내가 많이 못 줍고 돈이 안 될 거 같으면 자기 꺼 양보하고. 내가 이번에 병원에 갔다 나오니까 나만 보면 "괜찮아요? 괜찮아요?" 물어봐. ㄹ마트 앞에 식당들도 나보고 왜 구루마 안 끄냐고 그래. 어저께도 동네를 한 바퀴 돌고 내려오니까 빵집 총각 하나가 "메리크리스마스" 하면서 뭘 주더라고. 보니까 우유하고 빵이야. 카드하고. 카드를 읽어보니까 고생하셔도 마음을 굳게 먹고 추운 날씨에 따뜻하게 지내고 뭐 그렇게 쓰여 있어. 교회에서 주는 거야.

외롭냐고?

결혼하려고 한 적이…… 생각도 나지 않아요. 어렸을 때부터 고생만 하다 보니까 그런 생각은 없어. 그냥 그렇게 살아오다가 나이가 먹고 한 고비가 지나니까 결혼이고 뭐고. 오히려 지금 사람들 툭하면 이혼하고 헤어지고 그러는 거 보면 나 같은 사람은 뱃속은 편해. 그렇다고 내가 그 사람들 흉보고 그러는 것은 아니고. 나보다 못사는 사람도 내가 이렇게 내려다보고 '아휴……', 이렇게 생각해본 역사가 없어요. 내 몸땡이가 이렇게 되기 전에는 지나가다가 깡통 놓고 앉아 있는 사람 보면은 내 수중에 돈 있으면 주고. 어떤 사람은 지나가면서 손가락질하고 그래. 그런 걸 보면 좀 짜증이 나. 그렇다고 이런 말 저런 말 하면 남의 일에 참견한다고 쌈 날 거고.

오히려 사람이 무섭다고 내가 한번 그런 적 있을 거야. 내가 스물두 살 때 애 낳고 쫓겨난 일로 충격을 받아서 결혼을 아예 안 하고 남자 근처에도 안 갔어. 그길로 지금까지 내가 독하게 살은 거야. 옛날에만 해도 양색시들이 많았잖아. 그 언니 하나가 나보고 얼굴도 이쁘장하고 몸매도 괜찮은데 차라리 부대에서 일하면서 미군하고 결혼하래. 싫다고 했어. 그 길로 만약 들어갔었다면 둘 중 하나지. 잘못됐거나 미군

이랑 살았거나. 그러니까 아예 포기한 거야. 이것저것 다 안 한다고. 난 더 고생하고 싶지 않다고. 50, 60살 돼서 다른 사람들이 영감 하나 만나라고 해도 들은 척도 안 했어. 누가 옆에서 농담하고 시야까시(희롱, 일본어 冷(や)かし에서 온 말) 걸면 톡톡 쏘고. 여자라도 나한테 무슨 말 하면은 "몰라! 지랄이야. 왜 나한테 물어봐. 성질나게.", 그렇게 살아왔어.

지금은 성질을 내가 일부러 자꾸 죽이는 거야. 그때는 그때고 지금은 지금이니까. 예전에는 누가 시비 걸면 싸우고 경찰서도 가고 그랬어. 지금은 누가 술 먹고 시비 걸면 내가 피해버리잖아. 그저께 내려오는데 한 놈이 술에 취해갖고 나한테 얼굴을 들이대고 "헤헤……", 이러는 거야. 그래서 내가 "아휴……" 하고 얼굴을 찌푸리면서 옆으로 비켜서서 내려갔더니 지도 미안한가 나를 힐끗 보더라고. 그러더니 올라가. 이 새끼는 고시원 옆으로 돌아가면 있는 골목에서 사는 놈 같애. 나 사는 고시원 2층, 3층 아저씨들은 내가 한집에 사는 걸 아니까 술 취해도 그러는 게 없거든. 뭐 누가 나를 치거나 어떻게 하거나 그런 게 무서울 거 같으면 내가 새벽에도 담배 피우러 안 내려와. 담배 피울라면은 옥상으로 가거나 밖에 나가야 되거든. 나는 옥상이 더 추워. 올라갈라면 아슬아슬하고. 내려가서 행길 바깥에서 피우면 제일 편해.

블랙커피, 설탕 한 숟갈

나 사는 집도 구루마 끄는 사람 몇 명 있는 거 같애. 남자들. 새벽에 한 3시나 4시쯤 되면 남자가 나가. 일하러 나가는 거야, 그런 사람들은. 내가 잠이 없으니까 담배 피우러 왔다 갔다 하다 보면 알게 돼. 그러니까 내가 알지. 고시원 올라가는 입구에 찻집이 있고 그 옆에 생맥줏집이 있어. 찻집은 11시 반이나 12시에 일찍 닫어. 생맥주 파는 집은 2시까지 해. 간판은 12시면 치워놓고. 길에 세워놓는 거는 시간 되면 치워놔야 되거든. 한숨 자고 또 내려와서 보면은 4시야. 3시 반이나 4시에 쓰레기차가 댕겨. 7시 조금 넘어서 밥 먹고 아침 약을 내가 8시나 9시에 먹거든. 그럼 밥 한술 먹고 내려오면은 회사원들 출근해. 점심약 먹고 또 내려와서 시계 보면 정확하게 1시 10분이나 1시 반이야. 내가 시간을 맞춰서 내려오는 게 아니야. 그냥 내가 담배 피울라고 내려오면 늘 그 시간이야.

나는 내가 댕기던 식당만 댕겨. 단골이니까 내 식성도 알고, 서로가 알아서 해. 편의점도 그렇고 안 댕긴 집은 잘 안 가져. 내가 얼마 전에 이사 갔잖아요. 동네가 낯이 설으니까는 편의점에 들어가고 싶어도 안 들어가져. 어쩌다 한번 들어가서 라면을 샀는데 아랫동네보다 100원씩 비싸더라고. 내가 살 거 있고 필요한 거 있으면 멀어도 항상 살던 동네로 내려와. 살 거 없어도 내려와. 매일같이 내려와. 운동 삼아.

아직까지 남의 눈에는 내가 좀 까다롭게 보이나 봐. 까다롭긴 원래 까다로워. 털털하고 지저분한 거 싫어하니까. 누가 옆에서 아무 데나 탁탁 가래침 뱉고 그러면 짜증내고 고개 돌려버려. 그런 게 좀 있어. 고시원에 앉아서 뭐 먹다가 바닥에 떨어지면 다 먹고 닦아도 되잖아. 그런데 나는 그걸 바로 닦아야 직성이 풀려. 어디 식당 가서 가끔 먹고 싶은 거 사 먹으면, 뭐 음식이 많아서 남기는 건 할 수 없지만 지저분하게 해놓고 일어나고 싶지는 않아. 정리를 좀 대충 해놓고 가지. 그러니까 달자가 툭하면 나보고 까다롭다고 그래. 조금 전에도 달자가 "커피 한잔 타다 드릴까?", 그러길래 내가 "블랙커피에다가 설탕 한 숟갈만 넣고.", 그랬더니 또 그래. "아유, 까다롭기는." (웃음)

나는 남한테 부담 주고 피해 입히기 싫거든. 지금도 남대문시장이고 어디고 나한테 외상 안 주는 집들이 없어. 돈 없을 땐 돈도 빌려주고. 그만큼 신용이 있는 거지. 언제 준다는 약속을 딱딱 지키니까. 내가 못 갚을 거 같으면 아예 외상을 안 해. 내 성질이 그래. 할머니는 몇 년을 상대해봐도 빈틈이 없다는 거야. 그렇게 살아왔어, 나 지금까지. 내 생각에는 내 성질을 여기서 조금 더 죽이면은 혼자 못 살아. 나가 댕길 수가 없지. 지금은 누가 나를 흉보거나 말거나 내가 다리를 찔룩거리거나 상관없이 댕기잖아. 지금부터 앞으로 내가 살아갈 일은 살아봐야 알지. 다리가 좀 괜찮으면 구루마를 끌까 생각 중이고. 이대로 다리운동 삼아 왔다 갔다 하면서 살까 생각 중이야.

노숙인 대신 홈리스

'노숙인(露宿人)' 문제가 사회적 관심사로 떠오른 것은 1997년 외환위기로 인해 이듬해부터 30, 40대의 실직자들이 대거 거리로 쏟아져 나오기 시작하면서부터다. 집다운 집을 가지지 못한 가난한 사람들은 이전에도 존재했다. 우리 사회는 그들을 '부랑인(浮浪人)'이라 불렀다. 부랑인은 사는 곳과 하는 일이 일정하지 않은 사람을 지칭하는데, 국가는 이러한 빈곤계층을 더럽고 방탕한 존재로 보아 '청소'의 대상으로 삼았다. 무차별적 단속과 시설 수용 위주로 '부랑인보호사업'을 전개한 것이다.[6] 게으름과 무능이라는 낙인을 찍고 이들에 대한 사회적 혐오를 부추기면서 국가는 정책적 무능과 책임방기를 슬그머니 그 밑에 숨겼다.

외환위기라는 국가적 재난으로 발생한 '젊고 근로능력 있는 노숙인'은 '부랑인'과는 구분되었다. 우리 사회는 '가장들의 몰락'에 가슴 아파했다. 이들은 청소되어야 할 '쓰레기'가 아니라 빨리 사회로 복귀시켜야 할 '사람들'이었다. 실상 이들을 구분하는 건 불가능했다. 2011년 '노숙인 등 복지 및 자립지원에 관한 법률'이 제정되면서 부랑인은 '노숙인 등'이

"내 생각에는 내 성질을 여기서 조금 더 죽이면은
혼자 못 살어. 나가 댕길 수가 없지. 지금은
누가 나를 흉보거나 말거나 내가 다리를
찔룩거리거나 상관없이 댕기잖아. 지금부터
앞으로 내가 살아갈 일은 살아봐야 알지."

라는 개념 안에 녹아들게 된다. 이 법에서 정의하는 '노숙인 등'은 다음의 셋 중 하나에 해당하는 사람이다. ① 상당한 기간 동안 일정한 주거 없이 생활하는 사람, ② 노숙인시설을 이용하거나 상당한 기간 동안 노숙인시설에서 생활하는 사람, ③ 상당한 기간 동안 주거로서의 적절성이 현저히 낮은 곳에서 생활하는 사람.

홈리스 문제의 해결을 모색해온 사람들은 이 법안의 '노숙인 등'으로 표기된 개념을 홈리스(homeless)로 바꿀 것을 요구하고 있다. 홈리스는 단지 거리에서 잠을 청하는 '노숙' 상태만이 아니라 다양한 주거빈곤 상태를 포괄하는 개념이다. 쪽방, 고시원, PC방, 만화방, 찜질방, 무허가 건물 등 안정적인 주거의 형태로 보기 어려운 곳을 전전하거나 친구의 집을 전전하는 이들의 현실을 드러내기에는 '노숙인'이라는 개념은 충분치 않다. 언어는 인식의 반영일 뿐 아니라 우리의 인식을 구성한다. 주거빈곤층을 거리에서 사는 사람으로 제한해서 볼 때 거리에서 살짝 비껴나 있는 이들의 어려움은 포착되지 못한다. 드러나지 못한다면 이들을 위한 대책을 세우는 일은 불가능하다.

여성, 홈리스

2018년에 제작된 여성홈리스를 다룬 다큐멘터리영화가

있다. 제목이 〈그녀들이 있다〉(감독 김수목)이다. 이러한 제목이 필요했던 이유는 우리 사회가 그동안 '그녀'들이 있는 줄도 몰랐거나, 있어도 '그녀'들을 '노숙인'으로 인식하지 않았기 때문이다. 2010년대 들어서는 여성 홈리스의 이야기도 조금씩 보도가 이루어지고 있으나 '노숙인 문제'는 오랫동안 '남성생계부양자의 경제적 몰락'의 관점으로만 다루어졌다. 이러한 관점에서는 빈곤사회연대 김윤영 사무국장이 지적하듯 거리를 떠도는 여성들은 그저 '정신적으로 문제 있는 여자'일 뿐이지 '사회구조적 문제로 거리에 내몰린 사람'으로 인식되지 않았다.[7]

2016년 실시된 보건복지부의 거리와 시설을 중심으로 한 노숙인 실태조사를 보면 전국의 노숙인은 약 1만 1340명이다. 그중 여성은 2929명으로, 전체의 25.8%가량이다. 절대적인 숫자가 적어 보이지만, 여성 홈리스 문제를 오랫동안 연구해온 연구자나 활동가들은 여성 홈리스가 '적은' 것이 아니라 '파악되기 어려운 것'이라 말한다. 김복자가 '행길은 위험하다'고 말했듯, 거리에 혼자 있는 여성은 성폭력과 같은 범죄의 표적이 되기 쉽다. 물론 거리는 취약한 남성에게도 위험하다. 노숙인 사망률은 전체 인구집단보다 3.1배 높게 나타나며, 10% 정도는 노숙 시작 후 5, 6년 사이의 사망이다. 그러나 노숙인 여성과 노숙인 남성 사이의 관계에서 후자는 손쉽게 가해자의 위치를 차지한다.

홈리스 여성들은 눈에 띄지 않기 위한 자기만의 전략을 짜 내고 실행해야 하다. 불안정한 잠자리라도 가급적 노상이 아 닌 곳을 택해야 한다. 부득이하게 길에서 생활해야 한다면 자신이 '여자'로 보이지 않게 애쓴다. 머리를 짧게 자르거나 행색을 일부러 추레하게 하거나 잘 때는 우산 같은 걸로 몸 을 가리는 것이다. 김복자는 호텔과 아파트, 24시간 운영하 는 편의점으로 둘러싸인 곳을 택해 잠을 잤다. 자신을 지켜 줄 눈이 있는 곳을 고른 것이다. 주변에 무엇이 있고 누가 어 떻게 움직이는지를 관찰하는 습관은 아마도 오랜 거리생활 에서 그를 지켜준 삶의 생존전략으로 습득된 것일 테다.

홈리스 자활을 위해 1991년 영국에서 창간된 잡지 〈빅이 슈〉는 홈리스 판매원들이 잡지를 판매하면 그 수익금 절반 을 판매원에게 지급하는 방식으로 생계를 도모하게 한다. 한 국에서도 2010년 창간해 수많은 홈리스들의 자활을 지원했 다. 그런데 이 '거리판매'라는 특성상 전 세계적으로 여성 판 매원들의 수는 적다. 〈빅이슈〉 코리아의 안병훈 대표에 따르 면 "여성 판매원의 경우 안정된 보금자리와 신용 문제가 해 결이 되면 빅이슈 판매원 활동을 종료하고 지역사회에 정착 해가는 확률이 높은 편"이다. 동시에 "거리 판매가 가지는 어려움"으로 인해 "판매를 종료하는 확률 또한 남성 판매원

보다 높은 편"이다.[8] '여성' 홈리스를 바라보는 사회적 시선이 훨씬 차별적이며 이들이 더욱 폭력에 취약함을 이를 통해서도 알 수 있다.

빈곤과 젠더의 교차점

서울시 여성가족재단이 2010년 발간한 '서울시 노숙인 지원정책 성별 영향 평가'를 보면 남성은 거리로 나온 이유에 대해 60% 이상이 실직과 사업 실패 등 경제적 어려움을 들었으나, 여성은 '경제적 어려움'이 46.7%, 바로 뒤이어 '가족 관계의 어려움'이 43.3%를 차지했다. 가족 관계의 어려움에는 가정폭력과 친족 성폭력, 정신질환에 의한 갈등이 포함된다. 이 수치는 '빈곤과 젠더의 교차'가 여성 홈리스 문제를 읽는 핵심이라는 것을 알려주는 지표이다.

김복자의 첫 가출은 열일곱 살 때인데, 아버지와 양아버지에 걸쳐 오랫동안 이어진 가정폭력의 누적된 영향으로 발생한 사건이다. 김복자에게 안심하고 잠들 수 있는 '집'은 이미 오래전에 '없었다'. 그는 동거남의 폭력, 결혼을 약속했던 남자의 배신을 거치면서 남성에게 의탁해야 하는 삶이 여성에게 결코 안전한 보호막이 될 수 없음을 깨닫는다. 이러한 깨달음은 김복자가 '미군과 결혼해라', '영감 하나 만나 살아라', 같은 제안을 단호하게 거절하게 만들었다. 마치 그것이 여성에게 팔자를 고칠 대단한 제안인 양 제시되지만, 실상 쪽박 날 확률이 높은 도박에 불과하다는 것을 경험적으로 꿰뚫어 본 것이다. 그는 가망 없는 운에 자신을 맡기기보다 '남자의 집을 벗어남'으로 스스로를 보호하고자 했다.

김복자의 삶은 한국 도시빈민의 역사와 맞물린다. 김복자는 첫 가출에서 불법직업소개소를 통해 술집으로 팔려간다. 1960년대에는 도시화가 시작되면서 농촌여성들이 도시의 저임금노동자로 유입되었다. 당시 가출했거나 취업을 위해 집을 나섰던 10대 20대 여성들을 유인해 팔아넘기는 불법 직업소개소가 만연해 사회문제로 대두될 지경이었다. 시기를 특정하기는 어렵지만 김복자에게는 집(가게)을 헐린 경험이 몇번 있는데, 1970년대부터 본격화된 도시재개발 사업의 흐름 안에서 이루어진 일일 것이다. 학력이 낮고 가족 등의 사회적 자원이 없는 상황에서 김복자는 저임금과 불안한 노동조건을 벗어나거나 재산을 축적하기 어려웠다.

여러 조건들이 맞물려 김복자는 인생에서 빈번하게 홈리스 상태에 놓이게 된다. 홈리스, 특히 여성 홈리스 문제를 단순하게 주거지원이나 특정 세대의 문제로만 접근해서는 풀 수 없는 이유이다. 특히 여성 홈리스들은 불안과 우울증, 양극성 장애, 조현병 등 정신장애를 가진 비율 역시 남성보다 높다. 같은 조건에서 남성보다 더 쉽게 가족으로부터 버려지거나, 거리 생활에 남성보다 더 취약한 조건이 질병을 악화시켰을 가능성이 있다. 문제는 이러한 여성 홈리스들을 대상으로 한 실태조사나 연구가 빈약하다는 점이다. 여성 홈리스의 특수성을 반영한 단기보호시설도 절대적으로 부족하다. 여성 홈리스 문제를 파악하고 해결하기 위한 정부의 체계적인 지원책 마련이 절실한 상황이다.

김복자는 홈리스행동의 활동가를 만나기 전에는 자신이 기초수급자가 될 수 있다는 것도 몰랐다. 홈리스행동 활동가가 정보를 주었어도 그것을 믿게 되기까지 시간이 필요했다. 타인에 대한 경계심이 높아진 상태이기 때문이다. 현재 수급비로는 70만 원이 조금 넘는 돈을 받는다. 밥은 꼭 '햇반을' 고집하고, 헌옷 대신 남대문 시장의 단골집에서 마음에 드는 옷을 사야 마음 편한 김복자에게 한 달 살기에는 충분치 않은 금액이다. 그러나 최소한 거리에서 잠들지는 않아도 된다. 김복자에게 선의를 베풀던 따뜻한 사람들의 존재도 소중하지만, 더 중요한 것은 튼튼한 사회안전망을 구축하는 일이다. 가장 중요한 것은 '진짜' 원인을 해결하는 것이다. 빈곤과 성차별적 구조를 해소하려는 노력 없이는 어떤 선의도, 복지도 밑 빠진 독에 물 붓기에 불과하기 때문이다.

일도 주거도 중요하지만 둘 중에 뭐가 더 중요하나면요, 이렇게 생각해보면 돼요. 집은 있는데 직장이 없으면 시간이 걸리긴 하겠지만 구하면 돼요. 근데 직장은 있는데 집이 없다? 느낌이 다르지 않아요?

5장

내가 만난 이상한 나라

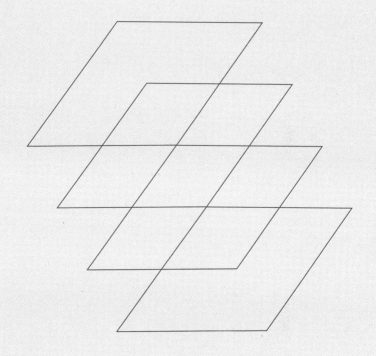

집 나온 청소년에게 '쯧쯧쯧' 하지만……
청소년의 자립과 주거권 이야기

맴돌던 말이
'찍' 소리로
나오기까지

구술: 김예원
글: 이호연

비밀을 가진 사람이 있다. 10대라고 예외는 아니다. "애들에게 있어봤자 무슨 일이 있겠어?"라는 어느 영화 속 어른들의 말은 사실이 아니다. 사실 10대도 이런저런 많은 일이 있다. 그중에는 세상에 어떤 일보다 크게 느껴져 삶을 흔드는, 누구에게도 털어놓지 못하는 일도 있다. 친구들의 비밀의 문이 열릴 때 이상하게도 나는 그 옆에 있는 사람이었다. 나에게만 그 이야기가 건네졌는지 아니면 여러 사람을 거쳤지만 답답함이 가시지 않아 결국 나에게 오게 된 건지는 알 수 없다. "어쩌다 주민등록등본을 보게 됐는데 우리 아빠가 친아빠가 아니라는 걸 알게 됐어." "아는 오빠랑 잤어." "그 언니를 보면 설레고 떨려, 나 이상한 거 같아." 그리고 이 모든 이야기의 끝은 "절대 아무에게도 말하면 안 돼"였다.

오래된 습관은 버리기가 어렵다. 의도한 것은 아니지만 어쩌다 보니 지금도 나는 10대를 만나 이야기를 듣는 일을 한다. 4년 전 운 좋게도 지인 찬스로 가게 된 자리에서 예원을 처음 만났다. 앞을 보니 '아무도 무시 못 할 찍-소리'라는 현수막이 붙어 있었다. 청소년과 비청소년' 30~40명이 모여 있었다. 청소년들이 안전하게 말할 수 있도록 이들의 이야기를 제대로 진지하게 들을 거라고 신뢰할 수 있는 사람들에게만 공개한 소규모 워크숍이었다. "여러 사정으로 사회가 청소년에게 허락한 '정상적'인 시공간을 벗어나 삶을 꾸려나가는 청소년"이 자신의 삶과 세상에 대한 이야기를 시작하기 위해 모인 자리였다.[2]

당시 예원은 스물한 살이었다. 예원은 중3 때 탈가정, 탈학교를 했고 단기 쉼터 여러 곳을 돌아다녔다고 했다. 그녀가 '찍소리'로 준비한 주제는 청소년 시설 얘기였다. 예원은 쉼터를 바라보는 사회의 시선과 종사자들의 시선이 다르지 않다고 했다. 많은 어른들이 집 나온 청소년을 한심하게 보고 '쯧쯧쯧'거리는데 쉼터에서도 이들을 문제가 있는 존재로만 본다는 점에서 예원은 분노했다. 누구에게나 문제는 있는 거 아니냐는 말도 덧붙였다.

2015년 짧은 만남 이후에 예원을 다시 만난 건 2017년이었다. 당시에 여성자립을 지원하는 단체에서 인권교육 요청을 받아 진행하고 있었다. 이 단체에 있는 여성들 중에는 탈가정, 탈학교 경험을 가진 이들이 많았다. 여성과 자립이라는 주제로 몇 사람의 얘기를 소개했고 그중 한 명이 예원이었다. 교육 참여자들은 인상 깊었던 인물로 예원을 뽑았고 직접 만나 얘기를 더 들어보고 싶다고 했다. 이야기손님으로 초대한 자리에서 커피에 빠져 있는 예원의 근황을 들을 수 있었다. 그리고 2019년 청소년 주거권을 고민하면서 20대 중반이 된 예원에게 인터뷰를 요청했다. 집에 대한 얘기를 듣고 싶었던 자리에서 오히려 나는 예원에게 질문을 받았고 그렇게 대화는 시작되었다.

자주 받은 질문, 이젠 말하기 싫은 이야기

"가족 얘기를 해야 인터뷰 할 수 있는 거예요?"

"어…… 꼭 그런 건 아닌데……, 집 나온 이유를 물을 때 사람들이 가족에 대한 질문을 많이 하던가요?"

"네. 탈가정 했다고 하면 그 질문 엄청 많이 해요. 가족 얘기를 그냥 하는 사람도 있겠지만 하기 싫은 사람도 있는 거잖아요."

어렸을 때는 그런 압박감이 있었어요. 청소년이 집을 나올

땐 특별한 이유가 있어야 한다고 생각하잖아요. 집을 나올 정도로 심각한 상황이 있었는지 궁금해하죠. 사람마다 견딜 수 있는 힘이 다른데 기준을 딱 정해놓고 물어봐요. "아니 그런 것 때문에 집을 나와?" "니가 조금만 더 참았으면 이렇게 힘들게 살지 않아도 되잖아." 걱정해서 하는 말이겠지만 상처도 많이 받았어요. 사람들은 세상의 틀에 맞춰서 대답하길 원해요. 임팩트 있는 얘기가 아니면 저를 문제아로 봐요. 그다음 연결되는 말이 있어요. '네가 잘못된 선택을 했으니까 힘든 상황을 감당해야 하는 것도 너다.'

쉼터에서 저를 집으로 돌려보내려고 했던 적도 있었어요. 이해한다고 말하면서 엄마랑 저를 설득하는 거죠. 엄마를 피하려고 쉼터로 갔는데 제가 원하지 않아도 보호자한테 연락을 하더라고요. 그게 너무 짜증이 났어요. 저를 데리러 쉼터에 엄마가 오고 집에 가면 다시 나오고 이런 상황이 반복됐어요.

처음에는 사람들을 이해시키려고 노력했어요. 왜 내가 집을 나올 수밖에 없었고 집을 나오면서 감정이 어떠했고 구구절절 얘기를 했어요. 근데 어느 순간부터 제가 그 사람들을 설득하려고 너무 애쓰고 있는 거예요. 제 얘기를 들은 사람들이 이해를 못 하니까 제 입장에선 이해를 시켜야 하는 상황이 되는 거죠. 엄마와 제 관계에 대한 얘기가 많았는데 엄마를 비난하는 얘기를 들었어요. '너희 엄마는 도대체 왜 그러냐', 그런 말도 너무 싫은 거예요. 다른 사람들이 가족 욕을 하는 건 화가 나더라고요. 같이 살지 않지만 관계가 유지되면 되는 거 아니에요? 얘기를 하면 할수록 찝찝한 감정이 계속 남았어요. 사람들을 설득하려면 불편한 감정까지 내가 감수해야 하는데 그렇게까지 사람들이 나를 궁금해하는 걸까? 가족 얘기까지 해야 내 얘기 전체를 이해할 수 있는 건가? 왜 내가 굳이 저 사람들을 설득해야 하나. 나를 이해하려고 물어보는 것도 아닌데. 내가 하는 얘기를 공감하지 못하는데 억지로 이해시켜야 한다는 생각이 들면 편하게 말하기 어려워져요. 말을 하면서 점점 알게 됐어요. 아, 나는 이 얘기를 더는 하고 싶지 않구나.

중3 때 집을 나왔어요. 왜 싸웠는지 기억은 안 나는데 새벽에 엄청 크게 엄마랑 싸웠어요. 친구들하고 문제가 있어서 학교를 안 가고 있었는데 엄마는 제 마음을 이해 못 하고 행동만 보고 '학교 잘 다녀야 대학 갈 수 있다'고만 얘기하니까 집에서 저는 계속 화를 냈어요. 어릴 때 저도 화가 많은 사람이었고 엄마도 불같았어요. 걱정해도 화를 내고 진짜 화가 나도 화를 내고. 둘 다 표현하는 방식이 똑같았고 한정되어 있었어요. 대화가 어려웠어요. 집안 사정이 안 좋기도 했어요. 거기서 오는 답답함과 분노도 많았어요. 집에 가면 제 몸이 꽉 끼어 있는 것 같아서 버텨내기 힘들었어요. 하루라도 집에 있는 게 버거웠어요. 집에서 살아보려고 노력을 했는데 문제들이 해결 안 되고 걸려 있으니까 못살겠더라고요. 차라리 혼자 살고 싶다, 혼자라면 잘 살 수 있을 것 같다. 지금 생각해보면 둘 다 소통하는 방법을 몰랐던 것 같아요. 제 얘기를 들은 사람들이 상황이 어떻게 바뀌었다면 집에서 살았을 것 같은지 묻거든요. 이유가 많아서 한두 가지로 말하기 어려워요.

집을 나온 지 10년이 지났어요. 그 사이 다시 집으로 돌아갈 수도 있었을 텐데 다시 돌아가지 않았어요. 처음에는 버젓한 직장도 없고 예전의 상처를 이길 만큼 성숙해지지도 못해서라고 생각했어요. 근데 지금은 안정적인 직장도 있고 좋은 관계를 맺고 있는 사람들도 있고 제가 정한 목표를 이뤄가고 있는데도 다시 집에 들어가고 싶지 않아요. 다른 친구들은 집에 들어가고 싶어도 못 들어가는 상황인데 저는 이유가 다른 것 같아요. 지금도 집에 가면 최대 버틸 수 있는 시간이 이틀? 어느 날 엄마 집에 간 적이 있는데 심리적으로 너무 힘들어서 못 견디고 택시 타고 집에 왔어요. 그 집에 대한 좋은 기억이 없어서일까요? 편하지 않고 어두운 기운이 저를 감싸는 것 같은, 지금도 집에 가면 예전의 그 시간으로 다시 돌아가는 기분이 들어요. 그 집에 대한 트라우마가 있는 걸까요?

먹고사는 고생을 실컷 하더라도

집 나오면 제일 중요한 게 돈이에요. 돈이 없으니까 당장 잘 데부터 찾아야 하거든요. 아는 오빠가 살고 있는 방이 하나 있었어요. 처음에는 네 명이 같이 살았어요. 가정 상황이 안 좋아서 어쩔 수 없이 집을 나와 있는 사연이 있는 친구들이었고 보육원에서 살다 나온 친구도 있었어요. 상황이 비슷하니까 서로의 얘기에 공감을 많이 했던 것 같아요. 친구들이 들락날락하니까 많을 때는 열 명 정도 됐어요. 놀러 온 친구들이 쌀이나 반찬을 가져와서 버틸 수 있었어요.

식비를 벌기 위해서 엄청 노력해도 이 나이에 할 수 있는 건 한정되어 있어요. 서빙이나 공장에서 일하는 거요. 어리면 알바를 구하기도 어렵고 전단지를 돌리거나 일당 받는 일을 많이 해요. 돈이 생기면 먼저 쌀과 반찬을 샀어요. 그것도 떨어지고 돈이 없으면 훔치기도 하고요. 밤에 남의 집 항아리에서 된장을 훔쳐서 밥을 해 먹었는데 너무 맛있더라고요.

돈이 없으면 범죄에 빠지기 쉬워요. 옛날에는 차에 블랙박스가 없었거든요. 문이 안 잠긴 차들이 있어요. 밤에 열어보고 내비게이션을 떼서 파는 거죠. 작업 대출을 중간에서 알선해주면 소개료를 받을 수 있는데 그것도 꽤 많이 줘요. 한 명당 얼마씩 해서. 예전에는 청소년들을 봉고차에 데리고 다니면서 핸드폰 직거래를 시키는 어른들이 있어요. 그 핸드폰은 중국이나 다른 나라에서 가지고 온 건데 짝퉁도 있고 훔친 걸 개조해서 중고처럼 파는 경우도 있어요. 자기들이 직접 팔면 걸리니까 청소년을 내세우는 거죠. 삼촌이라고 부르는 아저씨들하고 애들이 묶여서 5~6명씩 하루 종일 같이 다니는데 움직이는 규모가 커요. 그 어른들은 청소년들 때문에 밥 벌어먹고 사는 거죠. 청소년들은 걸려도 처벌이 약하다고 말을 하는데 정말 그런지는 모르겠어요.

지금은 방식이 다양해졌다고 들었어요.[3] 성별에 따라서도 다르겠죠. 제가 10대였을 때나 지금이나 집을 나오면 당장 먹고살 일이 어려운 건 똑같은 거 같아요. 남들은 세상이 좋아졌다고도 하는데 집 나온 청소년들의 삶은 아닌 거 같아요. 요즘에는 인형 뽑기 기계도 많이 터나 봐요. 여자애들은 조건 만남을 제일 많이 하고요.

계속 돌고 도는 것 같아요. 일을 구해야 하는데 어려서 일을 못 구하고 그럼 주거지를 얻기 어려워서 떠돌아다니게 돼요. 살 집이 정해지지 않으면 일을 구하기도 어려워요. 삶이 불안해지는 거죠. 범죄에도 빠지기 쉬워요. 가출팸 생활도 먹을 것과 잘 곳이 없는 상태에서 하는 어쩔 수 없는 선택이라는 생각이 들어요. 나이도 어리고 경력도 없으면 해결할 수 있는 문제가 아니에요. 잘 모르는 사람들은 말하죠. "왜 집을 나와서 그 고생이야?" "집에 안 들어갈 거면 쉼터라도 가면 되잖아." 일일이 기억 안 날 정도로 제가 쉼터 많이 돌아다녔거든요. 왜 제가 쉼터에서 지낼 수 없었는지 잘 모르시잖아요?

귀신같이 아는 것

언제 어디를 갔는지 순서도 기억 안 나요. 단기 쉼터 여러 곳을 들락날락했어요. 2012년쯤 지방에 있는 A쉼터에 있었어요. 시설도 좋고 지원을 많이 해주는데 규칙이 많고 빡셌어요. 입소를 하면 일주일 동안 밖을 못 나가요. 허락이 떨어져야 외출이 가능해요. 말은 보호라고 얘길 하는데 갇혀 있어야 하니까 되게 답답해요. 뭔가 유치장에 있는 느낌이랄까? 무단으로 안 들어오거나 사고치거나 잠깐 다른 데 있다가 들어오거나 하면 바로 강제퇴소예요. 15명이 넘는 애들이 있었는데 야생성이라고 해야 하나, 날카롭고 불안하고 예민하고 화가 쌓인 사람이 많았어요. 이미 집에서 부모에게 맞거나 성폭력을 당하거나 범죄에 노출되어 있던 친구들이기도 했어요. 힘든 사람들이 같은 방에서 4~5명씩 지내니까 진짜 많이 싸워요.

예전에는 쉼터에 들어오면 연애를 못 했어요. 숙식 제공은 받지만 통금 시간에 맞춰서 들어와야 하니까 의지할 수 있는 사람과 같이 시간을 보내기 어려워요. 낯선 공간에서 잘 모르는 사람과 같이 있어야 해요. 식사, 취침 시간도 정해져 있고 핸드폰도 걷고 담배도 못 피우게 해요. 쉼터에서는 '안 돼' 하면서 '딱딱' 자르는 게 있어요. 어른들이 정해놓고 청소년은 따라와라. 거실과 복도엔 CCTV도 있어서 감시받는 느낌이 들어요. 자기 공간도 없고 공동생활을 해요. 쉼터에 계속 청소년이 오게 하고 운영을 하려고 규칙을 만들었을 텐데 그 규칙 때문에 청소년은 쉼터에서 나오게 돼요. 어른도 그런 곳에서 지내라고 하면 힘들지 않아요?

청소년들은 그런 걸 귀신같이 잘 안다고 하거든요. 나를 어떤 마음으로 대하는지. 쉼터에서 우리를 관리 대상으로 대하는 거랑 한 명 한 명 품어주고 마음을 위로하면서 다가오는 건 달라요. 우리가 어리다고 그런 차이를 모르는 게 아니거든요. 저 친구는 대학 가니까 더 신경 써주고, 학교 열심히 다니는 애는 늦게 들어와도 봐주고 아침도 챙겨주는 모습들. 근데 사고치는 애들은 다르게 보는 시선이 느껴져요. 통제하려고만 하니까 더 반항하게 되거든요. 규칙 어겨도 봐달라고 말하는 게 아니에요. 나를 대하는 마음이 중요하단 거죠. 형식적으로 대하는, 신경 쓴다고 하는데 진심은 안 느껴지는 그런 태도를 얘기하는 거예요.

요즘 옛날 생각을 많이 해요. 쉼터에서 지내는 지혜라는 열여덟 살 청소년인데 커피 매장에서 저랑 같이 일해요. 지혜가 온다고 할 때 걱정을 되게 많이 했어요. 쉼터 선생님이 지혜가 사연이 많고 선생님과 언니들한테 개기고 사고를 많이 친다는 거예요. 처음엔 매장에서도 지혜를 받지 말자고 얘기가 나왔어요. 근데 그런 생각이 드는 거예요. 예전에 나는 쉼터에서 어땠지? 되든 안 되는 기회는 줘야 하지 않을까?

지혜가 출근을 시작했어요. 만나보니 완전 다른 사람인 거예요. 열정적으로 일을 너무 잘하는 거예요. 들은 얘기와 다른 지혜를 보고 곰곰이 생각을 해봤어요. 환경에 따라서 사람은 다를 수 있구나. 제가 지혜에게 물어봤어요. 쉼터에서 왜 그러냐? 선생님들이 너를 불편하게 하냐? 쉼터에서는 대화가 안 통한다는 거예요. 선생님들이 자기 얘기는 안 들어주고 운영 규칙대로만 강압적으로 하니까 너무 힘들어서 확 짜증 내고 화를 낸다는 거예요. 감정이 쌓이니까 자기한테 도움이 되는 것도 "아이 씨" 해버리게 된대요. 아, 이유가 있었구나!

지혜에게 미안했어요. 처음에 지혜를 안 받으려고 했던 것도 고정관념을 가지고 만났던 것도 다 미안한 거예요. 얘기를 하면서 지혜를 달랬어요. 하나하나 이유를 설명해주면 지혜도 이해를 잘하고 설득도 되거든요. 지혜는 불편해진 관계에서 어떻게 말해야 할지 몰라서 그랬던 거예요. 잘해보고 싶어서 지혜가 쉼터 선생님에게 얘길 했대요. 그걸 보고 느꼈어요. 제가 그랬던 것처럼 지혜도 어른들이 자신을 어떻게 대하는지 예민하게 느끼고 진심으로 대하는지 아닌지 귀신같이 안다는 걸.

처음 만난 사람

저는 사람이 중요해요. 저를 바꿔놓은 쉼터 소장님이 계셨어요. 소장님은 사고치는 애들을 많이 봐주고 기다려주고 그럴 수밖에 없는 상황이라는 걸 이해해주는 분이셨거든요. 그러다 보니 기관과 입장이 다른 상황일 때가 있었던 것 같아요. 소장님은 애들을 품어주려고 하는데 쉼터에 있는 윗사람들과는 대화가 어려웠나 봐요. 지금도 소장님과 연락하면서 지내요. 카페에도 놀러 오시곤 해요. 제 롤 모델이세요. 인연이 깊고 길죠.

10대 때 사는 게 너무 힘들고 감당할 수 없다고 느꼈던 때가 있었어요. 그래서 잠깐 나쁜 마음을 먹었는데 결국 소장님이 알게 된 거죠. 저는 되게 혼날 줄 알았거든요. 진짜 퇴소당할 거라고 생각했어요. 근데 소장님이 저를 보고 울면서 안아줬어요. "미안해 예원아, 이런 상황까지 네가 겪게 만들어서." 처음이었어요. 저를 그렇게 진심으로 대해주는 사람은. 마음을 다해서 사람을 만나주는 건 다른 거구나. 그 여운이 아직도 남아 있어요. 그때부터 소장님 말을 잘 따르면서 신뢰하면서 사고를 쳤죠. (웃음)

4년 걸려 해결한 일

스무 살 때 빚이 생겼어요. 친한 언니가 상황이 안 좋다고

"쉼터에서는 '안 돼' 하면서 '딱딱' 자르는 게 있어요.
어른들이 정해놓고 청소년은 따라와라. 거실과
복도엔 CCTV도 있어서 감시받는 느낌이 들어요.
자기 공간도 없고 공동생활을 해요. 쉼터에 계속
청소년이 오게 하고 운영을 하려고 규칙을 만들었을
텐데 그 규칙 때문에 청소년은 쉼터에서 나오게 돼요.
어른도 그런 곳에서 지내라고 하면 힘들지 않아요?"

돈을 빌려달라는 거예요. 돈이 없으니까 대출을 받아서 줬어요. 작업 대출이라고 하는 건데요. 대부업에서 돈을 빌려줄 때 아무나 안 빌려주고 갚을 수 있는지 자격 조건을 따지잖아요. 직장도 없고 돈도 없고 나이도 어린 사람들이 대출을 받으려고 할 때 작업 대출은 서류를 조작하는 거예요. 대출을 가능하게 만들어주는 브로커가 있어요. 만약 300만 원 빌리면 브로커가 수수료 50%를 떼 가요. 그러니까 300만 원을 빌린다면 수수료를 생각하고 600만 원을 빌리라고 하는 거죠. 대부업체에 대출받는 전화를 걸 때 옆에 있어주거든요. 스피커폰으로 해놓고 브로커가 메모지에 적어준 내용을 그대로 읽으면 돼요. 대부업체에서 대출받는 사람 직장을 확인하려고 전화를 하잖아요? 대부업체는 브로커와 연결된 사람 직장에 연락을 하고 브로커 지인은 제가 그 직장에 다닌다고 확인을 해줘요.

언니는 갚겠다고 했거든요. '조금만 기다려달라, 쫓기고 있다, 사고가 나서 핸드폰이 꺼져 있었다'면서 언니는 핑계를 대고 저는 이자를 내면서 기다렸어요. 어느 날 연락이 끊겼어요. 당시에 저는 언니랑 친했고 그 언니 상황이 진짜 내일 당장 죽어도 이상하지 않을 정도로 안 좋았어요. 언니가 문신 가게 사장이었거든요. 가게에서 언니가 민짜(청소년)한테 불법 문신시술을 해주다가 아는 사람한테 걸렸는데 신고 하겠다고 협박을 받았어요. 경찰서에 가기 싫으면 돈을 달라고 했나 봐요. 제가 돈 거래를 잘 안 하는데 언니가 도와달라고 했고 저도 뭔가 도와주고 싶었어요.

이자 내기 이틀 전부터 대부업체에서 전화가 와요. 아, 어떡하지, 어떡하지. 되게 심리적으로 불안해져요. 가족한테 연락을 할까 봐 제일 신경이 쓰였어요. 돈 빌릴 때 엄마 집 주소도 썼거든요. 엄마도 경제적으로 어려워서 저 대신 돈을 갚을 수 없었어요. 더구나 엄마가 이 사실을 알면 완전 난리가 날 거고 생각도 하기 싫었어요. 이 모든 걸 얘기한 건 작년이에요. 거의 돈을 갚은 다음에 엄마에게 말을 할 수 있었어요.

제가 어리석었죠. '세 달쯤 안 먹고 안 입고 일하면 갚을 수 있겠지' 하고 가볍게 생각했어요. 돈 갚는 데 5년이나 걸릴 줄도 몰랐고요. 일을 해도 월급은 정해져 있고 생활도 해야 하니까 이자를 내는 것도 힘들었어요. 중간에 손을 다쳐서 일을 못 하는 상황도 있었고 아파서 입원도 했었는데 사는 게 마음대로 안 되니까 마음을 못 잡아서 몇 개월 동안 일을 못했어요. 잘 갚아나가다가도 중간에 예상하지 않은 일이 터지면 돈을 못 갚는 기간이 길어지는 거죠. 부담감이 크니까 빨리 해결하고 싶은 마음은 앞서는데 열심히 일하다가도 맛있는 거 못 먹고 영화 한 편 보기도 어려우니까 현타(현실자각타임)가 오면 힘들었어요.

앨리스 집[4]에 안 들어갔으면 해결이 어려웠을 거예요. 변호사도 만나봤는데 뾰족한 수가 없더라고요. 제 사정을 알게된 들꽃청소년세상에서 무이자로 돈을 빌려줘서 대출금을 갚았어요. 뭘 보고 그 큰돈을 저한테 빌려주겠어요? 1년 동안 성실하게 이자를 낸 것과 잘 살고 싶은 의지를 기관에서 인정해줬던 것 같아요. 원금을 10만 원씩 나눠서 갚으면 되니까 부담은 크게 없었어요. 원금 상환하면서 남은 돈으로 적금을 넣었어요. 드디어 올해 600만 원을 다 갚았어요. 아, 비싼 돈 주고 좋은 경험했다. 그리고 결심했어요. 절대 돈 거래는 하지 말아야지.

내가 만난 이상한 나라

1년 징도 개미(자립팸 활동가 별칭)와 '밀당'을 했어요. 개미가 제 사정을 알고 앨리스 집에 오면 도움을 받을 수 있다고 계속 꼬시는 거예요. 앞이 보이지 않으니까 개미가 하는 말이 와닿지 않았어요. 왜 아무 이유 없이 나를 도와주고 같이 방법을 찾자고 하지? 그동안 혼자 살아왔고 모든 걸 혼자서 해결했어야 하니까 경계를 하게 되더라고요. 상황은 더 안 좋아지고 개미에 대한 신뢰가 쌓이면서 일단 한번 가보자는 마음으로 스물한 살에 앨리스 집에 들어갔어요. 그리고 2년을 거기서 살았어요.

앨리스 집은 제가 전에 경험했던 쉼터들과 전혀 달랐어요. 쉼터는 청소년의 의견은 반영하지 않은 채 정해진 규칙에 따르지 않으면 퇴소를 해야 하고 그 공간을 운영하기 위해 만든 규칙에 청소년이 일방적으로 맞춰서 지내야 하는 권위적인 곳이었어요. 근데 앨리스 집은 우리가 회의를 통해서 규칙을 만들고 문제가 생기면 다시 얘기해서 바꿔요. 통금시간도 없고 외박도 자유롭게 해요. 외박을 해도 된다고 하니까 오히려 집순이가 됐어요. 여기는 들어오고 싶은 집이여서 그런 게 아니었을까? 외박하면 무조건 사고를 칠 거라는 고정관념이 없어서 좋았어요.

저는 그런 경험이 별로 없었거든요. 저를 호의적으로 대해주고 지켜봐주고 기다려주는 사람들이 제 곁에 가까이 있는 거요. 제가 이빨을 드러낼 필요가 없어진 거예요. 날카롭고 경계심도 많았는데 굳이 그렇게 안 해도 되는 거죠. 낯선 경험이었어요. 주거가 안정되고 같이 사는 사람들이 나를 해치지 않는다고 느꼈을 때 수면 아래에 깔려 있던 말랑말랑한 감정이 새살 돋듯 나오기 시작했어요.

인생의 터닝 포인트가 됐어요. 이전에는 그저 살기 바빴죠. 제가 뭘 하고 싶은지 돌아볼 여유가 없었어요. 집이 주는 안정감이 생기면서 마음속에 깔려 있던, 즐기면서 할 수 있는 일을 찾고 싶다는 욕구가 나오더라고요. 정착을 하니까 하고 싶었는데 못 했던 것들이 떠오르면서 자연스럽게 자립을 준비하게 된 것 같아요. 가장 힘이 되었던 건 앨리스 집 활동가들이 조급하게 재촉하지 않으면서 제가 이것저것 해볼 수 있는 기회를 열어주고 격려해줬던 점이에요. 저도 하려고 생각하고 있는데 옆에 있는 사람들이 '뭐 할 거냐, 왜 안 하냐, 빨리 해야 하지 않냐' 이런 얘기를 하면 마음이 불안해지고 조급해지잖아요. 그런 마음이 들면 되던 일도 안 되는 것 같아요. 결정권을 가진 사람이 충분히 겪을 수 있도록 시간을 주고 곁에 있는 사람은 고민을 잘 들어주면서 기다리는 게 중요하잖아요.

커피가 좋아졌어요. 뭐 해볼까 하면서 이것저것 해보다가 바리스타 아카데미를 갔는데 너무 재밌는 거예요. 전에는 빚과 생활비 때문에 돈을 빨리 벌어야 해서 일을 했는데 바리스타는 돈보다는 배우고 싶고 해보고 싶은 마음을 처음 느낀 일이에요. 커피도 배우고 돈도 벌 수 있는 직업훈련매장에서 일했어요. 앨리스 집에서 같이 사는 언니도 있어서 의지를 할 수 있었어요. 늦게 자는 습관 때문에 아침에 못 일어났는데 출근할 수 있는 몸으로 바뀌고 전에는 오래 일을 못 하고 그만뒀는데 배우고 싶다는 마음이 크니까 길게 일을 하게 되더라고요.

앞으로 어떻게 혼자 살아야 할지 걱정이 많았어요. 더 나은 삶을 살고 싶은데 앨리스 집에서 살 수 있는 2년은 너무 짧은 거예요.

아, 이대로는 안 되겠다. 그만 허우적거리자. 어떻게 기분 좋게 마무리할 수 있을까? 앨리스에서 만난 사람들을 한 명씩 만나서 조언을 구하고 힘든 마음도 나눴어요. 그렇게 차츰 준비를 하다 보니까 괜찮아졌어요. 자립은 누구에게나 두려운 일이지만 겪어야 하는 과정이라고 생각하니까 마음이 좀 가벼워지더라고요.

만나면서 배우기

쉬는 날 다른 카페에 가면 커피를 주문해요. 제가 일하는 매장 커피만 먹게 되니까 다른 가게 커피 맛도 궁금해서요. 커피가 좋은데 알아갈수록 어려워요. 처음에는 배울수록 더 모르는 게 많아져서 오기로 포기를 안 했어요. 제가 원하는 커피 맛이 안 나니까. 지금은 매니저로 일하는데 청소년에게 커피를 알려주고, 그 사람이 성장하는 모습을 보는 게 재밌어요.

제가 일하는 카페는 다른 곳과 달라요. 커피를 팔기도 하지만 청소년들이 와서 일하는 직업훈련매장이에요. 9시에 카페 오픈 준비를 해요. 날씨와 습도에 따라서 같은 원두라도 커피 맛이 다르거든요. 커피 맛을 맞추고 매장 청소를 하고 음료 재료 확인하고 빈 물품을 채우고 분주하게 아침을 시작해요. 제가 했던 서비스를 기억하고 계속 오는 단골손님도 있어요. 힘내라고 편지를 주기도 하고 먹을 걸 나눠주기도 하고요. 지난번에는 제 생일이어서 친구들이 케이크를 사 왔는데 양이 많아서 손님들에게 나눠 드렸거든요. 그다음 날 그분들이 저한테 생일 선물과 편지를 주셨어요. 일이 힘들 때마다 이런 추억이 저를 버티게 해요.

카페가 자리를 잡아가면서 제 역할도 분명해졌어요. 계속 일을 해야 할 이유가 생기고 여기서도 내 목표를 이룰 수 있겠다 싶었어요.

제2의 예원이가 많이 있어야 한다고 주위 사람들이 말을 하거든요. 탈가정, 탈학교한 청소년이 자립한 좋은 예가 저잖아요. 그런 얘기가 처음에는 짜증났어요. 그냥 직원으로 봐주면 좋겠는데 매장의 특성상 저를 모범 사례처럼 얘기하는 게 싫었어요. 근데 지금은 누가 시켜서 하는 게 아니라 이곳에 오는 청소년들을 잘 만나보고 싶다는 생각을 해요.

원래 제가 융통성 없이 깐깐했거든요. 제 기준을 고집하면 청소년들이 배울 수 있는 기회를 안 주는 상황이 되는 거예요. 왜냐하면 시키는 것보다 제가 하는 게 편하니까요. 일일이 설명하려면 신경 써야 할 일이 더 많아지고 귀찮잖아요. 청소년에게 일을 알려주지도 않고 '왜 이것도 못하지' 그랬던 것 같아요. 시간도 안 주고 잘하길 바라면 저도 못할 텐데 말이죠. 처음에는 누구나 실수하고 잘 못할 수 있잖아요. 일 가르쳐주는 사람이 기다려주지 않고 무조건 왜 못하냐고 재촉할 때 저도 힘들었거든요. 우리 사회가 너무 여유가 없잖아요. 항상 빨리빨리 하라고 하는데, 사실 속도가 중요한 게 아니라 방향과 과정이 중요한 거잖아요.

'지금 이 친구는 이게 최선이다. 이 정도면 잘하고 있는 거다.' 마음의 여유를 가지고 관찰하면서 청소년을 지켜보려고 노력 중이에요. 그 친구한테 맞는 방법을 찾으려고 하는 거죠. '아, 긴장을 많이 하네.' 그러면 긴장을 조금 풀어주면서 천천히 알려줘요. 이 공간에 대한 이해가 없는 상태에서 일 안 하고 친구 데리고 와서 핸드폰만 하고 있으면 어떻게 경각심을 줄지 고민하다가 설득할 수 있는 말을 찾아봐요. 처음에는 어떻게 하나 가만히 보다가 이 방법이 맞을 것 같으면 하나씩 시도해보는 거죠. 청소년마다 만나는 방식이 달라야 하거든요.

곁이 만드는 자립

"아, 거기 꼴통들만 모여 있는 데 아니에요?" 어느 날 출근하려고 택시를 탔는데 제가 소속된 단체 주소를 말하니까 택시 기사가 그렇게 말하는 거예요. 그 아저씨뿐 아니라 사회가

"저는 그런 경험이 별로 없었거든요. 저를
호의적으로 대해주고 지켜봐주고 기다려주는
사람들이 제 곁에 가까이 있는 거요. 제가
이빨을 드러낼 필요가 없어진 거예요. 날카롭고
경계심도 많았는데 굳이 그렇게 안 해도
되는 거죠. 낯선 경험이었어요. 주거가 안정되고
같이 사는 사람들이 나를 해치지 않는다고
느꼈을 때 수면 아래에 깔려 있던 말랑말랑한
감정이 새살 돋듯 나오기 시작했어요."

탈가정, 탈학교 청소년을 바라보는 시선이라는 생각이 들었어요. 그런 게 제가 자립을 하는 데 걸림돌이 됐거든요. 아는 동생한테 우리가 학교를 다니진 않았지만 우리 경험도 중요한 의미가 있다는 얘기를 한 적이 있어요. 근데 동생이 "그 경험이 지금 나에겐 쓸모가 없어" 하면서 쓸쓸한 표정을 짓는 거예요. 아마 우리 같은 경험을 한 청소년이라면 한 번쯤 느꼈을 감정일 거예요. 제가 아무리 과정이 결과보다 중요하다고 해도 사회에서 요구하는 건 그럴싸한 결과잖아요. 그러니까 결과가 딱히 보이지 않을 때 뭘 했나 싶고, 가는 방향이 맞는지 모르겠다는 고민을 하게 돼요. 텃밭에 씨앗을 뿌리면 당장 새싹이 자라는 게 아니지 않나요? 물도 주고 햇빛도 충분히 받고 시간이 지나야 나무가 자라고 열매를 맺는데, 그 과정과 자립이 똑같다고 생각하거든요. 사람들은 씨앗을 뿌리고 하루 만에 열매가 맺기를 바라는 것 같아요. 청소년 자립도 사회는 그런 걸 요구하거든요. 충분히 영양분을 공급하지도 않으면서 무조건 니가 알아서 빨리빨리 크라고 하는 거죠.

제 10대를 돌아보면 경험도 물질도 중요한데 주변 사람들의 영향이 제일 중요했어요. 쉼터 선생님이라는 직책으로 저를 만나는 게 아니라 사람 대 사람으로 진심으로 저를 대해준 사람들이 있었어요. "이거 해볼래?" "실패해도 되니까 일단 해보는 게 어때?" 하면서 제 곁에서 조언자로, 지지자로 감정을 나눈 사람들이 있었어요. 저와 기꺼이 평등한 관계를 맺으면서 같이 살려 했던 사람들 덕분에 제가 지금까지 올 수 있었어요. 내가 뭘 하고 싶은지, 부족한 게 뭔지 알려면 사람을 많이 만나야 해요. 우리는 누구나 나약한 부분이 하나 이상씩 있고 그래서 함께 사는 거잖아요. 이런 관계나 시간들이 나를 알아가는 데 중요했어요. 그 과정에서 변화는 자기 몫인 거죠. 누군가는 저를 청소년 때 사고 많이 쳤던 애라고 기억할지 모르지만 지금 저는 제가 하는 일과 추구하는 가치들을 떳떳하게 생각하거든요.

앨리스 집 사람들과는 이젠 친구라기보다 가족 같은 느낌이랄까? 서로 어려운 게 있으면 얘기하면서 풀면 되니까 헤어지지 않고 계속 볼 것 같아요. 그런 믿음이 생겼어요. 새로 들어온 앨리스 집 활동가들과 알고 지내기 어려울 수 있잖아요. 집에 앨리스 집 사람들을 초대했는데 새로 온 사람들까지 데려와서 소개를 해주니까 관계가 이어지게 됐어요. 이제 도움이 필요할 때 서로 연락하는 사이예요. 사실 이 사람들을 만나면 좋은 에너지를 받거든요. 일상에 치이다 보면 앨리스 집에서 고민했던 가치들을 자꾸 잊게 돼요. 에너지가 떨어졌을 때, 정신 차리고 싶을 때 사람들을 만나면 좋은 영향을 받을 수 있어서 좋아요. 바쁘고 치열한 일상에서 잠시 빠져나와 힐링이 되는 느낌이랄까?

살 만한 집에서 살기 위해

나만의 공간이 있는 게 중요해요. 주로 쉼터를 돌아다니는 생활만 했으니까 익숙해져서 그 공간에 있을 때 제가 왜 답답한지 잘 몰랐거든요. 쉼터에 적응하지 못하는 게 성격 때문이라고 생각했거든요. 문제가 있고 어른 말 안 듣는 애라고 하니까 그런 줄로만 알았는데 지금 생각해보면 그런 통제가 있는 곳에서 누가 잘 지낼 수 있을까 싶어요. 앨리스 집에 와서 알게 됐어요. 나는 자유롭게 살 수 있는 집이 필요했다는 걸.

집이 주는 안정감이 얼마나 중요한지 알게 됐어요. 주변 친구들 보면 주거가 없거나 사는 집이 계약 기간이 끝나거나 월세가 밀리면 부담감과 조급함으로 불안해지고 돈이 없는 현실이 더 크게 다가오는 거죠. 집이 있어야 마음의 여유가 생기고 내가 하고 싶은 게 뭔지 생각할 여지가 생기고 일자리를 알아볼 힘을 낼 수 있고 돈이 생기면 주거를 유지할 수 있어요. 건강해지는 과정인 거죠.

앨리스 집에서 나가서 셰어하우스에 살았어요. 계약 자격이 대학생이나 직장인이거든요. 어른도 혼자 살면 생활 잘하는 사람도 있지만 거의 매일 친구들 데리고 와서 술 먹고 생활이 잘 안 되는 사람도 있거든요. 그게 이거랑 똑같은 거 아닐까 싶어요. 청소년에게 주거를 지원하면 범죄를 저지르고 문제를 일으킨다고 하는데 사실 어른들도 그럴 수 있잖아요.

청소년이라서 그럴 거라고 생각하는 건 편견 아니에요? 청
소년이라고 기회조차 주지 않는 건 문제가 있다고 생각해요.

셰어하우스는 앨리스 집이랑 분위기가 완전 달랐어요. 앨
리스 집은 '같이 으샤으샤 해보자, 잘 살아보자' 이거잖아요.
근데 셰어하우스는 같이 사는 언니가 뭘 하고 있는지도 몰라
요. 얼굴 보면 "안녕하세요?" 인사만 하고 샴푸, 린스, 하다
못해 주방세제도 다 개인용이에요. 부엌에서 밥 먹다가도 큰
언니 들어오면 바퀴벌레처럼 샤샤샥 방으로 사람들이 들어
가거든요. 방음도 안 돼서 전화통화도 불편해요. 사람이 같이
사는데 너무 정 없는 거 아닌가 싶을 때도 있었어요. 근데 같
이 살면 쉬고 싶은데 얘기해야 하고 밥도 먹어야 하니까 귀
찮을 때가 있잖아요. 마음대로 할 수 있어서 좋았어요.

사실 외로움과 계속 씨름을 해요. 친구들이나 애인한테 계
속 애정을 갈구했던 것 같아요. 내가 아닌 다른 사람으로 마
음의 허기를 채우려고 하니까 관계에 문제가 생기는 거죠.
연애를 할 때도 제 공간이 확보된 상태에서 해야 하는데 저
는 없어지고 상대방만 있으면 엄청 힘들잖아요. 사랑하지 못
할 만큼. 계속 채워질 수 없는 결핍감을 없애려고 했어요. 앨
리스 집에 오기 전에 혼자 산 적이 있는데 계속 집에 친구들
을 불렀어요. 잠만 자는 공간이었죠. 공간에 다른 사람의 소
리가 필요했어요. 외롭고 불안해서 혼자 있지 못했어요.

지금은 외로움을 들여다보고 친해지는 연습을 하고 있어요. 앨리스 집에 들어오고 누군가로 외로움을 채우는 것이 아니라 다른 걸로 채우려고 노력하면서 자신을 지키는 게 중요하다는 생각을 늘 했는데 안 될 때가 많았어요. 그러다가 취업하고 매니저가 되고 나서 제 외로움을 이해하려고 저를 보기 시작했어요. 제가 너무 이해가 안 되는 거예요. 매일 바라던 안정적인 직장과 집이 생겼는데 외로움과 공허감은 계속 오는 거예요. 내가 원했던 목표를 이뤘는데 이 알 수 없는 마음은 뭘까? 제가 롤 모델로 생각하는 쉼터 소장님 있잖아요? 그분이 상담소를 내셨는데 상담을 받으면서 저한테 집중하는 시간을 가졌어요.

외로움을 직면해보니까 별거 없었던 것도 있고 당연한 것도 있었어요. 사실 저는 외롭고 사람들을 계속 만나고 싶어 하는 사람인데 외롭지 않은 척하고 혼자서 할 수 있다고 자존심을 부리면서 사람들에게 외로움을 안 보이려고 했던 거예요. 자신에게조차 그 감정을 숨겼던 것 같아요. 감정을 들여다보는 시간을 가지면서 '아, 나는 외로운 사람이구나' 그걸 인정하게 됐어요. '아, 그래. 나도 외롭고 누구나 외롭지, 자존심 부릴 일은 아니잖아. 외롭다고 당당하게 얘기를 하자.' 그때부터 공허감이 사라진 외로움을 느끼고 있어요. 예전에 혼자 살았을 때와 지금은 엄청 다르죠. 분리형 원룸에 혼자

사는데 지금은 좋아요. 균형감을 찾아가는 중이라고 할까요? 지금도 문제가 없는 건 아니지만요.(웃음)

청소년이든 아니든 누구나 살면서 결핍감을 느낄 수 있고 헤매기도 하잖아요. 중요한 건 사람들 속에서 서로 영향을 주고받으면서 머물러만 있지 않고 변하려고 노력하는 시간이에요. 그 시간 속에 과거와 현재의 제가 보여요. 지금 저는 청소년을 만나면서 성장 중이에요.

가출 청소년, 탈가정 청소년[5]

"집에 가니?" 청소년에게 질문을 하고 나서 이 문장을 한참 다시 생각했다는 청소년 성소수자 단체 활동가의 얘기를 들었다. 성소수자인 자녀를 받아들일 수 없다고 한 부모에게 쫓겨나 쉼터에서 살고 있는 청소년에게 이 질문은 어떻게 이해될까? 쉼터를 집이라고 불러도 되는 걸까? 그는 쉼터를 집으로 생각할까? 질문을 받은 사람은 어떤 집을 생각했을까? "우리 집에 놀러 갈래?" 오랫동안 쉼터에서 살다가 앨리스 집에 온 청소년이 '집 같은 집'에서 살게 되면 친구에게 꼭 해보고 싶었다는 질문이다. 평범해 보였던 질문이 낯설게 느껴질 때 보이지 않는 그래서 볼 수 없었던 사람들의 삶이 드러난다.

집을 나온 청소년을 부르는 말들이 있다. 가장 익숙하고 알려진 단어는 '가출 청소년'이다. 한국사회에서 '가출 청소년'

은 비행 또는 문제 청소년과 동의어로 해석되는 경향이 있다. '어린 나이'에 집을 나오는 것 자체가 문제가 있거나 문제를 일으키는 위험한 행동으로 간주된다. 이들의 삶에 대한 관심은 생략된 채 '문제' 행동에 집중하고 금지된 행동을 한 사람으로 쉽게 비난하려 한다. '가출'이라는 말이 가진 부정적인 이미지에도 불구하고 주로 청소년 관련법과 정책, 정부 통계에서 이 개념을 사용한다. '가출 청소년'을 '가정 밖 청소년'이라는 용어로 대체해야 한다는 제안도 있다. '가출'이라는 행위보다는 '가정 밖'이라는 상황에 주목하기 위한 용어다. 이 글에서는 '탈가정'이라는 용어를 사용했다. 탈가정은 비청소년 시각에서 해석하는 '가출'을 청소년 시각에서 다시 읽은 단어이다. '가출'이 당사자인 청소년에겐 탈출일 수도 있다는 것, '집 나오면 개고생'이라는 걸 모르지 않는 이들이 오죽했으면 집을 나왔겠냐는 항변이기도 하다.

아직 한국에서는 사용하지 않지만 미국과 영국 등 청소년관련 법에서 '청소년 홈리스'라는 개념을 사용한다. 예를 들면 미국의 '맥킨니-벤토 홈리스 지원 법령(The McKinney-Vento Homeless Assistance Act)'은 홈리스 어린이 및 청소년을 다음과 같이 정의한다. 고정적이고 규칙적이며 적절한 야간 거주지가 없는 개인, 주거상실과 경제적 어려움 또는 이와 유사한 이유로 다른 사람의 주거를 공유하고 있는 어린이와 젊은이, 대안적 적절한 숙박시설이 부족하여 모텔, 호텔, 트레일러 파크 또는 캠핑장에서 살고 있거나 비상 대피소 또는 과도기 대피소에서 살고 있거나 병원에 버려진 경우가 있다. 또한 자동차, 공원, 공공장소, 버려진 건물, 표준 이하의 주택, 버스 또는 기차역 또는 이와 유사한 환경에서 살고 있는 어린이 및 청소년도 해당한다.[6]

한국에서 탈가정 청소년에 대한 정확한 통계는 없다. 경찰청 조사에 따르면 2016년 말 '가출 청소년' 수는 2만 1852명이라고 한다. 그러나 이는 가출신고 및 범죄 등 사건 접수가 된 경우만 포함하는 수치이다. 실제 가출 경험이 있는 청소년 중 약 8~10%만이 이 통계에 해당된다. 2018년 여성가족부는 연간 '가출 청소년' 수를 약 27만 명 정도로 추산하고 쉼터 이용 청소년은 3만 2000명이라고 발표했다.

탈가정 청소년이 비청소년을 만날 때 가장 많이 받게 되는 질문은 집을 나온 이후의 상황이 아니라 집을 나온 이유이다. 통계청에서 나온 청소년 통계에 따르면 2018년 청소년의 가출 원인은 부모 등 가족과의 갈등이 70.0%로 가장 많고, 기타 11.1%, 자유롭게 살고 싶어서가 7.1%, 공부에 대한 부담감이 3.9%였다. 가족 상황은 사적인 것으로 여겨지면서 사소한 것, 말할 수 없는 것으로 취급되는 경향이 있다. 충분히 잘 드러나지 않기 때문에 집안 문제에 대한 사람들의 상

상력은 제한적이다. 예원의 지적처럼, 집을 나온 이유는 한마
디로 설명하기 어렵고 일일이 말하기도 어려우며 사람들은
말해도 이해하지 못할 때가 많다. '가족과의 갈등'이라는 단
어에 숨은 세세한 결이 청소년의 입장에서 말해질 때 이들의
탈가정 이유가 일탈과 동정의 해석을 넘어설 수 있다.

선택권 없이 선택받아야만 하는 삶

탈가정을 하면서 지난하게 겪은 집에 대한 기억은 고스란
히 상처로 남아 있다. 바뀐 상황이 없다면 탈가정 청소년이
집에 돌아갈 이유를 찾을 수 없다. 실낱같은 기대를 가지고
집에 돌아간 청소년은 실망과 체념을 안고 다시 집을 나온
다. 탈가정 이후 찜질방, 친구 집 등 불안정한 잠자리를 거쳐
결국 갈 수 있는 곳은 쉼터 아니면 거리 생활이다. 한 사람의
경험에도 여러 쉼터와 거리 생활을 오갔던 시간이 얽혀 있
다. 2017년 더불어민주당 박경미 의원이 여성가족부에서 제
출받아 발표한 '청소년쉼터 유형별, 퇴소사유별 인원 현황'
자료에 따르면, 2016년 한 해 동안 청소년쉼터를 찾은 2만
9256명의 청소년 중 55.9%인 1만 6352명이 무단이탈, 자의
퇴소, 무단퇴소 등 제 발로 쉼터를 나간 것으로 나타났다. '무
단이탈'은 쉼터 입소 청소년이 고지 없이 쉼터와 연락이 안
되는 경우를, '자의퇴소'는 보호기간 만료 전에 쉼터에 고지

후 청소년 스스로 퇴소한 경우를, '무단퇴소'는 쉼터에 고지 없이 퇴소한 경우를 뜻한다.[7] 현재 한국사회에서 탈가정 청소년에게 쉼터 외에 다른 선택지가 필요하다는 논의는 충분히 열리지 않았고 현실화된 정책과 지원도 거의 없다.

대체로 일시 쉼터의 경우 7일 이내로 머물 수 있고, 다시 들어가려 해도 행정상 퇴소처리를 하고 이틀이나 사흘이 지나야 한다. 일시 쉼터를 이용하는 청소년은 중장기 쉼터를 원하지 않거나 비자발적 퇴소를 당한 사람이 많다. 이들은 일시 쉼터에 오래 있을 수 없기 때문에 쉼터 유랑자가 된다. 어느 쉼터 밥이 맛있는지, 지원이 많은지, 규칙이 느슨한지 등 청소년의 입장에서 보는 실속 있는 세세한 정보를 누구보다도 잘 알고 있는 청소년들이다. 제한되고 불안정한 선택이지만 적어도 유랑자는 누울 잠자리에 대한 선택권을 스스로 갖는다. 최근 쉼터 종사자 인터뷰에서 들은 얘기에 따르면 여전히 강제퇴소가 있지만 오히려 요즘은 일시 또는 중장기 쉼터에서 '문제'가 있다고 판단하는 청소년의 입소를 받지 않는 경우가 있다고 한다. 선택권 없이 선택받아야만 거주할 자격이 생긴다.

시설에 대한 얘기에서 예원은 시설이 자신을 어떤 존재로 규정했는지, '바람직한' 청소년 상을 만들기 위한 통제 수단은 무엇이었는지, 무엇을 할 수 없었고 그 상황에서 어떤 감정을 겪었는지를 자세히 설명한다. 조미경에 따르면 "시설화는 지배 권력이 특정 개인이나 집단을 '보호/관리'의 대상으로 규정하고 사회와 분리해 권리와 자원을 차단함으로써 '무능화/무력화'된 존재로 만들며, 자신의 삶에 대한 통제권을 제한하여 주체성을 상실시키는 것"[8]이다. 시설화와 시설은 연결될 수도 있지만 같은 의미는 아니다. 시설화라고 하면 시설만을 상상하지만 시설화된 집도 있을 수 있다. 거주공간에서 타자에 의해 고유성이 삭제될 때 청소년은 어떻게 규정되는지를 살펴야 한다. 정해진 기준이 개인의 자유를 억압하면서 청소년을 어떤 존재로 만드는지, 그래서 그는 무엇을 상실하는지를 우리는 알아야 한다.

거주와 주거는 다르다. 글자만 바뀐 게 아니라, 거주하지만 집은 아닐 수 있다. 개인의 상황과 필요에 따라 거주할 수 있는 공간이 필요하지만 인간은 일상을 꾸리며 정착할 수 있는 장소가 필요하다. 집으로 꿈이 들어온다. 여성들은 자기만의 방이 생겼을 때 꿈을 꾸기 시작했다. 예원의 얘기처럼 집이 안정될 때 삶을 고민할 여유를 가질 수 있고 차근차근 삶의 계획을 세워 뭐라도 해볼 마음을 먹을 수 있다. 주거 불안정이 길어질수록 몸과 마음은 지치고 삶을 꾸려나갈 수 있는 힘을 모으는 데 시간이 더 걸린다. 새로운 시작을 할 수 있는 힘은 단지 마음의 결단 문제가 아니다.

집은 물리적 공간이고 관계이다. 살 만한 집은 적절한 햇빛과 바람, 넓이와 접근성이 있어야 한다. 주거는 보편적 권리이지만 한국사회에서 사람들이 집 없는 설움을 얘기하는 것이 현실이다. 월세를 내기 위해, 재계약 때마다 오르는 보증금이나 전세를 감당하기 위해, 관리비를 밀리지 않기 위해, 쫓겨나지 않고 살기 위해 유지비용이 필요하다. 살 집을 찾았다고 계속 집에 살 수 있는 것은 아니다. 탈가정 청소년이 살 수 있는 집을 찾기도 어렵지만 안정적인 소득이 없기에 그 집에 안정적으로 계속 사는 것도 힘든 일이다. 혼자 살수도 함께 살 수도 있다. 하지만 집에서 어떤 사람과 어떻게살고 싶은지는 함께 얘기하고 조율할 문제이지 일방적인 결정의 문제는 아니다.

편안한 마음으로 집에 들어갈 수 있나? 잠이 잘 오는가? 자기가 할 말은 눈치 보지 않고 말할 수 있는가? 공용 공간에서 나 또는 다른 사람이 불편하지 않게 자연스럽게 나와서 얼마나 시간을 보낼 수 있나? 자립팸 '이상한 나라' 청소년들이 '집 같은 집'에 대해 들려준 얘기다. 탈가정 이후 예원이 '집'이라는 단어를 처음 붙인 곳은 앨리스의 집이다. 공식 명칭은 '청소년 자립팸 이상한 나라'이고 이곳에 사는 청소년을 '앨리스'라고 부른다. 하지만 예원은 자신만의 조합으로 '앨리스의 집'이라고 부른다. 예원의 호칭은 이 집의 주인이 누구인지를 알려준다. 이 집에 살 수 있는 권리가 나와 너, 우리에게 있음을 말한다. 주거권에서 청소년은 '예외적 존재'이다. 인권의 역사는 '예외적 존재'로 여겨져 보이지 않았던 존재가 역사의 무대에 등장해 목소리를 내기 시작할 때 새로 쓰였다. 그동안 탈가정 청소년들이 탈시설을, 주거권을 말하지 않은 것이 아니다. 이 사회가 그들의 목소리를 감히 해서는 안 되는 말로, 쓸데없는 소리로 취급했을 뿐이다. 우리가 이들의 목소리를 들을 준비가 됐을 때 흩어진 소리가 모여진 말로 전해지지 않을까?

조현(調絃)은 현악기의 줄을 고른다는 뜻이에요. 조현증은 기
타나 가야금처럼 우리 정신을 조율하는 현이 있는데 그게 고
장 났다는 말이래요. 약, 주사, 규칙적 생활관리. 이런 것만 잘
지키면 일반인과 다를 바 없어요.

6장

회복도
삶도
일직선이
아니에요

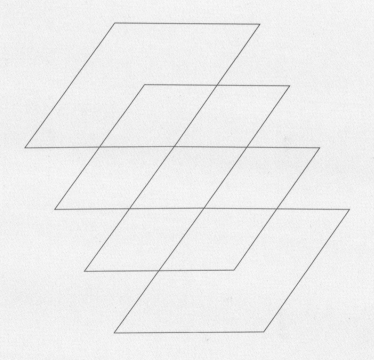

조현병과 함께하며 아이와 부모님과
지역에서 살아가는 법

나는
할 수 있는
사람

구술: 묘현
글: 박희정

　묘현을 처음 만난 건 2018년 여름이었다. 우리는 광주광역시의 한 장애인권단체가 마련한 구술기록 강좌에서 강사와 수강생으로 만났다. 묘현은 스무 살 때부터 '조현증'과 함께 산다. 스물여섯 살부터 시작된 7년간의 결혼생활이 끝난 후 묘현은 딸과 함께 엄마 아빠의 집으로 들어갔다. 묘현은 엄마를 인터뷰하고 싶어 했고, 힘든 작업이었으나 훌륭한 결과물을 가지고 돌아왔다. 서로를 고유한 역사를 가진 존재로 대할 때 가능한 일이었기에, 나는 묘현이라는 사람이 세상을 보는 방식이 궁금해졌다. 묘현은 세 번에 걸친 나와의 긴 대화에서 내게도 많은 것을 물었다. 내가 어떤 이야기를 가진 사람인지 알고자 했다. 첫 대화는 2019년 3월이었다. 두 번째 대화와의 사이에 7개월이라는 공백이 있다. 그 사이 한국사회는 '조현병'을 가진 범죄자에 대한 공포로 떠들썩했다. 묘현에게 어떤 이야기를 물을까 고민하는 시간이 길어졌다. 다시 만나 두 번의 대화를 더 나누면서 그것이 단지 망설임의 시간만은 아니었음을 알게 되었다. 우리에게는 변화를 기록할 시간이 필요했다. 묘현이 대화 중 크고 장엄하게 눈을 내리감는 순간이 있다. 그때 어쩐지 나는 심장이 찌르르했는데, 그것이 이 세계와 저 세계를 연결하는 문을 여는 순간의 느낌이라는 것을, 글을 쓰면서야 깨달았다.

현이 끊어진 날

처음 뚜렷한 증상을 느낀 건 대학교 1학년 때였어요. 2004년. 분명히 기억나거든요. 집으로 오는 길에 뒤에서 남자 발소리가 들렸어요. 아파트에 살았는데, 무서워서 엘리베이터도 안 타고 계단으로 막 뛰었어요. 집에 들어가서 놀란 숨을 몰아쉬니까 엄마가 왜 그러냐고 해요. "엄마! 엄마! 엄마! 남자가 뒤쫓아 와!" 제 말에 깜짝 놀란 엄마가 바로 나가서 확인을 했어요. 개미새끼 한 마리 없다는 거예요. 환청이 들렸던 거죠.

본격적인 증상이 나타난 게 대학교 4학년 때였어요. 그때 여러 가지가 발목을 잡아서 스트레스가 폭발했어요. 사귀던 남자친구가 있었는데 차였거든요. 게다가 졸업논문을 쓰고 있었는데 잘 써야 한다는 압박감이 굉장히 컸어요. 논문을 쓰긴 했는데 발표를 못 하겠더라고요. "넌 실패자야." "넌 못 할 거야." 그런 소리가 귀에 계속 들리니까 논문을 발표할 수가 없었어요. 사람들이 다 괴물로 보였어요. 나한테 손가락질할 것만 같은 거예요. 제가 전공이 문화인류학인데, 졸업하려면 반드시 컴퓨터 자격증이 있어야 해요. 그것도 못 따겠는 거예요. 결국 모든 수업을 다 펑크 내고 집에 틀어박혔어요. '실패했다, 나는.' 그런 생각에 견디기 힘들었어요.

제일 무서웠던 게 망상이에요. 저 사람이 나를 죽일 수도 있겠다는 생각도 있지만, 내가 저 사람을 죽여야 한다는 생각도 있었거든요. 그 생각이 소리로 들렸을 때는 미쳐버릴 것 같았어요. 방에 들어가 문을 못으로 박아버렸어요. 내가 나갈 수 없도록. 의식을 잃었다가 눈을 뜨면 내가 뭔가를 죽이고 있을 것 같다는 너무 엄청난 압박감이 있었으니까. 방에서 이틀을 안 나간 것 같아요. 배가 고픈지도 몰랐어요. 계속 누워만 있었죠. 엄마가 제 방 앞에서 제발 생사만이라도 말해달라고 빌면서 엄청 울었어요.

그냥 방에 처박혀서 벽에다가 그림 그리고, 시를 써대고, 방바닥을 칼로 자르고 그랬죠. 그림을 그리면 벗어날 수 있지 않을까 하는 생각에 그렸는데 안 되더라고요. 빈센트 반

고흐처럼 명작이라도 나올까 했는데 그것도 아니었고. (웃음) 그 그림들은 엄마가 다 불태워버렸어요. 제가 그걸 보고 그때로 다시 돌아갈까 봐 무서웠대요. 시는 원래 썼어요. 그때 일기장을 나중에 봤는데 무슨 말인지 하나도 모르겠더라고요. 맞춤법도 다 틀려 있고. 이 글 썼다 저 글 썼다 주제가 팡팡 튀고. '제정신은 아니었구나' 하는 생각이 들었어요.

병원에 처음 입원한 건 2009년도인데 9월이었을 거예요. 마이클 잭슨 죽었을 때. 증상이 본격적으로 심해진 건 입원하기 1년 전. 서서히 눈덩이처럼 커졌던 것 같아요. 더는 감당이 안 되니까 병원에 간 거죠. 정신병원에 가보고 안 되면 자살하자는 생각으로 갔어요. 연세대 세브란스 정신건강병원이 지금은 신촌에 있는데, 그때는 경기도 광주에 있었어요. 전남에 있는 광주에서 거기까지 저 혼자 찾아갔어요. 의사가 당장 입원하자고 하더라고요. 그리고 저희 엄마 아빠를 불렀어요. 저처럼 환자가 직접 와서 나 아프다고 하는 경우가 처음이라고 해요. "묘현 씨는 조현증하고 해리성 이중인격, 두 가지가 있다"고 하는 거예요. 해리성 이중인격은 지금 완전히 치료됐어요. 조현증이 문제지.

세브란스에서 집으로 돌아가는 차 안에서 엄마 아빠 둘다 아무 말이 없었대요. 평소 같으면 아빠가 말을 했을 텐데, 4시간 거리를 아무 말도 없이 갔다는 거예요. 그 이야기를 지난해 엄마하고 인터뷰했을 때 들었어요. 눈물이 나더라고요. 엄마가 그런 말을 했어요. 너는 어렸을 때부터 좀 이상했다, 중학교 때 방바닥을 칼로 긁어놓거나 커튼을 다 찢어놓거나 했다고. 할머니가 엄마한테 애 이상하다고 병원 가보라고 그랬을 때, 엄마는 그저 사춘기가 심하다고만 생각했대요. 그때 병원에 갔더라면 이렇게 힘들지 않았을 거라면서 엄마가 많이 울었어요. 엄마는 제가 대학 때 증상이 심해지면서 정신과를 가보고 싶다고 말했을 때조차도 심각하게 생각하지 않았거든요. 그냥 시간 지나면 해결될 일인데 뭘 병원까지 가냐고 그랬어요. 저는 그게 아니었거든요.

두 개의 지옥

어릴 때는 친구가 별로 없었어요. 왕따도 많이 당했고. 생각이 좀 많은 아이였어요. 남들과 다르게 생각하려고 노력을 많이 했고, 사회에 대한 분노 같은 것도 심했고. 혼자 책 보고 상상의 나래를 펴는 걸 좋아하게 되니까 나중에는 무리에 섞이기가 싫었어요. 언젠가 초등학교 때 일기장을 들춰보니까 제가 이런 말을 썼더라고요. '학교 가도 지옥이고, 집에서도 지옥이다.' 아빠가 저를 어렸을 때 엄격하게 다루셨거든요. 조금만 잘못하면 소리 지르고 야단치고 때리셨어요. 한번은 돈가스 집을 갔는데 제가 포크를 떨어뜨렸거든요. 그랬더니 아빠가 제 뺨을 탁 때린 기억이 있어요. 제 머리를 잡고 책상에 내려찍은 일도 있었어요. 그때 기억이 생생해요. 제가 초등학교 3학년이었는데, 학습지를 정답을 보고 썼거든요. 아빠는 정말 좋은 사람이에요. 자기만의 철학을 가지고 살아가시는 분인데 괴팍하거나 고약할 때가 있거든요. 그때 저는 상처를 많이 받았죠. 아빠를 존경하면서도 미워하는 마음이 많았어요.

아빠와 엄마는 1978년에 대학에서 만났대요. 아빠는 기독학생회에서 활동했는데, 그때 이미 블랙리스트에 오를 만큼 학생운동을 열심히 했어요. 그해에 학내 민주화투쟁이 크게 있었는데, 아빠는 구속될 위험이 있으니까 집회에 참석하지 않기로 했대요. 그런데 엄마가 그 집회 대열에 있다가 연행이 된 거예요. 아빠가 엄마를 끌어내리려다 같이 잡혀간 거죠. 영화 같은 이야기죠. 그 사건으로 제적되면서 아빠는 본격적으로 운동가의 길을 걸었대요. 부마항쟁 때 삐라를 전남도청 거리에서 뿌리다 잡혀가서, 혹독하게 고문을 받고 감옥에 1년 정도 가신 거 같아요. 나중에 복학하고 공부를 계속해서 박사학위도 받았지만 그런 이력이 있어서 학교에서 자리 잡는 데 어려움이 많았대요. 정착하지 못하니까 방황을 한 거예요. 그화를 제가 받은 거죠. 그게 화풀인지도 몰랐죠. 모를 수밖에 없죠. 어린 제가 그런 속사정을 어떻게 알겠어요. 나는 아빠가 하는 일은 옳다고 생각하니까 나에게 문제가 있는 거라고만 생각했어요.

엄마는 윤리교사였는데, 광주에 있는 학교가 아니라 전남 지역에 있는 학교라서 밤 7시나 8시 정도에 들어오셨어요. 아빠랑 저랑 붙어 있는 시간이 많으니까 그 시간 동안 저는 숨을 못 쉬겠는 거예요. 또각또각하는 엄마의 구두소리만 기다렸어요. 주말에는 엄마가 같이 있잖아요. 아빠가 저한테 뭐라고 하면 그때는 엄마가 막 달려들 듯이 싸우셨어요. 엄마는 불합리하다 싶으면 당하고만 있는 사람이 아니거든요. 그때마다 '아, 나 때문에 싸우는구나. 이 모든 게 나 때문이다' 하는 생각이 들었죠. 미처버릴 것 같았어요. 밖에 나가서 친구들이랑 어울리지도 못했고, 그렇다고 집에 있어봤자 편하게 쉴 수 있는 것도 아니고. 저희 집은 유머라는 게 없었어요. 그게 딱딱한 분위기나 관계를 미끄럽게 만들어주는 기름 같은 거잖아요. 아빠의 사회적 위치가 어느 정도 확고해지고 안정이 되니까 그때서야 아빠한테서도 자연스럽게 유머가 나오더라고요.

근데 여기서 꼭 말하고 싶은 건요, 아빠가 그때 자신이 얼마나 잘못했는지에 대해서 나중에 뼈저리게 느끼셨다는 거예요. 병이 확정되고 얼마 안 있어서 아빠가 울먹이면서 말씀하시더라고요. 니가 얼마나 아픈지 잘 몰랐다고. 미안하다고.

저도 같이 울었던 것 같아요. 울면서 응어리진 게 좀 풀어지는 느낌이었죠. 아빠의 장점은, 잘못을 깨달은 일에 대해서 꼭 사과하신다는 거예요. 그러면 그전처럼 또 그러지 않아요. 예전에는 아빠를 용서해야 한다는 생각을 항상 했어요. 그래야 내가 벗어나는 길이니까. 근데 지금 생각해보니까, 용서 안 하면 어때요. 그냥 용서하지 말자. 그렇게 생각하니까 오히려 더 마음이 풀어지더라고요. 저는 아빠를 미워할 용기도 없었던 거예요. '아빠를 어떻게…….' 그래서 더 아팠던 거예요.

애틋할 수 없던 그때

세브란스 병원에는 3개월 정도 있었어요. 약을 먹으니까 좀 괜찮아지더라고요. 약이 굉장히 강했어요. 초반에는 침을 막 흘리고 살았거든요. 그 약의 부작용이 뚱뚱해지는 거예요. 공복감을 느끼게 하고. 제가 한때는 72킬로그램까지 나갔어요. 자존감이 굉장히 떨어지더라고요. 어디를 가든 사람들이 날 쳐다보는 것 같았어요. 논문 발표는 결국 못 했어요. 1년 정도 학교를 쉬다가 다른 학교로 편입을 했죠. 거기서 전남편을 만나서 사귀다가 임신을 하게 됐어요.

육아할 때가 제일 힘들었어요. 내가 배 아파서 낳은 새끼지만, 혼자서는 감당이 안 되잖아요. 참을 인(忍) 자를 새기면서 애기를 키워야 되니까. 육아에 대한 스트레스 때문에 딸을 해하라는 소리를 굉장히 많이 들었어요. 제게 들렸던 소리 중 가장 끔찍한 소리였어요. 엄마가 아이를 죽였다, 폭력을 일삼았다, 그런 뉴스가 나올 때 남의 일 같지 않았거든요. 그렇다고 딸을 안 볼 수도 없잖아요. 엄마한테 호소를 했더니 엄마가 도와주겠다고 했어요. 그때부터 지금까지 도와주고 계세요. 지금은 아이가 아홉 살이니까 놀아달라는 말 빼면 감당이 되거든요. 그리고 내가 힘들다 싶으면 옆에서 도와주기도 하니까 그렇게 엄청난 스트레스가 오지는 않아요.

전남편을 만난 건 대학교 4학년 때 첫 입원을 하기 전이었는데, 본격적으로 사귄 건 병원 갔다 오고 나서예요. 퇴원하고 1년 정도 지나서 사귀게 됐죠. 증세가 살짝 호전된 다음에. 그래도 여전히 좀 심하긴 했었어요. 전남편이 제 병에 대해 알긴 했지만, 두루뭉술하게만 알았을 거예요. 우리 둘 다 눈에 콩깍지가 씌어서 상대의 좋은 면만 볼 때니까요. 그 사람은 저랑 함께하면 같이 예술 활동을 할 줄 알았대요. 남편은 미술을 했거든요. 아이가 없이 둘이서만 살았다면 그렇게 살 수도 있었겠죠. 그런데 우리는 아이를 먼저 가졌잖아요. 현실이 들이닥친 거예요.

임신한 동안에도 계속 약을 먹었어요. 아이한테 해가 가지 않는 약이라 하더라고요. 그래도 많이 불안했어요. 남편이 직업이 없었거든요. 이 사람도 불안하니까 계속 컴퓨터로 만화만 봐요. 그러니까 저는 더 불안하죠. 조현증이 다시 심해졌어요. 밤중에 일어나서 옷장을 다 헤집어놓기도 하고 자살기도도 했어요. 가지고 있던 약을 한꺼번에 다 먹고 혼수상태가 되어서 3일 만에 일어났거든요. 임신 6개월 때였어요. 다행히 아이는 무사했어요. 그때는 '아이랑 내가 같이 죽자', 그런 생각이 들었는데……. 지금도 딸한테 정말 미안해요. 미안하고 또 고맙고 그렇죠. 의사는 제가 일어난 것만 해도 기적이라고 하더라고요. 심장이 멈춰 있었대요. 어찌 생각해보면 제 삶이 그렇게 평범하지는 않았던 것 같아요.

아이를 낳고 수유할 때는 약을 끊어야 된다는 사실을 몰랐어요. 의사가 미리 얘기를 안 해준 거예요. 약에 약간 수면제 성분이 있어서 아이가 한동안 잠만 잤어요. 아무래도 뭔가 이상해서 저희 아빠가 담당 의사한테 전화해서 물어봤죠. 그때 알게 된 거예요. 이번에도 다행히 아이에겐 탈이 없었어요. 건강하게 잘 자라줬죠. 아이한테 모유를 먹일 수 없다니까 전남편이 엄청 화를 냈어요. 약을 잠시 안 먹으면 되지 않느냐고. 슬펐죠. 남편이 이해가 안 가는 건 아니지만 '아직 이 사람은 나의 병에 대한 인식이 부족하구나', 그런 실망 같은 게 들더라고요.

시댁 식구들이 저희 집에 찾아와서 싸움도 나고 그랬어요. 시아버지는 이런 병은 병도 아니고 의지가 박약한 사람들이 걸리는 건데 약이 몸을 망치고 있으니까 이참에 약을 끊어버리자고 말했어요. 근데 조현병이라는 게 의지박약해서 걸리는 게 아니에요. 약을 안 먹으면 어떤 돌발 상황이 발생할지 몰라요. 아이에게 해를 가할 수도 있고, 아니면 내가 자살을 해버릴 수도 있고. 우리 엄마 아빠한테는 제 딸도 소중하지만 저도 소중하거든요. 그런데 시댁 식구들은 그런 배려가 전혀 없더라고요. 그래서 엄마 아빠가 화가 많이 났었죠.

남편은 경제적 능력이 없는 사람이었어요. 한 달에 20만 원밖에 생활비를 안 줬어요. 자연스럽게 엄마한테 손을 벌리게 됐죠. 그것 때문에 엄마는 많이 속상해하셨어요. 아이 기저귀 값, 분유 값, 유치원비까지 다 엄마가 해주셨거든요. 남편이랑 같이 산 게 7년인데, 그 동안 엄마는 계속 이혼하라고 했어요. 그런데 제가 끝까지 이혼하지 않았어요. 그러다가 제 병이 악화됐어요. 생활비가 없으니까 병원비라도 아끼려고 1년 가까이 약도 안 먹고 주사도 안 맞았거든요. 그런 상태에서 제가 다른 사람을 사랑하게 된 거예요. 남편이 이혼하자고 했고 나도 그러자 했어요.

지금 생각해보면 이혼은 잘한 것 같아요. 옆에 남편이라는 존재가 있을 땐 의존적이었는데 지금은 내가 강해야 딸을 지킨다는 생각을 해요. 그래서 제가 더 좋아진 면도 있는 것 같아요. 전남편하고는 가끔씩 만나요. 지난번에 만났을 때 그런 말을 하는 거예요. 같이 살면서 나랑 함께했던 기억이 별로 없다고, 나를 많이 외롭게 한 것 같아서 미안하다고. 제가 남편을 붙잡고 펑펑 울었어요. 나도 미안하다고. 남편은 차라리 이렇게 된 게 잘된 것 같다고, 자신은 아빠라는 위치가 어울리지 않는 사람이었다고 말했어요. 나도 그렇게 생각한다고 말했죠. 나 혼자서 가정주부라는 것을 한다는 게 굉장히 어려웠다고.

전남편이랑 합치고 싶은 건 절대 아니에요. 이제는 알았으니까요. 결혼이라는 게 개인이 개인을 만나는 게 아니라 그 가족과 나의 가족의 문화가 충돌하는 거라는 생각이 드니까 다시는 결혼하는 게 싫었어요. 근데 가끔씩 만나서 서로 이야기 나누고 그러다 보니 조금 애틋한 게 있어요. 전남편도 그런 말을 하더라고요. 차라리 이런 만남이 더 애틋하다고.

요한빌리지와의 만남

제가 가정에 충실했지만, 결과적으로 남편을 배신한 거잖아요. 죄책감과 스트레스로 증상이 재발해서 세 달 정도 입원했어요. 퇴원하고 '요한빌리지'라는 곳에 가게 됐어요. 요한빌리지는 정신장애를 가진 사람들이 사회 안에서 어우러져 살아가는 걸 목표로 하는 재활기관이에요. 정신장애의 범주는 다양해요. 공황장애도 있고, 조울증도 있고, 조현증도 있고, 틱

"시아버지는 이런 병은 병도 아니고 의지가
박약한 사람들이 걸리는 건데 약이 몸을
망치고 있으니까 이참에 약을 끊어버리자고
말했어요. 근데 조현병이라는 게 의지박약해서
걸리는 게 아니에요. 약을 안 먹으면 어떤
돌발 상황이 발생할지 몰라요. 아이에게 해를
가할 수도 있고, 아니면 내가 자살을 해버릴
수도 있고. 우리 엄마 아빠한테는 제 딸도
소중하지만 저도 소중하거든요."

장애도 있고……, 다양한 사람들이 있어요. 요한빌리지 안에 숙소는 없어요. 회원들은 모두 오전 9시부터 오후 4시 반까지만 활동해요. 아침에 오면 회의를 하고 부서별로 나뉘어서 업무를 한 다음에 교육을 하거든요. 점심 먹고 또 오후에도 회의와 업무와 교육이 있어요. 이렇게 하는 이유는 직장에 나갔을 때를 염두에 둔 거예요. 미리 익숙해지게 하는 거죠.

요한빌리지에 갔을 때는 제가 일어나는 것조차 힘들 때였어요. 아침마다 엄마 아빠가 물도 뿌리고 별 방법을 다 써서 깨워요. 제 딸 보살필 생각도 못 하고 어기적어기적 세수하고 머리 감고 옷을 입어요. 요한빌리지까지는 아빠가 차로 데려다줘요. 처음에는 그 자체만으로도 너무 힘들었어요. 그런데 매일 규칙적인 생활을 하게 되잖아요. 회의하고 교육받고 밥 먹고 산책하면서 회원들과 이야기하고. 그러면서 갇혀 있던 마음이 서서히 열리기 시작하는 거예요. 시시콜콜한 이야기부터 시작해서 서로 주거니 받거니 하는 기분이 너무 좋았어요. 그때부터 치유되는 느낌이 들더라고요.

요한빌리지에서 카페랑 연결해서 바리스타를 뽑아요. 실습이 정말 재미있었어요. 커피를 뽑아서 손님들께 드리는 것도 재미있고, 제가 뽑은 커피를 선생님이 칭찬했을 때 성취감도 느껴지고. 일하고 싶다는 생각이 들더라고요. 물론 일을 하면 증상이 더 심해질지도 모른다는 두려움도 있었는데,

실습을 단계적으로 하잖아요, 조금씩 적응하다 보니까 할 만하겠다는 생각이 든 거예요. 취직한 회원들이 부럽기도 하고요. 취직하면 축하해주는 분위기가 있거든요. 컴퓨터를 배우고 바리스타 고급 자격증을 땄어요. 장애인고용공단에서 사람이 나와서 장애인일자리사업이라는 게 있다고 설명을 해주더라고요. 면접을 보고 주민센터에서 일을 하게 됐어요.

요한빌리지 같은 곳이 많이 있으면 좋겠어요. 아니면 이런 센터에 지원을 풍족하게 해줬으면 좋겠어요. 요한빌리지에 아이디어는 좋은데 돈이 없어서 못 하는 게 많거든요. 한편으로는 제가 엄마 아빠가 있기 때문에 딸을 키우면서도 직장을 가질 수 있는 거잖아요. 엄마 아빠가 없었다면 힘들었을 거예요. 아이돌봄서비스가 있지만, 시간이 제한적이잖아요. 또 아이가 어리지 않더라도 키우다 보면 힘들 때가 많잖아요. 저는 시끄러운 소리에 취약해서 소아과 가기도 힘들어요. 가면 아이들이 치료받으면서 막 소리를 지르잖아요. 제가 그 소리에 힘들어서 침 흘리고 있으면 엄마가 빨리 집으로 가라고 하죠. 정신장애라는 게 겉으로 볼 때는 어떤 취약점이 있는지 안 보이잖아요. 잘 모르기 때문에 어떤 배려를 해줘야 하는지도 모르는 것 같아요.

한번은 그런 일이 있었잖아요. 상담하던 환자가 의사를 죽인 사건이요. 그 후에 병원에 갔는데, 담당 선생님 방 앞에 건

장한 남자가 방검복을 입고 가스총 같은 걸 차고 앉아 있더라고요. 그걸 봤을 때 기분이 묘했어요. 상담하기도 전에 겁부터 나더라고요. 어떤 기사를 봐도 조현증 환자가 저처럼 새롭게 일을 시작해서 잘 생활하고 있다거나 남을 위해서 봉사를 한다거나 그런 이야기는 쓰지 않아요. 그런 사람들 많이 있거든요. 확실히 사람들은 자극적이고 선정적인 걸 좋아하는 것 같아요. 조현증 환자가 선량하게 봉사하고 다닌다? 선정적이지 않잖아요.

나는 할 수 있는 사람

저는 주민센터에서 노인 복지 쪽의 바우처를 안내하고 접수받는 일을 하고 있어요. 1년 계약직이고, 매년 심사를 거쳐 연장해요. 집에 박혀 있다가 진짜 정말 오랜만에 사회생활을 시작한 거예요. 졸업을 못 하고 그다음부터는 계속 허송세월이었죠. 애를 키웠으니 아무것도 안 한 건 아니었겠죠. 그런데도 내가 아무것도 안 하는 것 같더라고요. 집안일이라는 게 해도 티가 나는 것도 아니잖아요. 발병하기 전에는 박물관에서 일해본 적도 있고 여성연구소에서 일하기도 했어요. 발병하고 나서는 일을 안 했죠. 결혼생활 할 때 옷가게에서 잠깐 일한 적이 있어요. 한 달 정도. 그때 재발해서 소리가 너무 심하게 나는 바람에 병원에 다시 입원했거든요. 아빠가 일하지 말라고 했어요. 전남편도 그러고.

지금은 육체적으로 힘들지만 뭔가 뿌듯해요. 내가 뭔가 할 수 있구나. 성장해가고 있구나. 그런 느낌이 들어서 정신적으로는 좋아요. 시작하고 한동안은 힘들었죠. 바우처 접수라는 건 정해진 기준이 있잖아요. 그 사람의 자격을 살펴봐야 하거든요. 건강보험료도 판단 기준이에요. 한번은 할머님 한 분이 오셨는데 건강보험료가 기준 이상인 거예요. 소득이 많아서 접수가 안 된다고 말씀드렸어요. 그랬더니 나는 돈 낸 것도 없고 우리 며느리가 낸 건데 내가 왜 혜택을 못 받느냐고 불같이 화를 내시는 거예요. 그때 받는 스트레스가 장난이 아니에요. 화가 나도 참아야 하잖아요. 무조건 '죄송합니다' 하면서 설득을 해야 하니까 힘들더라고요.

그런 게 한두 번이 아니니까 쌓였다 터졌나 봐요. 뭐라고 해야 할까…… 초점이 위로 올라가는 것 같은 느낌이 들어요. 그게 전조증상이거든요. 그러면서 소리가 들리는 거예요. 일하는데 증상이 나타나니까 정말 당황스러웠어요. 그럴 때 먹는 약이 있는데 마침 떨어진 거예요. 같이 일하는 언니한테 말하니 지금이라도 집에 가래요. 그럴 수는 없다 싶어서 살짝 쉬었어요. 괜찮아지더라고요. 다시 일하는데 30분 있다가 또 소리가 들렸어요. 그때가 5시 30분이었어요. 6시가 퇴근이거든요. 다행이었죠. 끝까지 일하고 엄마를 불러서 차를 타고 집으로 갔어요.

저는 소리가 시작되고 1시간에서 2시간 정도 지나면 사라지는 편이거든요. 그동안은 답이 없어요. 견뎌내야 해요. 그럴 때 마인드컨트롤 같은 걸 해요. 예를 들면 지금 내가 좋아하는 방에 있고 내가 좋아하는 일을 하고 있다고 생각하는 거예요. 그러면 진정되더라고요. 예전에는 소리가 들리면 그 소리에 휩싸여서 의식을 잃어버리거나 소리가 시키는 걸 그대로 했거든요. "유리접시를 깨버려라" 그러면 깨버리고, "밖으로 가서 자동차에 뛰어들어라" 그러면 주섬주섬 옷을 입고 있어요. 그때는 굉장히 심각했을 때죠. 지금은 많이 좋아져서 잠잘 무렵에나 소리가 나요. 낮에 소리가 나는 건 굉장히 드문 일이에요. 그만큼 바우처 접수가 힘들었던 거예요. 봄부터 그랬는데, 여름까지도 적응을 못 하겠더라고요. 조퇴를 많이 했어요.

저랑 같이 일하는 한 언니가 있는데, 그 언니가 일을 되게 잘해요. 자활근로인데, 이 언니는 기초생활수급자고 아이도 셋이 있어요. 힘들게 살아나가면서도 정말 열심히 살고 열심히 일해요. 그 옆에서 제가 열등감이 장난이 아니었어요. 저 혼자서 그 언니와 저를 비교하면서 '언니는 이렇게 잘하는데 왜 나만 이럴까' 하면서 힘들어했어요. 주눅이 들었던 거예요. 하루하루 출근한다는 게 끔찍했어요. 사직서를 가슴에 품

"어떤 기사를 봐도 조현증 환자가 저처럼
새롭게 일을 시작해서 잘 생활하고 있다거나
남을 위해서 봉사를 한다거나 그런 이야기는
쓰지 않아요. 그런 사람들 많이 있거든요.
확실히 사람들은 자극적이고 선정적인 걸
좋아하는 것 같아요. 조현증 환자가 선량하게
봉사하고 다닌다? 선정적이지 않잖아요."

고 다녔어요. 그런데 절 붙잡아주신 분이 계셨어요. 강 주사
님이라고,[1] 제 첫 사수예요. 지금은 저하고 다른 부서에서 일
하시지만 점심을 같이 먹는 사이거든요. 그러면서 서로 이야
기를 많이 해요. 그분이 저에게 이렇게 말씀해주셨어요.

"묘현 씨가 여기 앉아 있다는 자체만으로도 도움이 많이
돼요. 우리에게 굉장히 필요한 존재예요. 묘현 씨가 약을 먹기
때문에 인지 능력이 약간 떨어진다는 걸 우리도 다 알고 있으
니까 걱정하지 말고 일을 즐기면서 함께했으면 좋겠어요."

그 말이 정말 큰 힘이 되더라고요. 그만두겠다는 마음을 살
짝 접었어요. '1년까지만 해보자, 계약기간만 채우자'고 생각
했죠. 그런데 하다 보니까 이게 재밌는 거예요. 내가 뭔가를
배워서 잘 안내해줬을 때 느끼는 성취감이 있더라고요. 내가
조금씩 나아진다는 말을 들었을 때 느끼는 기쁨도 있고요. 그
러다 보니 일을 조금 즐기게도 되는 거예요. '어? 이거 1년 더
일해도 나쁘지 않겠는데?' 이런 생각이 들더라고요. 그래서
계약을 연장하기로 했어요. 제가 적응하느라 고생했잖아요.
여기서 그만두면 너무 아까울 것 같았어요. 다른 데 간다면
또 이만큼 노력을 해야 되는 거잖아요.

결정적인 이유가 또 있어요. 이제는 스트레스를 받고 소리
가 나더라도 조퇴를 안 하게 되더라고요. 약 먹으면 충분히
버틸 정도가 됐어요. 힘들면 소리가 나는 건 똑같지만, 내가

소리를 대하는 태도가 달라졌어요. 예전에는 소리가 조금이라도 날 것 같으면 불안해서 미칠 것 같았어요. 지금은 그냥 '약 먹으면 돼, 너무 호들갑 떨지 마. 괜찮아, 할 수 있어', 이런 식으로 날 다독일 수 있게 됐어요. 그 말을 의도적으로 스스로에게 많이 했거든요. 이불을 털 때도, 빨래를 널 때도. 조현증의 회복이라는 게 쭉 일직선으로 좋아지는 게 아니에요. 뭐랄까……, 진동하면서 언덕을 넘는다고 할까요.

혼자가 아니야

제가 겉보기에는 별 문제가 없어 보이잖아요. 주민센터에서 함께 일하는 분이 "도대체 묘현 씨는 무슨 장애예요?"라고 물어보시더라고요. 예전에는 저에 대해 밝히길 두려워했는데 지금은 말을 해요. "저는 조현증이에요" 했더니 깜짝 놀라는 거예요. "혹시 뉴스에 나오는 그 병이야?!" 맞다고 했죠. 근데 뉴스에 나오는 것처럼 그렇게 폭력적이거나 돌발행동은 하지 않으니까 걱정하지 말라고 했어요. 나는 약도 꾸준히 먹고 있고, 주사도 한 달에 한 번씩 맞고 있어서 괜찮다고. 뉴스에서 볼 때는 조현증 있는 사람이 되게 무서웠는데 저를 보니까 그렇지도 않은 것 같대요. 제가 직장에서 열심히 노력하는 것도 이렇게 조현증에 대한 고정관념을 깨고 싶어서인 것도 있어요.

내가 여기서 그만두면 사회인이 될 수 있는 기회를 뻥 차 버리게 되는 것 같다는 생각이 들어요. 하다 보니까 '이것도 뭐 할 만하네' 싶었는데, 월급이 따박따박 생기니까 그것도 참 좋더라고요. (웃음) 사람들에게 얻어먹다가 사주게도 되니까 '내가 진정 사회인이 됐구나, 성장했구나' 하는 생각에 되게 좋았어요. 예전에는 조현증이 단순히 뇌질환이라고만 생각했어요. 요즘 드는 생각은 달라요. 단순히 약만 먹는다고 나아질 수 있는 게 아니라, 이 사람이 어떤 생활을 하고 어떤 삶을 사느냐에 따라서도 좋아질 수도 있고 악화될 수 있다는 걸 꼭 말씀드리고 싶어요.

부모님이 안 계셨으면 제가 이렇게 좋아질 수가 없었겠다는 생각을 해요. 모든 공덕은 엄마 아빠에게 있다고 생각해요. 항상 내 인생을 응원하고 지켜주셨으니까. 저한테는 엄마에 대한 원망도 있었거든요. 저는 엄마가 그냥 연약한 사람이라고 생각했어요. 그런데, 엄마는 그렇게 휘청거리면서도 쓰러지지 않는 거예요. 제가 병 얻고 나서 소리가 들리고 발작을 하면 엄마가 항상 달려오세요. 구급대원처럼 나타나서는 웃으면서 손잡고 안아주세요. 성당을 다니시니까 내가 너무 힘들어하면 머리를 쓰다듬으면서 주기도문을 외우시거든요. 아픈 저를 돌보면서 싫은 소리를 낸 적이 한 번도 없어요. "아이고, 우리 애기. 힘들어도 언젠가는 훅훅 털어버릴 테

"이제는 '약 먹으면 돼, 너무 호들갑 떨지 마.
괜찮아, 할 수 있어', 이런 식으로 날 다독일 수
있게 됐어요. 조현증의 회복이라는 게 쭉 일직선으로
좋아지는 게 아니에요. 뭐랄까……, 진동하면서
언덕을 넘는다고 할까요."

니까 포기하지 마, 우리 딸." 그럴 때 제 느낌요? 따뜻하다. 부드럽다. 편안하다. 이 세 가지. 큰 위로였어요. '괜찮아. 포기하지 말자', 그런 생각이 들었죠. 나를 아프게 한 아빠에 대한 원망, 나를 지켜주지 못한 엄마에 대한 원망, 그 두 개가 나를 지배했었는데, 오히려 내가 아프고 나서는 가족이 뭉치는 듯한 느낌이에요. 잘못 위치된 게 서서히 제자리로 배치되는 느낌이 들어요.

참! 저 올해 대학 졸업했어요. 컴퓨터 자격증을 땄으니까요. 그걸 못 따서 문화인류학과를 졸업 못 했었잖아요. 올 한해는 여러모로 뭔가 꼬여 있던 게 풀리는 해 같아요. 지금 이대로가 좋아요. 다만 걱정되고 슬픈 건 아빠나 엄마가 나이를 먹고 있다는 걸 실감하게 될 때예요. 주말이면 딸을 데리고 아빠가 운전해서 다 같이 놀러 가거든요. 더는 그럴 수 없는 날이 오겠다는 생각이 문득 들더라고요. 엄마 아빠가 없으면 나는 어떻게 될까? 걱정 많이 하고 울기도 했어요. 그런데 지금은 그런 생각하지 말자는 생각이 들어요. 그걸 왜 미리 고민해? 지금 현재에 충실하자. 그게 제 결론이에요. 미래에 대한 준비는 일단 하자. 그런데 걱정은 하지 말자. 그래서 운전을 배우려고 해요. 제가 운전을 못 하거든요. 겁이 많아서 조수석에만 타도 무서워요. 직장 다니면서 너무 힘드니까 못 배웠는데, 내년에는 한번 해보려고요. 엄마 아빠가 그나마 괜찮으실 때 해볼 거예요. 언젠가 차를 사서 딸하고 둘이 세상을 돌아다니고 싶어요.

가장 나중으로 미뤄둔 말

우리가 마지막 인터뷰를 하던 날, 나는 묘현과 요한빌리지를 함께 방문했다. 묘현에게 가장 큰 힘이 되었던 곳이 어떤 곳인지 직접 보고 싶었다. 우리 둘 다 두터운 외투로 몸을 감싸고 나왔는데, 이날따라 날씨는 봄이라도 온 듯 따뜻했다. 광주 송정역에서 요한빌리지까지 가는 버스 안은 히터의 열기와 오후 태양빛의 열기가 더해져 후덥지근했다. 우리는 나른해진 몸을 잠시 버스에 기댔다. 때때로 묘현은 나의 어린 시절과 내가 이 일을 시작한 계기에 대해 물었다. 요한빌리지에 도착해 이런저런 설명을 듣다 보니 한 시간이 훌쩍 넘었다. 묘현이 피로를 느끼고 있지 않은지 살폈다. 오는 길에 묘현이 눈독을 들였던 근처 전통찻집에 자리를 잡았다. 사장님의 자부심 가득한 모과차와 쌍화차를 앞에 두고 마지막 인터뷰를 시작했다. 이야기가 마무리되어간다고 생각했을 때, 나는 더 하지 못한 말이 있는지 물었고, 묘현이 다음의 이야기를 덧붙였다. 말하기까지 오랜 망설임의 시간이 있었고, 말하기로 결심한 후에도 몇 번의 머뭇거림이 더 필요한 이야기였다.

성폭행을 당했어요. 사람이 무서울 수 있다는 걸 그때 깨달았어요. 차라리 낯선 사람이었으면 괜찮은데, 차라리……. 잘 알고 지냈고 좋은 사람이라고 생각했던 사람이 그렇게 해버리니까…… 새로운 사람을 만나면 항상 의심하게 되는 거예요. 그 남자는 서점을 운영하는 사람이었어요. 서점에 들어가서 제가 시집을 고르려고 했어요. 아직도 기억나요.《기형도 전집》을 구하고 싶어서 그 사람한테 말을 했는데, 그 사람이 창고 쪽에 그 책이 있으니 같이 들어가자고 했어요. 들어갔다가 그 일을 당한 거예요. 그러면 엄마 아빠한테 바로 말을 했어야 되는데 바로 말을 하지 않았어요. 일단 엄마가 출근하는 걸 기다려 집으로 들어갔어요. 목욕탕에서 다리 사이에 흘러내리는 피를 닦고 몸을 씻었어요. 그리고 아빠가 출근할 때까지 비디오방에서 비디오를 봤어요.

아무 일도 없었던 듯 행동을 하다가 1년인가 2년 후에 자퇴를 하고 싶다고 말씀드렸어요. 멈추지 않는 눈물과 화를 견디기 힘들었어요. 엄마 아빠가 왜 그러냐고 화를 내셨고, 제가 엄마한테 편지를 써서 그 얘기를 했죠. 엄마가 울면서 그럼 일단 휴학을 하자고, 좋아질 때까지만 기다려보자고 하셨어요. 엄마는 정신과에 가서 상담해보자는 이야기를 안 하시고 쉬면 나을 거라고만 하시는 거예요. 나는 그게 아닌데……. 만약 그때라도 병원을 갔으면 제가 조현증에 걸리지 않았을 거예요. 다른 사람에 대한 미움도 있지만, 나에 대한 혐오 같은 것도 있었거든요. '내가 조심했어야 하는 건데……', 그런 생각이 드니까…….

– 그 사람이 속였잖아요. 묘현 씨 잘못이 아니잖아요.

근데…….

– 속이는 사람을 어떻게 당해요.

근데……. 내가 그렇게 쉬워 보였던 걸까. 그 사람은 승승장구하면서 잘 살고 있어요.

– 소식이 계속 귀에 들리는군요. 너무 화가 나겠다.

네……. 나의 인생에서 어떤 터닝 포인트가 되는 부분이 몇 번 있어요. 이 일도 그중 하나인데. 제가 이 이야기를 할까 말까 고민을 많이 했어요.

– 묘현 씨가 지난번에 인터뷰해줬을 때, 대학교 1학년 즈음에 첫 증상이 나타났다고 저한테 이야기해줬었어요. '남자 발소리가 들렸다'라고. 그게 이 사건과 연결되는 거죠?

네. 맞아요.

– 엄마한테만 이야기했어요?

엄마 아빠한테만 이야기하고……. 친구들이랑 그런 이야기를 해봤자 재미있는 건 없잖아요.

– 혼자만 계속 갖고 있었어요?

네.

- 많이 힘들었겠어요.

지금 그 사건은 극복했거든요. 상담도 오래 받았고. 그런데 다시 그 이야기를 꺼내면 또 힘들어지잖아요. 이걸 꺼내야 되나 말아야 되나. 첫 번째 인터뷰 때도 고민을 엄청 했었거든요. 그냥 묻고 가자 생각을 했는데…….

- 근데 오늘 말하기로 한 이유는 뭐예요?

음……. 그건 잘 모르겠어요. 용기가 갑자기 막 샘솟거나 그런 건 아닌데…… 선생님을 믿고, 또…… 이건 나란 사람이 누구인가를 보여주는 인터뷰인 거잖아요, 결국에는. 근데 그 사건을 빼면 수박 겉핥기식이 되겠다는 생각이 들었어요. 내가 도대체 왜 조현증이 생기고, 어떤 고생을 했고, 어떻게 극복했는지, 그걸 빼면 설명을 다 못 하겠더라고요. 그래서 이야기하자 결심을 했어요. 그랬는데도 망설이게 되더라고요.

이것은 뇌의 병일까?

묘현의 이야기를 어떻게 닫아야 할지 고민했다. 사건에 관한 기억을 글 끝에 놓음으로써, 혹여 사람들이 묘현의 '삶'이 아니라 '피해'만을 주목하게 되는 건 아닐까 걱정이 되었다. 이 글을 중간 어디쯤에서 풀어놓을까도 생각했지만, 그러지 않기로 했다. 끝까지 말하기 망설였던 묘현의 마음을 전하는 게 필요하겠다 싶었다. 묘현이 오랜 망설임 끝에 자기의 이야기를 '온전히' 마무리한 것은 그것이 조현병과 살아가는 한 사람의 삶을 이해하는 중요한 조각이었기 때문이다. 조현병의 정확한 발병 기제는 아직 다 밝혀지지 않았다. 현재까지 진행된 연구들은 생물학적 요인과 환경 요인의 상호작용으로 설명한다. 여러 요인으로 뇌기능에 이상이 생긴 것으로 보는 것이다.

묘현의 이야기에도 나오듯이, 정신장애의 원인에 관한 대표적 오해로 '마음이 약해서'라는 게 있다. 한 개인에게 가해진 스트레스가 커서가 아니라, 그걸 견디는 마음이 약해서라는 인식은 아직 굳건하다. 그런 식으로 병의 원인을 아픈 사람에게 몰고 낙인화하는 힘이 거세기 때문에 반대로 이것이 '뇌의 질환'이라고 강조하게 되는 경향이 보인다. 그러다 보면 정신장애가 사회구조적 문제와 무관한 것 같은 인식이 생기기 쉽다. 뇌는 매우 복잡한 기관이고, 복잡한 방식으로 상처 입는다. 그 상처를 개인적 문제라고만 보기 어려운 것은 삶에서 경험한 여러 스트레스가 '사회적 관계' 속에서 생겨나기 때문이다.

아버지의 폭력은 그가 그냥 괴팍해서 일어난 일일까. '괴팍'이라는 말 뒤에는 가장의 역할에 대한 기대, 아버지와 딸의 위계관계, 군사정권 안에서 겪은 고문과 투옥, 그로 인한 사회적 활동의 어려움 등 다양한 맥락이 얽혀 있다. 가해를 정당화하려는 말이 아니라, 이 피해가 결코 '사적'이라고만 볼 수 없다는 말을 하려는 것이다. 묘현이 겪은 성폭력 역시 개인적 불운이 아니다. 가해자에 대한 분노만큼이나 묘현을 괴롭힌 것은 '자기혐오'였다. 나쁜 짓을 한 사람이 아니라 나쁜 짓을 당한 사람이 수치심을 느끼게 하는 것이 이 범죄의 가장 잔혹한 부분이다. 묘현이 성폭력을 겪고 서서히 부서져간 것은 피해를 회복할 아무런 조처들이 취해지지 않았기 때문이다. 묘현이 피해를 마음 편히 말할 수 있고 가해자를 고발해 처벌할 수 있었다면 어땠을까. 그것을 막는 강력한 사회적 힘이 있다는 것을 우리는 잘 안다.

'정신질환자는 위험하다'는 위험한 생각

2019년, 잇따라 조현병을 가진 사람의 범죄가 보도되었다. 조현병이 마치 범죄의 직접 원인인 것처럼 언론이 강조하면서 '정신질환자'에 대한 공포가 번져나갔다. 정신질환이 있는 사람의 범죄율은 정신질환이 없는 사람의 범죄율보다 훨씬 낮다(전체 한국인 10만 명당 범죄자 수 68.2명, 정신질환자 10만 명당 범죄자는 33.7명, 2015년 대검찰청 발표 기준). 그러나 이러한 데이터가 사람들의 공포를 잠재우지는 못한다. 이미 그들은 내가 마음대로 미워해도 되는 존재이기 때문이다. 혐오는 사회적으로 가시화되지 않고 힘을 갖지 못하는 존재에게로 흐른다.

이해할 수 없으며 이해할 필요도 없는 존재에게 브레이크 없이 화를 쏟아내는 것이다.

이 공포정국의 영향을 가장 크게 받은 사람들은 정신장애인 당사자들이다. 정신질환자를 정신병원에 처넣어야 한다고 외친 이들에게는 아무런 일이 일어나지 않았지만, 정신질환자에게 그것은 실질적인 위협의 말이 되었다. 게다가 타인에게 손가락질받는 게 아무렇지 않을 사람은 없다. 더구나 내가 '괴물'이라니, 생각만으로도 몸서리쳐지는 일 아닌가. 한국사회가 조현병 환자가 위험하냐 아니냐 하는 쳇바퀴 같은 논쟁에 빠져 있는 동안 정신장애인의 '삶'은 사람들의 시야에서 사라져버렸다.

조현병의 유병률은 전 세계적으로 인구의 약 1%로 일정하게 나타난다. 이는 인구학적 특성이나 지역, 문화적 차이에 관계없이 일정한 것으로 보고되어 있다. 발병율의 남녀 간 차이는 보이지 않으나, 발병 연령이 남자는 10대 후반에서 20대 초반, 여자는 20대 중반에서 30대 초반이 많다. 왜 이러한 차이가 나타나는지는 알려져 있지 않다. 현재 우리나라에 공식적으로 등록된 환자 수는 10만 8000명이다. 유병률로 계산한 50만 명과는 큰 차이가 있다. 그 사이에 있는 사람들은 아마도 다음의 셋 중 하나일 것이다. 치료를 안 받거나, 못 받거나, 받아야 한다는 사실조차도 깨닫지 못했거나.

우리 사회에서는 여전히 '정신질환'을 드러내거나 치료받는 것을 터부시하는 분위기가 있다. 사회적 낙인에 대한 두려움 때문에 조현병뿐 아니라 우울증이나 공황장애 등 다양한 정신질환을 가진 사람들이 마음 놓고 치료받지 못하다가 병을 키운다. 비용에 대한 부담도 걸림돌 중 하나이다. 조현병의 경우는 사춘기에 첫 증상이나 전구증상이 발현된다는 특성 때문에도 조기 발견과 치료가 어렵다. 묘현의 어머니가 '사춘기를 심하게 겪는다'라고만 받아들였던 것은 전혀 이상한 일이 아니다. 실제로 이 시기에 보이는 '이상한' 증상들이 조현병인지 확인하는 것은 전문의에게도 신중함이 요구되는 일이다.

조현병의 증상은 크게 양성증상과 음성증상으로 나뉜다. 양성증상은 보통 때는 없어야 할 것이 있는 것이다. 환각(환청이나 환시 등), 망상, 와해된 언어, 이상행동이 그것이다. 음성증상은 있어야 할 것이 없는 것이다. 감정표현, 말, 의욕이 사라지고 심한 주의력 상실이 나타난다(환자들마다 증상이 동일하게 나타나는 것은 아니다). 양성증상은 다행히 약물치료가 상당한 효과를 발휘한다. 조기에 발견해 치료하면 일반적인 생활이 충분히 가능하다. 발병 후 치료가 늦어질수록 치료효과는 떨어진다. 다시 말해, 어딘가 이상함을 느끼면 쉽게 정신과에 방문해 검진을 받을 수 있는 사회적 분위기와 시스템이

갖추어져야만 조현병으로 고통받는 사람을 조금이라도 줄일 수 있는 것이다. 그러나 정신장애에 대한 차별이 만연하면 낙인은 강해지고 시스템 마련에는 제동이 걸린다.

뇌는 결코 고립 속에서 성장하지 않는다

이탈리아는 1960년대까지는 정신장애인, 빈민, 범죄자 등을 공공정신병원에 수용했다. 1960년대 유럽 각지에서 일어난 혁명의 영향을 받아 1970년대 정신장애인의 탈원화 운동이 본격화됐고 '정신병원 폐지'를 명시한 '바살리아법'이 제정된다. 이 법에 따라 이탈리아 정부는 1980년 1월부터 모든 정신병원의 신규 입원을 금지했다. 정신병원의 규모를 점차 축소해가는 대신 지역정신보건센터를 설립해 정신과 서비스를 제공했다. 바살리아법이 시행될 때 이탈리아 안에서도 우려의 목소리가 컸다. 지역사회 전반에 걸친 서비스 체계를 구축하자, 그것은 그저 기우였음이 드러났다.[2]

'미친' 사람들을 거리에 활보하게 두어도 사회가 무너지는 일은 없었다. 문제는 정신장애가 아니다. 정신장애를 두렵게만 바라보고 이해하려 하지 않는 우리 사회의 협소한 인식이 진짜 문제다. 정말로 온 힘을 기울여야 할 논의는 이것이다. '어떻게 하면 지역 사회에 제대로 된 정신건강지원 기반시설을 구축할 것인가.' 이탈리아뿐 아니라 영국, 미국, 독일 등 여러 국가에서도 1980년대 이후 입원병상 수를 줄여가는 추세다. 그런데 한국은 정반대로 가고 있다. 1990년대 중반에 약 3만 개였던 병상은 2017년 현재 8만 3000개로 대폭 증가했다.³ 2016년 '정신보건법'을 '정신건강복지법'으로 전면개정하면서 강제입원의 요건을 강화하는 등 인권침해 요소를 줄였지만, 정신장애인이 지역사회에서 잘 살아갈 수 있는 시스템을 마련하는 데는 큰 변화가 없었다.

'진주 아파트 방화 살인사건' 이후 보건복지부가 정신건강 서비스를 강화하기로 한 것은 반가운 일이다. 지역 정신건강복지센터의 인력을 늘릴 뿐 아니라 중장기 개선방안으로 '정신재활시설'도 확충해나가기로 했다. 요한빌리지와 같은 정신재활시설의 경우 우리나라에는 전국적으로 330여 개소가 있다고 한다. 대부분 서울경기 중심이다. 치료와 지원이 필요한 사람이 서울경기에만 있는 것은 아닐 것이다. 문제는 운영비다. 영리를 목적으로 하는 게 아닌 이러한 시설들은 지원금 없이 운영하기 어렵다. 현재는 국비 지원이 전혀 없이 지방자치단체의 지원으로만 운영하도록 되어 있다. 지자체 사정에 따라 지원 여부나 지원 규모가 달라지는 것이다. 지역뿐 아니라, 소득에 따라서도 접근할 수 있는 치료의 질이 달라진다. 차별은 이렇게 복합적으로 작동한다.

병의 발견뿐 아니라 회복을 위해서도 정신장애인의 사회적 권리와 시민으로서의 삶이 보장되어야 한다. 감금과 격리 중심의 치료는 결코 회복의 길이 아니다. 묘현은 요한빌리지에서 사람들과 교류하며 처음 '치유'의 느낌을 받았고, 지역사회의 일원으로 일하며 관계 속에서 일상을 새롭게 구축했다. 회복은 잘 나아서 사회로 돌아가는 것이 아니다. 사회 안에서 사람들과 연결될 때에야 회복이 시작된다. 뇌는 결코 고립 속에서 성장하지 않는다.

스쿨미투 운동에서 고발자들만 말했다고 생각해요. 이 목소리는 전시되지 않고 들려진 것이 맞을까요? 고발자의 말하기를 들은 우리의 말하기는 도대체 어디에 남은 것일까요? 이 운동이 우리 모두의 말하기나 우리 모두의 요구로 이어져야 하지 않을까요?

7장

우리는
청소년
페미니스트
입니다

스쿨미투 활동을 하는 5인의 목소리

학생들도
다들 말하고
싶어 하는구나

구술: 라원
글: 이호연

　"못 잊고 곱씹는 기억이 있나요? 지금은 할 수 없지만 때
가 되면 말하고 말겠다고 결심한 얘기가 있나요?" 답을 기대
하지 않고 사람들에게 조심스럽게 해보고 싶은 질문이다. 누
군가 나에게 이 질문을 해주면 좋겠다고 생각한 순간이 있
다. 곁에 사람이 없을 때 마음속으로 하는 말을 내가 듣고 있
다. 그런 말들은 오래 내 몸 안에 고인다. 침대에 누워 있을
때도 컴퓨터 앞에 앉아 있을 때도 어느새 끼어들어온 말이
시간을 잊게 만든다. 최근 기억을 떠올리면 스쿨미투를 주제
로 한 교사교육이 그랬다. "애들이 선생님 말을 멋대로 오해
해서 성희롱이다 뭐다 하는 거지 그럴 의도가 있었겠어요?",

"설마 학교에 그런 교사가 있겠어요?", "미투가 유행이다 보니 애들도 따라하는 거죠." 집에 돌아오면 계속 이런 말들이 머리에 맴돈다. '내가 왜 그렇게 친절하게 설명을 하려고 애썼을까? 조금 더 세게 말을 했어야 했어. 그래 아휴, 그 말에는 시원하게 이렇게 받아쳤어야지.' 분한 마음으로 그 순간을 곱씹다가, 제대로 대처를 하지 못한 나에게 화가 나곤 했다.

궁금했다. 스쿨미투 활동을 하는 청소년들은 어떤 고민과 경험을 하면서 이 시간을 보내고 있는지. 같이 수다를 떨고 싶었다. 그들과 나의 분노가 만나는 지점에 대해, 그들의 두려움과 나의 불안이 만나는 지점에 대해, 그들의 신남과 나의 설렘이 만나는 지점에 대해 인터뷰를 핑계로 이야기해보고 싶었다. 친한 인권활동가에게 연락처를 받아 청소년 페미니즘 모임(이하 청페모) 혜에게 연락을 했다. 2019년 봄에 첫 만남이 성사되었다. 청소년 활동가 네 명이 나와 있었다. 깔깔깔 웃음소리와 울먹거림, 그리고 한숨소리가 섞인 얘기가 이어지면서 시간이 훌쩍 지나버려 아쉬운 자리였다. 그 이후에 각 개인을 다시 만나 더 깊은 얘기를 나누는 시간을 가졌다. 청페모의 소개를 받아 마지막으로 인터뷰를 한 라원은 대구에서 활동하는 스쿨미투 고발자이다.

청페모는 2016년 강남역 살인사건 추모집회 자유발언에 참여한 여성 청소년들이 "소모임 하듯" 모여 활동을 시작했다.

다양한 활동을 했지만 몇 가지를 소개하면 청페모는 페미니즘 세미나, 청소년 페미니즘 캠프, '소녀, 소녀를 말하다' 여성 말하기 기고 프로젝트 활동, 스쿨미투(학교 내 성폭력 고발 운동) 집회 '여학생을 위한 학교는 없다'를 개최했다. 청페모는 스쿨미투 이후 말하기를 이어가기 위해 논의 끝에 2019년 9월 청소년 페미니스트 네트워크 '위티(WeTee)'를 만들었다. 위티는 'We are teenager feminist'의 약자이다. 위티의 창립선언문은 "우리는 청소년이자 페미니스트다"로 시작한다. 그리고 그 내용은 "2018년 우리는 수십 년간 은폐됐던 학내 성폭력을 고발했고, 일상적으로 요구되는 성역할을 거부했다. 우리는 당사자로 머무르는 것을 넘어 변화를 만드는 한 사람이 되고자 한다"는 내용으로 이어진다. 활동가 혜는 위티에서 하고 싶은 활동으로 "청소년 페미니스트의 정치 세력화"를 말한다.

이 글에는 청소년 페미니스트 활동가 다섯 명의 이야기가 있다. 라원은 첫 번째 이야기 주인공이다. 그녀는 2017년 고등학교를 졸업하고 2018년에 스쿨미투 고발을 했다. 지금은 '스쿨미투 청소년연대 in 대구'에서 활동하고 있다. 인터뷰 당시 대안학교에 다니고 있던 유경은 졸업을 앞두고 있었다. 그녀는 고2 때 '소녀, 소녀를 말하다' 프로젝트로 청페모 활동을 시작했다. 현재는 위티의 공동대표 중 한 명이다. 윤 역시 인터뷰 당시 고등학교 3학년이었다. 그녀는 2018년 9월에 미투를 했고 그 이후 청폐모 활동을 시작했다. 이황유진은 고등학교 3학년이었던 2018년 4월에 미투를 했다. 그녀는 그해 10월 '여학생을 위한 학교는 없다' 집회 광고를 보고 스태프를 자원했고, 2019년에 청폐모 활동을 하다가 유학을 갔다. 혜는 청폐모와 위티의 창립 멤버이자 현재 공동대표 중 한 사람이다.

이런 일은 처음이라서

그날은 2018년 9월 2일, 일요일이었어요. 학교에 들어가서 대자보 다섯 장을 쓱 붙이고 싹 나왔어요. 대자보는 바로 전날 썼어요. 제 생일이어서 집에서 고등학교 동아리 사람들이 모였어요. 2017년에 졸업한 저와 제 친구들 그리고 재학생이 만났는데 늘 그렇듯 학교 얘기가 나왔어요.

"그 선생님, 아직도 여자가 어쩌고저쩌고 이런 얘기하지?"
"네. 똑같아요."
"윤리(선생님), 그 얘기는 안 하냐? 동성애자가 좋아하는 색깔이 뭔 줄 아냐고 하면서 자기가 그 색깔 뭔지 알려주면 더럽다고 생각해서 그 색깔 안 좋아할 거라고."
"그런 얘기들 진짜 듣기 싫었어."

"왜 그런 말을 하는지 이해가 안 돼."

"우리 옆 학교, 대자보 붙었다던데?"

"그래? 우리도 말이라도 해볼까?"

"선생님들이 한 말 적어놓은 노트 있는데."

"그런 게 있어? 가지고 와봐."

제가 기록을 했었어요. 수업을 듣다가 선생님이 혐오 발언을 하면 노트에 썼어요. 다른 반 친구들이 들은 말까지 물어봐서 적어놨거든요. 원래는 2017년 졸업식 날 소책자를 만들어서 배포하려고 했어요. 왜 이 말이 여성 혐오인지 근거를 들어서 설명하려니까 양도 많아지고 한도 끝도 없어서 손을 놓고 있었어요. 이때 노트가 생각이 났어요. 발언 중심으로 대자보에 써서 붙이고 트위터에도 올렸어요.

그런 반응은 생각도 못 했어요. 트위터에서 리트윗도 많이 되고 자기 때도 그랬다는 졸업생과 제보하고 싶다는 재학생 메시지, 과장이고 왜곡된 내용을 해명해달라는 요구로 계속 메시지 알림이 뜨는 거예요. 다음 날 바로 학교에서는 입장을 내놓고 뉴스에 보도가 되고요. 저희가 쓴 내용에 대해 일부 학생들의 반박 대자보가 붙기 시작하고 정신이 하나도 없었어요. 엄청난 폭풍우 속에 있다가 전교생이 모인 강당에서 선생님들이 단체 사과를 하고 끝이 났어요. 시간이 정말 길게 느껴졌는데 불과 2주 동안 있었던 일이에요.

늘 그렇듯 관심 없이 지나갈 줄 알았어요. 고등학교 다닐 때 제가 화장실에 포스트잇을 붙였거든요. 왜 여학생은 교복 치마만 입어야 하나, 바지도 입게 해달라. 여학생의 공부도 자신을 위한 것이다, 공부하는 이유로 시집 얘기하지 마라. 학생들 사이에서 '포스트잇 붙인 애가 있는데 걔 이상하다, 누구라더라' 하는 말이 있긴 했는데 다른 반응은 없었어요. 이번에도 아무도 신경 안 쓰고 소수의 학생들만 '어, 그래, 그렇지' 하고 싹 없어질 줄 알았어요. 근데 파장이 엄청 큰 거예요. 저희도 되게 당황하고 어떻게 해야 할지 아무도 모르는 상황이 된 거죠.

스쿨미투의 이유

'성폭행을 당할 것 같으면 오줌을 싸라.' 학교 안팎으로 엄청 논란이 된 말이에요. 성폭력에 대한 대응책으로 선생님이 알려준 건데 왜 너희는 말을 과장하고 왜곡하냐는 거였어요. 선생님 입장에서 학생을 생각해서 얘기한 유용한 방법이라고 말하는데 저희는 피해자에게 책임을 전가한 말이라고 생각했어요. 단순히 이 발언만 생각하면 의견이 갈릴 수 있지만 그게 다가 아니고 맥락이 있거든요. 성폭행 피해자들이 짧은 치마를 입는 게 문제고 교복을 입고 있어야 학생 같아서 지켜준다는 말도 있었어요. 여기에 성폭력에 대한 잘못된 고정 관념이 있는 거잖아요. 다른 차별 발언도 많이 있었어요. '남자 같은 딸 필요 없다.' 평소에도 여성 차별적인 선생님의 생각이 자주 드러났으니까 어떤 인식을 가진 분인지 알 수 있는 거잖아요.

저희가 고발한 사람은 열 명이 넘어요. 논란이 된 이 발언이 많이 알려졌을 뿐이지 다양한 차별과 혐오 발언이 있었어요. 여고니까 바느질 교육이 있어야 한다. 여자는 국회의원이나 대통령이 될 필요 없고 그의 부인이 되는 게 제일 좋다. 동성애 혐오 발언도 있었어요. 비난하는 말 중에 퀴어 혐오 발언은 미투가 아니라는 말이 있었어요. 미투 운동은 여성운동인데 왜 퀴어 이야기에 맞지 않는 미투 이름을 쓰냐. 대자보에 쓸 때는 여성, 인종, 성소수자 몇 개 영역을 구분해서 발언을 나눠서 썼거든요. 익명이니까 다 다른 사람인 것처럼 보이는데 사실 A교사가 한 발언이 여기저기 영역별로 흩어져 있는 거죠. 여성 혐오 발언을 한 사람이 성소수자 혐오 발언도 같이 한 셈인 거죠. 과연 여성 혐오는 퀴어 혐오와 아무런 상관이 없는 걸까요?

고발된 사람이 자신이라는 것도 모르더라고요. "요즘 학교 분위기 보니까 무섭더라. 이러다 나도 대자보에 이제 이름 올라갈 수도 있겠네. 누가 대자보 붙였는지 아냐?" 수업 시간에 이렇게 말을 했다고 전해 들었어요. 한 말이 전혀 기억이 안 나나 봐요. 그 정도로 자기한테는 대수롭지 않은 발언이었던 거죠.

"선생님들 짜증나는데 다 말해버리자." 대자보 붙이기 전에 반톡방에서 한 재학생이 스쿨미투 같이 할 사람 있냐고 물어보면서 이런 말을 했나 봐요. 사실 저도 같은 마음이었어요. 이런 선생님들 다 망했으면 좋겠다. 이 말을 꼬투리 잡아서 '얘는 평소에 싫어하던 선생님 망하게 하려고 일부러 미투를 한 것'이라는 비난이 있었어요. 교사에 대한 개인감정으로 해코지를 한다는 식으로. 아무 이유 없이 그 교사를 싫어하는 게 아니잖아요? 어떤 말이 왜 싫었는지 말을 하고 싶은 건데 사람들은 제대로 듣지도 않는 거죠. 3년 동안 우리가 계속 들은 그 말을 돌려주고 싶었던 마음을 이해 못 하는 걸까요? 제발 알아달라는 거죠. 그때 말 안 했다고 괜찮았던 게 아니라 진짜 싫었다는 걸.

저뿐만 아니라 싫어하는 학생들이 있었어요. 반에서 친하거나 아는 친구들끼리 이런 말들이 싫다고 얘기를 했었거든요. 제가 아는 재학생이 수업 시간에 선생님이 여성 차별 발언을 해서 문제제기를 한 적이 있대요. '왜 선생님한테 버릇없이 따지냐'는 말을 선생님한테 듣고 그 이후로는 더는 말을 안 하게 됐다고 하더라고요.

교권이 떨어졌다? 지금은 학생과 교사가 평등하다는 얘기
가 나오지만 생기부(생활기록부)를 적는 것도 상이나 벌을 내
릴 수 있는 것도 교사인데 어떻게 학생이 선생님 발언이 잘
못됐다고 앞에서 얘길 하겠어요? 인권에 관심 있는 주위 사
람들이 없거나 SNS로 사회이슈를 접하지 않았다면 저도 '그
럴 수 있지' 하고 지나쳤을 거예요. 어렵게 문제를 깨달았다
고 해도 선생님에게 찾아가기 어려운 상황에서 교사와 학생
의 거리는 먼데 누구에게 말을 하나요? 그럼 고발이라는 방
법밖에 안 남는데 고발을 한들 내 이름을 밝히고 고발하기도
어렵잖아요. 익명으로 나설 수밖에 없는 거고 트위터나 SNS
에 기댈 수밖에 없는 거죠.

벽을 향한 외침

스쿨미투를 함께한 재학생에게 너무 미안했어요. 자기 반
카톡방에 스쿨미투 같이할 사람을 공개적으로 물어봐도 괜
찮을지 먼저 재학생이 저희한테 상의를 했거든요. 저희는 이
렇게 일이 커질지 몰랐고 재학생 반에 페미니즘에 관심 있는
학생이 많다고 해서 같이할 사람 있는지 물어보라고 한 건
데, 학교에 재학생이 스쿨미투 고발자라는 게 소문이 다 퍼진
거예요. 카톡방에 물어보지 않았으면 내용이 캡처돼서 증거
로 올라오는 일은 없지 않았을까. 재학생이 우리 잘못은 아니

"'성폭행을 당할 것 같으면 오줌을 싸라.'
학교 안팎으로 엄청 논란이 된 말이에요.
성폭력에 대한 대응책으로 선생님이
알려준 건데 왜 너희는 말을 과장하고
왜곡하냐는 거였어요. 선생님 입장에서
학생을 생각해서 얘기한 유용한
방법이라고 말하는데 저희는 피해자에게
책임을 전가한 말이라고 생각했어요."

라고 했지만 그때로 돌아간다면 카톡방에서 얘기하지 말라고 할 거예요.

교무실 앞에 실명으로 재학생들이 저희 대자보에 대한 반박 대자보를 붙였어요. 학생들이 지지해줄 거라고 생각은 안 했지만 반박할 거라고 생각도 못 했거든요. 대놓고 스쿨미투를 지지한다고 말하긴 어려운 분위기니까 반대하는 사람의 얘기가 더 크게 보이는 거죠. 대자보 내용을 보면 과장이고 왜곡이라는데 뭐가 과장이고 왜곡인지 설명이 없어요. 선생님이 그 발언했을 때 교실 분위기는 화기애애했고 농담으로 받아들였다더라. 너희들이 예민하게 받아들이는 것 같다.

'학생들도 다들 말하고 싶어 하는구나' 하는 생각을 했어요. 우리 의견에 반대하는 사람들도 말하고 싶으니까 대자보를 쓴 거잖아요. 저희와 반대 대자보를 붙인 학생과 교사들이 함께 얘기할 수 있는 시간이 한 번이라도 있었으면 어땠을까? 학교는 말할 공간과 시간을 보장하지 않잖아요. 우려되는 건 면담을 했을 때 교장 선생님이 스쿨미투에 반대하는 입장도 다 의견이기 때문에 학교가 나서서 제지할 수 없다는 말을 했어요. 자유롭게 말하기가 저렇게 될 수도 있구나 싶었죠. 자유롭게 말하는 것과 남을 비난하고 깎아 내리는 건 다른 문제 잖아요. 자유롭게 말할 수 있되 소수자에 대한 비난과 혐오는 없어야죠. 제한 없이 다 허용하는 게 자유는 아니잖아요. 최소한의 안전이 보장되고 누구든 상처받지 않고 얘기할 수 있어야죠.

학교 명예 얘기도 나왔어요. 왜 학교 이름에 먹칠을 하냐, 수능이 코앞인데 왜 이런 짓을 9월에 하느냐, 생각이 없다, 미투 운동은 실명인데 왜 익명으로 하냐. 저희는 실명을 안 밝혔는데 졸업생이어서 어차피 이름을 밝혀도 아무도 모르고 실명을 밝힌다고 재학생을 향한 비난이 없어지는 것도 아니잖아요. 학생들의 반응엔 여러 가지 이유가 있겠죠. 학교명예, 수능뿐 아니라 평소에 좋아했던 선생님일 수도 있고 언론에 학교가 화제가 되어서 싫을 수도 있고 퀴어 얘기를 하는 게 싫을 수도 있고요.

학교에서 사과를 해서 저희도 당황했고 허무했어요. 끝까지 버틸 줄 알았어요. 대자보에 요구사항을 적을 때 무엇을 어떻게 요구할지 몰랐고 말해도 안 될 거라고 생각해서 될 만한 거나 쓰자 했던 거죠. 선생님 개개인의 사과와 발언 정정을 요구했는데 그냥 사과만 진짜 해버린 거예요. 사과를 한다고 학교 분위기가 달라지거나 선생님들이 저절로 성평등 인식을 갖게 된 건 아니잖아요. 고발로 지목된 교사들은 자기들이 그런 줄도 모르는 것 같은데 그 선생님이 사과를 한 것도 아니고요. 앞으로 어떻게 하겠다는 것도 별로 없고 뭘 했는지 확인이 안 되는데 그렇게 빨리 사과를 해버리면 더는 말하기 어려워지잖아요. 아, 이렇게 끝나는 건가? 아무래도 언론에서 보도가 많이 돼서 일단 상황을 빨리 정리하려고 사과한 게 아닐까? 교사 연수를 한다고 했는데 어떻게 진행됐지?

'저 교사가 나쁜 교사다. 좋은 교사가 많은데 일부 나쁜 교사 때문에 선량한 학생들이 피해를 입는다. 교사 전체를 매도하지 마라.' 이런 얘기를 많이 들었어요. 근데 나쁜 교사의 행동과 말을 허용한 문화나 사람들이 있을 거 아니에요? 어떻게 그렇게 나쁜 교사가 수백 명씩 있겠어요? 집단의 기득권을 가진 사람들이 변해야 하니까 받아들이지 않는 거 아니에요? 개인의 문제가 집단의 문제인 거고 일탈로만 몰아갈 게 아니라 학교문화 전체를 바꿔야 하는 거죠. 근데 솔직히 어떻게 해야 할지 모르겠어요. 교사에게 페미니즘 교육을 한다면 어떻게 어디서부터 해야 하는지도 감이 잡히지 않고, 페미니즘 교육을 받은 교사들이 학교문화를 바꿔보려고 노력을 하더라도 부장급 이상 선생님들이 바뀌지 않는다면 아무 소용이 없는 게 아닐까 싶기도 해서요.

대구교육청은 진짜 아무것도 안 해요. 스쿨미투 관련해서 학교 전수조사를 요구했어요. 그런데 그건 어렵고 표본조사를 한다는데 어떻게 진행하고 있는지 얘기도 안 하고 결과도 아직 안 나왔어요. 서울은 시민조사관 제도를 도입했더라고요. 대구교육청은 스쿨미투에 대한 대책이 아무것도 없는 거예요. 사실 학생들은 익명으로 고발하는 것밖에는 다른 방법이 없고 스쿨미투 활동 단체에 접촉해도 학생이 피해를 증언해야 하고 감당해야 할 게 한두 개가 아닌데 고발 전후 학생에 대한 지원이 아무것도 없단 말이에요. 스쿨미투 고발하려고 하는데 어떻게 해야 하냐고 묻는 사람에게 개인이 다 감당해야 하고 감당할 수 있냐고 어떻게 묻겠어요?

신나는 일의 발견

'스쿨미투 청소년연대 in 대구'에서 연락이 왔어요. 제 얘기를 듣고 싶고 같이 활동할 수 있으면 좋겠다고. 집회에서 발언을 처음 했거든요. 대구 동성로 광장에 있는 150명 되는 사람들 앞에서 마이크를 잡아봤는데 너무 떨렸어요. 학교에서도 안 들어줬던 제 얘기를 집중해서 듣는 사람들을 보니까 신이 나는 거예요. 서울 스쿨미투 집회에서 말할 때 행복했는데 동시에 죄책감도 들었어요. 그동안 만난 대부분의 고발자에게 고발은 안 좋은, 힘들게 남은 기억인데 저만 신나는 것 같아서요. 고발로 인해서 적성을 찾은 느낌이 되어버려서, '어, 이래도 되나' 싶었죠. 전에는 제가 이런 활동을 즐기는 사람이라는 걸 몰랐어요. 토론이나 발표할 기회가 거의 없는 학교가 너무 재미없어서 신남을 느낄 새가 없었거든요. 가족들도 제가 하는 활동을 엄청 싫어해요. 일부 교사만 쳐내면 좋은 학교, 평등한 학교 된다는 말에 지쳤어요. 칭찬 열 번을 들어도 비난 한 번 듣는 게 더 힘들잖아요. 안 좋은 기억만 남았다고 생각하고 있었거든요. 스쿨미투 1년을 맞이해서 집담회를 했는데 1년이 지났는데도 이 얘기를 같이 할 사람이 있다는 사실이 뿌듯하고 좋았어요. 저랑 같이하는 사람들이 있다는 걸 확인할 수 있어서요.

예전보다 생각이 많아지고 복잡해졌어요. 이전엔 '페미니즘 교육을 학교에서 하면 얼마나 좋아', 이렇게 생각했다면 지금은 생각이 많아졌어요. '교사가 학생들한테 페미니즘 교육을 하는 건가? 그건 좀 이상하지 않나? 왜 페미니즘 교육조차 교사가 학생을 가르쳐야 하지? 고발한 건 학생인데 교사가 학생에게 배워야 하는 게 아닌가?' 꼬리에 꼬리를 물고 생각이 이어져요. 고발자일 때는 입장을 분명히 드러내면 됐는데 요새는 오히려 입장을 드러내지 않게 된 것 같아요. 뭔가를 말하면 꼬리를 물고 계속 생각이 나서 그걸 고려하면서 말해야 할 것 같아서요.

특히 청소년 인권은 어려운 것 같아요. 페미니스트가 다 청소년 인권을 지지하는 것도 아니고, 청소년 인권의 관점에서 보면 미성숙이란 뭘까부터 생각해봐야 하거든요. 비청소년이라고 주체적으로만 생각하는 건 아닌데 왜 청소년에게만 미성숙하다는 꼬리표를 붙이는지. 저도 청소년 인권에 관심 있긴 했지만 스쿨미투 활동을 하면서 공부를 하고 사람을 만나면서 많이 배웠어요. 성차별적인 학교문화가 청소년 인권만으로, 페미니즘만으로 해결할 수 없고 같이 가야 한다고 생각해요. 다른 단체들도 청소년 인권을 생각해보는 시간을 가졌으면 좋겠어요. 그래서 장애인, 노동, 성소수자 단체도 만나보고 싶고 지난번에 만난 여성 단체 활동가들도 다시 만나고 싶어요. 하고 싶은 말이 많아서. (웃음) 앞으로 다양한 사람들을 만나서 함께 제 얘기를 계속하고 싶어요.

스쿨미투는 학내 성폭력 고발 운동이다. 스쿨미투는 교사-학생 간에 일어난 성폭력 고발이 많은 편이다. 하지만 이 글에 등장하는 5명 중 2명은 또래관계에서 발생한 성폭력을 고발했다. 교사 간에, 학생 간에도 성폭력은 있을 수 있다. 또한 남학생들 사이에서 '장난'이나 '놀이'처럼 행해지는 성폭력이 있다는 것을 우리는 알고 있다. 학내 성폭력이 일어날 수 있는 다양한 관계를 상상할 수 있어야 하고, 말해지지 않는 관계가 있다면 그 이유를 물어야 한다.

성폭력은 누구의 해석을 사회 정의로 받아들일 것인가에 대한 해석 투쟁이다.[1] 라원의 얘기에서 학내 성폭력 고발 내용은 성뿐만 아니라 인종, 성소수자에 대한 차별과 혐오다. 청소년들은 각각으로 보이는 차별과 혐오가 사실은 연결되

어 있음을 고발한다. 이에 대해 다른 학생들의 반박 대자보에
는 '퀴어 혐오는 미투가 아니다'라는 내용이 있다. 고발자들
은 왜 이것이 성폭력이라고 생각했을까? 이들은 성폭력 문화
를 구성하는 여성 혐오가 동성애 혐오와 연결되어 있다고 생
각한 것이 아닐까? 학교문화를 구성하고 있는 모든 차별과
혐오, 폭력의 문제를 제기해야 학교가 성평등으로 나아갈 수
있다고 얘기한 것이 아닐까? 학교에서 차별과 혐오, 폭력은
사람들 곁에 너무 가까이 있다. 누군가 먼저 알아채고 말하
지 않으면 모르거나 인정하지 않는 분위기가 있다. 한 사람
보다는 두 사람이 혹은 더 많은 사람이 말할 때 새로운 감각
을 가지고 관계를 맺을 수 있다. 고발의 형식이든 아니든 말
하기가 계속 이어져야 하는 이유가 여기에 있다.

"'저 교사가 나쁜 교사다. 좋은 교사가 많은데
일부 나쁜 교사 때문에 선량한 학생들이
피해를 입는다. 교사 전체를 매도하지 마라.'
이런 얘기를 많이 들었어요. 근데 나쁜
교사의 행동과 말을 허용한 문화나 사람들이
있을 거 아니에요? 어떻게 그렇게 나쁜 교사가
수백 명씩 있겠어요?"

스쿨미투는
침묵과의
싸움이라고
생각해요

구술: 유경
글: 이호연

언어 찾기

소수자 인권은 자신의 언어를 찾아가는 과정이라고 생각해요. 2018년 9월부터 청페모 활동을 하면서 페미니즘과 청소년 인권을 만나고 제 말이 생겼어요. '소녀, 소녀를 말하다'라는 여성 청소년 말하기 기고 프로젝트가 시작이었어요. 사실 그전부터 페미니즘에 관심은 있었어요. 학교생활을 하면서 항상 의문이 있었거든요. 지금 저는 시골 산자락에 있는 대안학교에 다니는 고3 학생이에요. 저희 학교는 중학교 1학년부터 고등학교 3학년까지 20명 정도 되는 애들이 같은 반으로 지내다가 졸업을 해요. 오래 자주 보니까 서로의 성향이나 관계가 보이잖아요. 학교에서 저는 늘 자기주장이 강하고 목소리가 크고 기가 센 여자의 자리로 정해져요. 제가 다혈질인 것도 맞지만 여성이어서 그런 얘기를 듣는다고 생각해요. 왜냐하면 저 사람은 말도 많고 성격도 강한데 아무도 걔한테 기 센 남자애라고 하지 않아요. 말을 잘하는 남자애는 "학생회장 해도 되겠네" 소리를 들어요. 할 말은 하는 저한테 누구도 그렇게 말하지 않아요. 그렇다고 제가 학생회장을 하고 싶다는 얘기가 아니거든요. (웃음) 이런 말을 하면 "하고 싶어서 그런 거야? 진작 말을 하지", 이런 반응이 있어서요. 늘 억울하고 짜증이 났어요.

페미니즘을 만나서 알게 됐어요. 문제는 여성에게 기가 세다고 말하는 남성과 사회에 있다는 걸. 성별을 떠나서 말을 직설적으로 거칠게 하는 사람이 있는 건데 내가 여성이라서 문제가 된 거구나. 페미니즘 책을 보면서 이게 저만 겪는 일이 아니고 일상에서 여성이 겪는 차별이라는 걸 알게 됐어요. 저를 포함해서 많은 사람들의 활동과 투쟁이 쌓여서 언젠가는 해결할 수 있는 일이라는 사실에 안도했어요. 설명할 수 없었던 일들에 이름이 붙여지면 제가 잘못하지 않았다는 확인을 받는 느낌이에요. 낮아졌던 자존감이 올라가요.

'쟤 또 화낸다, 뭐라고 한다, 예민하네.' 학교에서 회의나 학급 활동으로 모일 때 맨날 여자애들이 먼저 와서 남자애들

부르고 챙기고, 남자애들이 제때 안 오니까 여자애들은 화를 내는 상황이 너무 답답했어요. 저라고 싫은 소리 하고 싶겠어요? 뭐가 문제일까? 특히 대중적으로 페미니즘이 알려지면서 남성들이 방어적인 태도를 보이거든요. 왜 그걸 성별문제로 이끌어 가냐, 늦는 사람도 안 늦는 사람도 있는 거다. 제가 일일이 통계를 내서 보여줄 수도 없고……. 만약 제가 '김치녀'라는 말을 들으면 그건 공론화할 수 있는데 이건 모호한 거예요. 페미니즘을 알고 한참 지난 후에 이 경험이 구체적인 언어와 만났어요. 태어날 때부터 여자애들은 순종적이고 단정해야 한다는 사회의 시선을 받고 자라면서 자기를 계속 검열하는구나. 남자애들은 내가 상상할 수 없는 세계에 살고 있구나. 저렇게 맘 편하게 살 수 있으면 얼마나 좋을까. 이게 성별 권력이구나.

청페모 활동을 하면서 문득 고등학교 2학년 때 일이 생각났어요. 페미니즘 책방에서 인턴십을 했어요. 저희 학교는 졸업하기 전에 사회에 나가서 경험을 하고 졸업 후의 삶을 타진해보라는 취지로 인턴십 과정을 하거든요. 정부에서 심야 책방 프로그램을 지원해주는 게 있었어요. 자신을 교수라고 소개한 남성이 그의 부인과 함께 왔고 이 두 분과 저, 책방지기 둘이 모여서 각자 읽은 책을 소개하고 감상을 나누는 시간이었어요. 저는 《랩걸》을 읽고 얘기를 했거든요. 제 얘기를 들은 남성이 '사실은 당신이 말하는 걸 잘 듣거나 이해는 못했지만 당신을 보면서 어릴 때 나도 책을 열심히 읽었을 때가 있었지 하는 생각이 났다'는 거예요. 당시엔 웃으면서 넘어가는 분위기였는데 저는 설명할 수는 없는 불쾌감을 느꼈어요.

왜 나는 그런 느낌을 받았을까? 제가 실컷 열심히 얘기를 했는데 제대로 듣지도 않고 '나도 너만 할 때가 있었지, 기특하네', 뭐 이런 거잖아요. 상대적으로 제가 좀 말을 못하고 어리니까 제 목소리는 무시하고 결국 자기 얘기를 한 거잖아요. 같이 있던 책방지기들도 문제라고 못 느꼈던 거죠. 그분들은 저한테 존댓말을 썼고 할 수 있는 일을 해보라고 응원과 지원도 했는데 이것과 별개의 문제인 거죠. 그때 제가 책방의 일원으로 존중받지 못했다는 생각이 들었어요.

언어의 기술

고3 때는 청페모에서 인턴십을 했어요. 2019년에 상근자로 6개월 정도 활동했어요. 졸업을 해야 하니까 2학기 때 다시 학교로 돌아왔는데 학교가 더 답답하게 느껴졌어요. 얼마 전에 학급회의가 있었는데 그때 느낀 감정도 비슷했어요. 성폭력 가해학생이 밖에 있다가 학교로 돌아와 같이 생활하고 있어요. 저희는 졸업인데 가해학생은 징계로 1년간 학교에 없었으니까 졸업요건을 못 채웠어요. 이 사람과 졸업여행을 같이 가냐 졸업식을 같이 할 거냐에 대한 논의가 있었는데 남학생들의 태도가 아주 별로였어요. 남학생들은 '6년을 같이 보낸 친구인데 같이 해야 하지 않냐'는 거였고 여학생들은 '왜 졸업 요건을 못 채웠는데 졸업식을 같이 하냐'는 입장이었어요. 이게 성별로 나눠진 기저에는 여학생들만 느꼈던 꺼림칙함이 있었다고 생각해요. 한 남학생이 "너희 언제부터 그렇게 원칙만 따졌냐? 인간적으로 생각하면 안 되냐?"고 하는데 저는 화가 많이 났어요. '그 사람이 반성을 얼마나 했는지 알 수 없지만 난 불편하다. 너희에게 인간적인 거지 나는 그게 인간적인 거라고 생각 안 한다. 너희는 여자애들 마음을 인간적으로 이해 못 하냐? 이해하려고 노력이라도 해볼 수 없냐?' 계속 생각을 했어요. '남자애들의 태도는 도대체 뭘까?'

학교에서 보면 남학생과 남교사는 비슷한 정서가 있어요. 여성이 자기 의견을 강하게 피력하면, "굳이 그렇게까지 말해야 돼?", "너무 민감한데", 그러죠. 여학생이 "그런 게 아니다" 하면서 더 설명하기 시작하면 "그럼 그렇게 하든지", 이래요. 이런 남성들의 태도가 너무 싫었어요. 자기는 문제화하지 않으면서 온건한 입장인 것처럼 중립적 태도를 취하고 열내서 말하는 여성은 쨍알쨍알거린다는 시선요. 벽에 대고 말하는 것 같아요. 열심히 말한 사람이 무안해지고 허무해져요.

이런 분위기가 되면 말한 사람은 '내가 너무 과한가'라고 자기 검열을 하게 되고 그게 여성을 조용하게 만들어버리죠. 저런 게 권력이구나. 딱 꼬집어서 공론화할 수 없게 하는 스킬 같은 것들. 얼마나 오래 권력을 가지고 이어왔으면 저런 정서가 형성될 수 있을까? 학교가 폐쇄적인 공간이라서 더 드러나는 것일 뿐, 어디에나 있는 모습이더라고요.

가부장제 사회는 여성이나 소수자에 대한 폭력을 사적인 것으로 치부하면서 묵인하잖아요. 대안학교는 공동체라는 개념이 너무 강하기 때문에 저희들끼리 가족들이라고 부르고 가족회의를 한다고 말하거든요. 이런 호칭에서 나오는 정서가 있는 거죠. 폭력이 있더라도 가족 사이에서 일어나는 일인 거죠. 사적인 것으로 사소하게 여기고 공론화하지 않아요. 대안학교라고 폭력이 없는 건 아닐 텐데 스쿨미투가 현저히 적은 이유가 그게 아닐까? 피해자가 학교에서 2차 가해를 받는 건 일반학교와 똑같지만 대안학교에서는 정말 할 수 있는 게 없어요. 교육청은 대안학교의 법제화를 원하고 대안학교는 정규 교육 시스템 안에 없으니까 교육청에서 별다른 조치를 취할 의무도 없는 거죠.

도대체 어떻게 얘기를 해야 할까? '말 안 통하는 너희와 못 살아.' '여자애들하고만 지낼 거야.' 그럴 수는 없잖아요. 얘기를 나눠본 적은 없는데 학교에 오래 근무하신 여성학을 전공한 선생님이 계세요. "선생님은 꼰대에 여성 혐오 발언을 하는 교사들과 어떻게 지내세요?" 선생님을 찾아가서 물어봤어요. 모든 일에 화내고 덤비고 문제제기를 하면서 살 수는 없고 그건 자신을 해하는 거라고 전략을 잘 세우라는 얘기를 들었어요. 물론 제 나이 때는 거칠게 말을 할 수도 있다는 얘기도 하셨고요. 저는 저 같은 사람이 있어야 한다고 생각했거든요. '여자애치고' 거칠게 말하고 말도 많이 하고. 꼭 제가 아니어도 저 같은 사람이 학교에 필요하다고 생각했어요. 선생님의 모든 의견에 동의할 수는 없지만 '전략적'이라는 말이 계속 생각나요.

금지된 말하기

'기특하다'와 '버릇장머리 없다'는 한 끗 차이예요. 어른들은 스쿨미투 활동을 하는 청소년을 보고 '우리 때 못 했던 일을 너희들이 하는구나' 하면서 기특해해요. 청폐모가 스쿨미투 활동 중 하나로 '교권은 인권이 아니다'라는 행사를 했는데, 이 행사에 대한 기사 댓글이 "버릇장머리 없는 애들"이었어요. 기특하다와 버릇장머리 없다 둘 다 청소년을 아래로 보는 거고, 어른 마음에 들면 기특한 거고 마음에 안 들고 권력에 도전하는 행위면 버릇이 없는 거죠. 청소년에 대한 보호주의를 포함한 지지는 한계가 있어요.

"학교에서 보면 남학생과 남교사는
비슷한 정서가 있어요. 여성이 자기 의견을
강하게 피력하면, "굳이 그렇게까지
말해야 돼?", "너무 민감한데", 그러죠.
여학생이 "그런 게 아니다" 하면서
더 설명하기 시작하면 "그럼 그렇게
하든지", 이래요. 이런 남성들의 태도가
너무 싫었어요. 자기는 문제화하지
않으면서 온건한 입장인 것처럼 중립적
태도를 취하고 열 내서 말하는 여성은
쨍알쨍알거린다는 시선요."

청소년의 성과 보호주의가 만나면요? 학교에서 일어난 성폭력은 말해도 괜찮다고 하죠. 근데 청소년 섹슈얼리티나 성적 자기결정권은 말하지 말라고 해요. 모임이었던 청페모가 위티라는 단체로 창립을 하면서 청소년 페미니즘 릴레이 강연을 기획했어요. 첫 강연 제목이 "나는 섹스하는 청소년입니다"였어요. 위티를 만들면서 청소년 네트워크가 생겼고 행사 공동주최로 서울 지부 분회로 소속된 청소년 동아리 이름을 넣었거든요. 그 학교에 보수단체들이 전화를 해서 난리를 친 거예요. 결국 강연 제목을 바꿨어요. 집행부로 같이했던 청소년 활동가도 어머니가 알게 돼서 활동을 못 하게 됐어요. 우리가 운동을 할 때 함께하는 청소년의 일상의 안전이 더 중요하다는 얘기를 동료와 같이 했어요. 청소년과 만나는 일은 더 고려해야 할 것들이 많고 섬세한 접근이 필요한 거죠.

이 일을 겪으면서 학교에서 있었던 일이 생각났어요. 학교에 콘돔을 비치하려다가 교사회로부터 제지당한 적이 있어요. 학교가 학생들에게 섹스를 장려하는 것으로 학부모들이 오해한다는 이유였어요. 심지어 담임 선생님이 면담을 하면서 섹스는 너무 중독적이라고 하는 거예요. 지금 생각해보면 코미디 같아요. 콘돔은 의료제품이니까 원래는 제가 양호실에 비치하려고 했거든요. 양호실을 관리하는 학생들한테 거부당했어요. 양호실 침대에서 콘돔이 나온 적이 있어서 안 된다고, 양호실이 섹스하는 공간이 되면 어떻게 하냐는 뉘앙스였죠. 그때 대자보라도 붙이고 싸웠어야 했는데…….

청소년 사이에서도 성에 대한 호기심과 욕망을 죄악시하는 분위기가 있어요. 문제시하고 감추기 때문에 더 어렵고 위험한 상황이 발생하죠. 친구가 피임을 안 하고 섹스를 했는데 생리를 안 해서 불안하고 테스트기로 확인하는 건 너무 무섭다고 할 때 할 수 있는 게 없어요. 빨리 확인해본 다음 해결책을 찾아야 하는데 할 수 있는 말이 '왜 콘돔을 안 썼냐'밖에 없는 거죠. 드러내면 안 되는 분위기니까 문제가 생겨도 조용히 해결해야 돼요. 금기시하고 말을 안 할수록 어떤 변화도 만들 수 없잖아요. 있는 걸 없다고 하면 없는 게 되는 건가요?

스쿨미투는 침묵과의 싸움이라고 생각해요. 많은 폭력이 침묵 속에서 이루어지잖아요. 원래 그랬다는 듯이. 시끄럽게 대놓고 이루어지지 않아요. 기존에 당연하게 여겼던 것들에 도전하고 싸우는 것이 소수자 운동이잖아요. 가장 발화하는 시기를 지나면 스쿨미투도 다시 조용해지겠죠. 계속 시끄럽게 만드는 게 스쿨미투 운동이라고 생각해요. 계속 끄집어내서 왜 똑바로 조사 안 하냐, 왜 조치를 취하지 않냐 해야 하는 거요. 스쿨미투 운동은 침묵을 깨면서 시작했어요. 앞으로도 침묵을 깨려는 시도들이 이어져야 결국엔 이전에 당연했던 것들이 바뀔 거라고 생각해요.

그녀의 얘기에서처럼 학교생활, 특히 또래관계에서 성차별적이고 불평등한 문화는 일상 그 자체이다. 유경의 '예민한' 감각은 이것을 놓치지 않는다. 그녀는 자신이 겪은 '불쾌한 감정'에 대해 질문하고 말하기 위해 언어를 찾는다. 유경은 '언어 찾기' 과정을 통해 성차별적인 학교문화를 폭로한다. '감정적'으로 반응하는 자신을 문제시하면서도 '감정적'일 수밖에 없는 자신의 위치를 인식한다. 정희진은 《페미니즘의 도전》에서 사회적 약자들은 자신을 억압하는 상황이나 사람을 만났을 때 '감정적'으로 대응하기 쉽고 그것은 당연하다고 말한다. "감정은 정치의식의 동반자이자 세상과 대화하는 것"이다. 유경이 학교에서 관찰한 남성들의 정서는 그녀의 지적처럼 개인의 특성이 아니다. "감정의 부재, '쿨'함은 지배 규범과의 일치 속에서만 가능하다."[2]

유경은 비청소년들의 보호주의에 기반한 연대와 지지의 문제를 날카롭게 얘기한다. 그녀는 기특하다와 버릇없다 사이를 오가는 비청소년의 모순을 지적한다. 청소년에 대한 보호는 협상과 조정이 아닌 일방적 개입과 강제이기 때문에 보호주의다. 보호주의는 보호라는 얼굴로 등장해서 청소년의 자기결정권과 삶의 영역을 제한한다. 무엇이 보호인지 청소년의 얘기를 들을 때 그 내용이 채워질 수 있다.

다시 그 애를
만나면 그대로
돌려보내고
싶지 않아요

구술: 윤
글: 이호연

깨어진 세계

중학교 1, 2학년 때 학교폭력 상황이 있었어요. 웹툰이나 영화에서 본 내용을 저는 실제로 당했거든요. 탈의실에 갇히거나 급식실에서 저한테 된장국을 붓는다거나 가해자들과 친한 '양 언니'가 찾아와서 위협을 했어요. 힘들었지만 신경은 안 썼어요. 어떻게 보면 차별적인 생각인데 저는 걔들과 다른 사람이고 쟤네랑 놀 시간이 없다고 생각했어요. 지금은 대상이 저이지만 반응을 안 하면 끝날 거라고 생각했어요. 마음먹으면 대응할 수 있는 힘이 있다고 생각도 했어요. 근데 걔들이 제 친구들을 건드리기 시작했어요. 제가 반응을 안 하니까 대상이 친구들로 옮겨 간 거죠. 이때부터 제가 화를 내고 적극적으로 대응했어요. 이미 가해자들의 괴롭힘 때문에 전학을 간 학생들이 있었고 모두 이 사실을 알고 있어서 학생들이 제 편이 돼줬어요. 학교도 제 말을 믿어주고 제가 이길 거라는 확신도 있었어요.

중3 때 사건은 학교폭력 상황과 정반대였어요. 금요일 1교시 끝나고 화장실에 있었는데 친구 두 명이 찾아왔어요. 운동장에 있던 남자애들 무리가 주위 사람이 다 들을 정도로 공개적으로 자기들끼리 저에 대한 언어 성폭력을 했다고 말해줬어요. 성적인 것과 관련된 모욕적인 얘기를 저를 두고 했다는 거예요. 가해자로 드러난 남학생은 여섯 명이에요. 가해 학생들은 한 명만 빼고 제가 공부를 가르쳐준 적도 있고 저랑 장난치면서 놀던 친했던 애들이에요. 근데 이날만이 아니었던 거예요. 예전부터 걔네들이 저에 대한 언어 성폭력을 했다는 사실을 가해 학생들과 어울렸던 친구에게 들었어요. 그 친구는 저한테 차마 말을 전하지 못했다며 미안해했어요. 다른 애들도 저를 위로하러 올 때 미안하다고, 이미 알고 있었다고 하는 거예요. 저만 몰랐던 거예요. 대국민 몰카를 당한 기분이었어요.

믿었던 세계가 완전히 무너졌어요. 처음에 얘기를 들었을 때 어떤 반응을 해야 할지 몰랐어요. 수업 시간 내내 울었어요.

제가 우는 게 맞는 건지 모르겠는데 눈물은 계속 나고 사물함을 열다가 다리에 힘이 풀려서 주저앉았어요. 저를 본 사람들이 얘기 들었다고 하면서 지나갔던 기억이 나요. 그날 바로 담임 선생님한테 얘길 했어요. 학교폭력 담당 선생님에게 얘기해보겠다고 하셨어요. 근데 그 담당 선생님이 성폭력 사건은 신고하면 학교 주관으로 처리할 수 없고 경찰로 넘어가니까 여기서 끝내고 없던 일로 하자고 했대요. 결국 담임 선생님이 신고를 하셨어요.

부모님한테 말하면 다 해결될 줄 알았어요. 사건 당일에 엄마가 저를 데리러 학교에 왔어요. 엄마가 저를 혼내셨어요. '걔네들이 그렇게 얘기할 행동을 네가 한 게 아니냐.' 나중에 엄마한테 들은 얘기는 이런 거예요. '네가 평소에 그 남자애들이랑 친하게 지냈다고 학교에서 들었다. 네가 또래보다 몸도 성숙하고 끌려서 벌어진 일이다. 아무 일 아니고 괜찮다.' 지금은 이해가 안 되지만 부모님도 저처럼 어떻게 해야 할지 몰랐겠죠. 속상하지도 않았어요. 그때는 제가 아는 게 없으니까 엄마가 하는 말을 그대로 받아들였어요.

다른 선생님들이 저를 찾아오기 시작했어요. 학생들이 그 모습을 봤고 전교생이 제가 피해자라는 걸 알게 됐어요. 증인으로 나선 친구들이 있었어요. 수업 시간에 '누구 나와라' 하면 다 알잖아요. 괜히 나 때문에 애들이 가해 남학생에게 해코지를 당할까 봐 걱정이 됐어요. 애들도 저를 찾아와서 얘기를 했어요. 저를 위해서 증언을 하고 싶은데 가해 남학생들이 두렵다고. 선생님한테 가서 얘길 했어요. 애들을 제발 조용히 불러달라고. 선생님이 알겠다 해놓고 가해 학생들에게 증인이 돼준 애들 이름을 보여준 거예요. '애들이 이런 얘기를 했다, 이 말이 맞냐.' 친구들한테 미안했어요. 저도 보호를 받아야 할 사람인데 제가 친구들을 보호까지 해야 하는 상황이라 너무 힘들었어요.

점심시간에 가해 학생들이 같이 노는 여자애들이랑 저를 찾아왔어요. 애들이 저를 뻥 둘러쌌어요. 여자애들이 "애들이 너한테 사과하고 싶대. 나라면 받아주겠다"고 하는 거예요. 옆에 있던 가해 남학생들은 끼끼 웃어대면서 "미안해", 이래요. 저는 가해자들을 피하려고 급식실에 안 가는 건데 애들이 떼로 몰려오니까 어떻게 해야 할지 모르겠는 거예요. 이 상황을 빨리 벗어나야 한다는 생각만 들었어요. 바로 뛰쳐나와서 제 친구들 올 때까지 화장실에 있었어요.

사건 조사 때문에 학교폭력 담당 경찰관을 만났어요. 경찰이 오면 모든 게 해결될 줄 알았어요. 첫마디가 '처벌이 불가능하다'였어요. '녹음 자료도 없고 직접 들은 게 아니라서 신빙성이 없고 남자애들의 장난이다. 이렇게 크게 만들 일이 아니다. 왜 너는 쿨하게 넘기지 못하냐.' 몇 시간을 얘기한 거 같은데 이 말만 또렷하게 기억해요. 이날 비가 왔어요. 경찰을 만나고 나와서 카페에 가서 밤까지 울다가 집에 갔던 기억이 나요.

어느 날 위클래스 선생님한테 전화가 왔어요. "걔네가 악의적으로 그런 게 아니라는 거 너도 알지?" 가해자 한 명 한 명씩 이름을 말하면서 애는 이래서 그랬고 쟤는 너를 좋아해서 그랬고 걔는 가담하지 않으면 같이 있던 남자애들한테 아웃될 것 같아서 했다더라. 지금 그런 전화를 받았다면 듣지도 않고 끊었을 텐데 그때 저는 "네네, 알죠", 그랬던 거 같아요. 가해자들이 저한테 사과 편지를 썼다고 하면서 직접 얼굴 보고 전하고 싶어 한다고 하는 거예요. 그건 죽어도 하기 싫다고 했어요. 담임 선생님이 편지를 전해줬어요. 읽으면 제가 사과를 받는 것 같잖아요. 그게 너무 싫어서 편지를 안 읽었어요. 학교폭력위원회가 열린 것도 나중에 우연히 알게 됐고, 직접 듣지는 못했어요. 나중에 저한테 연락을 주겠다고 했는데 이후로 어떻게 진행됐는지 전혀 몰라요. 언어 성폭력 사건은 그전에 겪었던 학교폭력 상황과 너무 달랐어요. 저는 어떻게 해야 할지도 몰랐고 힘도 없고 사람들이 제 편이 돼줄 거라는 확신도 없고 제가 맞는지도 확신이 없는 상황이었어요.

"점심시간에 가해 학생들이 같이 노는
여자애들이랑 저를 찾아왔어요. 여자애들이
"얘들이 너한테 사과하고 싶대. 나라면
받아주겠다"고 하는 거예요. 옆에 있던
가해 남학생들은 끽끽 웃어대면서 "미안해",
이래요. 저는 가해자들을 피하려고
급식실에 안 가는 건데 애들이 떼로 몰려오니까
어떻게 해야 할지 모르겠는 거예요. 이 상황을
빨리 벗어나야 한다는 생각만 들었어요.
바로 뛰쳐나와서 제 친구들 올 때까지
화장실에 있었어요."

멈춰버린 시간

어떤 기분을 느끼는 게 맞는지 정리가 안 되는 거예요. 피해가 인정이 안 되고 저한테 책임이 있다는 식으로 얘길 하니까 슬퍼해도 억울해도 울어도 되는지, 분노해도 되는지 판단이 안 서는 거죠. 제가 느끼는 분노와 슬픔이 당연한 감정이라고 알려주는 사람도 없고 배운 적도 없으니까. 제가 가해자의 순수한 의도를 오해한다거나 피해자와 가해자 모두 문제가 있다는 식으로 얘기하는 게 이상했어요.

중학교 3학년, 1년의 기억이 없어요. 학교 갈 때 빼고 밖에 나온 기억이 없어요. 친구들이랑 논 기억도 없어요. 졸업할 때까지 학교 급식을 안 먹었어요. 급식실에 가면 모든 사람이 저를 쳐다봐서 갈 수가 없었어요. 여름에도 긴팔, 긴바지를 입고 다녔어요. 공부만 했어요. 부산을 떠나야 한다는 생각만 했어요. 부산에서 학교를 가면 어딜 가든 가해자들을 만날 수 있고 저를 아는 사람이 있을 거잖아요. 부산에서 가장 멀리 떨어진 곳으로 가자. 그 당시 제가 갈 수 있는 학교는 경기도에 있는 사립 고등학교밖에 없었어요. 사람들은 "공부 열심히 했으니까 그거면 됐지" 하는데 공부한 내용도 기억이 잘 안 나요.

다시 만난 세계

우연이었을까요? 고등학교 입학하기 전 겨울에 서점에 갔어요. 베스트셀러라고 된 예쁜 핑크색 표지 책이 있었어요. 제목은 《페미니즘의 도전》이었어요. 책에 제가 학교에서 들었던 말들이 있었어요. 내 잘못이 아닐 수 있겠구나, 처음 생각했어요. 한창 불법 촬영이 이슈가 됐던 시기였어요. 피해자들의 말이 뭔가 익숙한 얘기였어요. 왜 그런 생각을 했는지 모르겠는데 페미니즘을 공부해야겠다는 생각을 했어요. 이때 당시 썼던 글이 있어요. "오늘부터 여성학이라는 걸 혼자 배워보기로 했다. 나한테 일어난 일들을 이해하려면 필요한 것 같다."

엄청 기대를 갖고 고등학교에 갔어요. 입학하고 5월에 학교에서 여학생 기숙사 불법 촬영 사건이 터졌어요. 학교 가까운 산에 카메라를 설치하고 여학생 기숙사를 찍었대요. 동영상은 졸업생 때라고 하는데 야동 사이트에서 올해의 몰카로 순위에 올라갔대요. 커튼을 닫아야 하는 이유라는 제목으로 불법 촬영을 캡처한 사진이 올라왔는데 그중 한 사진에 "우리 학교 아니야?" 하는 댓글이 달리면서 전교생이 알게 된 거죠. 그때 제가 다시 무너졌어요. 꿈을 갖고 온 학교인데 이곳도 다르지 않구나. 공식적으로 학교는 부인했지만 누가 봐도 우리 학교라는 걸 학생들은 알잖아요. 수업 시간에 선생님들이 쓸데없는 데 신경 쓰지 말고 공부나 하라는 말도 했고 동영상에 나온 사람이 자기인 것 같은 사람은 손 들어보라고까지 했거든요.

학교에서 상황을 전혀 알려주지 않아서 답답했어요. 공식입장을 발표한 이후 학교에서 아무 말도 못 하게 했어요. 왜학교에 책임을 떠넘기냐는 말을 들었고, 담임 선생님이 오히려 저한테 물어보더라고요. 불법 촬영 사건이 어떻게 해결이 됐냐고. 학교는 뭔가 알고 있을 거라고 기대했는데 선생님도 모른다는 걸 확인했어요. 제가 찾아보니 최초 유포자는 검거가 안 됐고 2차 유포자만 검거됐다고 하더라고요.

"너희들이 커튼을 안 치고 옷을 갈아입으니까 그런 일을 당하지." "너네 때문에 우리가 대학을 못 가면 어떻게 할 거냐?" 여학생들이 남학생들에게 들었던 말이에요. 제가 중학교 때 들은 말하고 너무 비슷한 거예요. 너무 화가 나서 "남성이 여성을 찍어서 인터넷에 올리는 게 잘못된 거 아니냐"고 말했죠. 이 발언을 계기로 제가 공식 메갈이 되고 꼴페미가 됐어요. 저는 페미니즘을 알아가는 중이었고 제가 공부한 페미니스트는 이런 게 아닌데 저한테 욕을 하니까 무서운 거예요. 처음에는 해명을 했어요. 설명하는 입장은 늘 제가 되고 남성이 기분 나쁘게 느끼면 바로 저는 메갈이 되는 거죠. 평가질만 하는 위치에 있는 것 자체가 권력이라는 생각이 들면서 설명하기를 멈췄어요.

이해와 공감의 차이

2018년 9월에 미투를 했어요. 다른 미투를 보니까 제가 겪은 감정과 비슷했어요. 고등학교 때 만난 친구의 미투가 가장 영향을 미쳤어요. 친구는 중학교 선생님을 고발했어요. 친구의 경험과 2차 가해로 제가 들은 위로 아닌 말들이 겹치는 거예요. 나는 이 친구의 일에 이렇게 분노하면서 정작 내가 겪은 일에는 왜 분노하지 않는가? 저도 사람들에게 알려야겠다는 생각을 했어요. 어차피 악몽 때문에 밤에 잠을 못 자니까 글을 썼어요. 한 줄 쓰고 울고 한 줄 쓰고 울면서 중3 때 느꼈던 감정을 다시 느꼈어요. 이때 아팠구나, 화가 났었구나. 근데 그때 나는 왜 울지도 화를 내지도 못했을까? 그때의 제가 너무 안타까운 거예요.

저는 살고 싶어서 미투를 했어요. 반복해서 악몽을 꿔요. 중학교 때 가해자들이 찾아와서 저를 빵 둘러 서 있던 그 순간이 자꾸 꿈에 나와요. "창이 내 몸을 뚫고 있는 거 같아." 엄마에게 말하면 '별일 아니다, 누구나 겪는 아픈 추억일 뿐이다, 너 강인하지 않냐. 학교폭력도 잘 버티지 않았냐, 왜 이제 와서 이러냐'고 엄마는 얘기해요. 일리 있는 말이라고 생각했어요. 머리로는 괜찮다고 생각하는데 몸은 그게 아닌 거예요. 사람들이 쳐다보면 움츠리고 갑자기 숨이 안 쉬어지고 머리로 이해 안 되는 몸의 반응들이 있고 갈수록 더 심해졌어요. 그때 치료를 받았어야 했는데 몰랐던 거죠.

"엄마, 아무래도 병원에 가서 치료를 받아야 할 것 같아."

"무슨 말이야? 너 아직도 그러고 있는 거야? 그게 언제 일인데 아직도 그러고 있어?"

"엄마, 나 힘들어. 숨이 잘 안 쉬어질 때가 있어."

"너는 왜 그렇게 유난스러워. 니 나이 때 다른 여자애들도 다들 겪는 일을⋯⋯."

"뭘 다 겪어. 나한테 무슨 일이 있었는지 엄마가 알아?"

"계속 그 생각만 하니까 힘든 거 아니야. 마음먹기에 따라서 다른 건데 왜 그걸 못 해?"

살아야겠다고 생각해서 집에 가서 엄마한테 얘기했는데 이게 엄마의 반응이었어요. 결국 제가 한 말은 '생각하고 싶지 않은데 생각이 나고, 잊었다고 생각했는데 꿈에 나타나고, 내가 원해서 그런 게 아니다'였어요. 그랬더니 부모님이 이러는 거예요. '네가 페미니즘 공부 같은 걸 하니까 피해를 계속 생각하고 곱씹으면서 널 더 힘들게 만드는 거다. 나는 이해가 안 된다. 정신과 치료를 받으면 약을 끊을 수가 없다. 약에 의존하게 되면 더 망가진다.' 이때 많이 느꼈어요. 아, 나는 더는 이 사람들과 얘기를 할 수 없겠다.

감당해야 할 것이 더 많다는 걸 미투 이후에 알게 됐어요. 제 잘못이 아니라는 걸 알 만한 친구들인데 당시엔 한마디도 없다가 제가 올린 미투 글을 보고 연락이 왔어요. 그때 도와주지 못해서 미안하다는데, 괜찮다고 해야 할지 힘들다고 해야 할지 모르겠는 거예요. 가해자들한테도 연락이 왔어요. 미안하다는 애도 있고, 미안하지만 올린 글 때문에 자기 상황이 어떻다는 이야기를 하는 애도 있었죠. 제일 심했던 가해자의 메시지는 무서워서 일주일 후에 읽었어요. "이런 연락을 해서 미안한데 혹시 돈을 빌려줄 수 있냐?" 저는 아직 힘든데 걔는 돈 빌릴 사람이 없을 때 연락할 수 있는 상대가 저라니, 미투를 한 의미가 없어지는 느낌이었어요.

사람들에게 고맙다는 얘기를 들었어요. 저랑 비슷한 경험을 했지만 폭로는 하지 못한 고등학교 친구가 있어요. 저 때문에 자신이 겪은 일이 폭력이라는 걸 알게 됐대요. 자신이 겪은 사건 속에서 느꼈던 감정을 당연하게 생각해도 된다는 것을 알게 해줘서 고맙다는 친구도 있었어요. 제가 얼마나 말하기 힘들어했는지를 아는 친구들도 저에게 고맙다고 해줬어요.

공감과 이해의 차이가 존재한다고 생각해요. 다른 사람의 상황에 대해서 온전하게 공감할 수는 없을 거예요. 혹시 경험이 겹치면 공감의 가능성이 넓어지겠지만 모두 살아온 환경이 다르고 거쳐왔던 세상이 다르고 경험도 다르기 때문에 누군가의 얘기를 들을 때 자신의 경험의 틀로 보려고 하죠. 그건 자기 삶에 비춰서 보는 거지 그 사람의 삶을 들여다보는 건 아니에요. 근데 이해는 충분히 가능해요. 이런 일이 있었구나. 그런 감정과 생각을 가질 수 있겠구나. 적어도 왜 이런 일이 일어났고 누군가는 이 상황에 대해서 어떻게 생각하고 무엇을 느끼고 사는지를 이해하면 우리가 왜 말하는지 납득할 수 있고 진짜로 무슨 말을 하고 싶은지 알 수 있다고 생각해요.

지금이 좋은 이유

할 수 있는 건 뭐라도 해보자. 저와 비슷한 상황인 친구가 어떻게 해야 하냐고 도움을 요청하는데 저도 피해를 겪고 있는 중이라 해줄 말이 없었어요. 자기 잘못이 아니라는 걸 안다 한들 해결이 되는 것도 아니고 학생이라는 위치가 말하기를 더 어렵게 만든다는 생각을 했어요. 실제로 도움을 줄 수 있는 게 없다는 무력감이 있었고 이게 청페모에서 스쿨미투 활동을 하게 된 계기예요.

학교에도 여성과 소수자들이 말할 수 있는 장소를 만들어야겠다. 인권동아리를 만든 이유예요. 불법 촬영 사건에 대한 학교의 대응도 문제였고 여학생들에게 책임을 돌리고 말하기를 금지하는 학교 분위기도 싫었어요. 창립 멤버는 다섯 명인데 지금은 60명이에요. 학교에서 동아리 포스터가 찢긴 적도 있고, 익명글 게시판에 동아리에 대한 욕이 올라온 적도 있고, 저희 동아리 구성원을 한 명씩 언급하면서 아웃팅을 시도한 적도 있었어요. 학교에서 동아리가 위협을 받을 때 학교를 때려치우고 싶어요. 무력감을 느껴요. 학교는 왜 내가 학교 밖에서 활동하는 것도 견제하고, 학교에서 활동하는 것도 막고, 이 사람들과 함께 있으면 행복한데 그것도 막고 아무것도 못 하게 하지? 학생이라는 것 자체가 무겁게 느껴질 때가 많았어요.

교실에서 여성인권의 이응만 나와도 저를 쳐다봐요. 저는 모르는데 모두가 저를 아는 것처럼 수군수군대요. 저를 처음 보는 남자애가 페미니즘은 정신병이고 탈출하는 건 지능순이라는 말을 하지 않나. "너는 예쁜데 왜 페미니스트를 해? 그건 못생긴 애들이 하는 거 아니야?" 하는 소리도 듣고. 남자 기숙사에서 제가 죽어야 된다는 말이 나왔다는 얘기도 들었어요. 목숨의 위협을 느꼈어요. 정말 진지하게 전학을 갈까 고민했어요. 처음에는 제가 페미니스트라는 말을 제대로 못 했어요. 이왕 이렇게 된 거 더하면 더했지 덜하지 않을 것 같

다. 차라리 낙인을 찍히겠다. 혐오 발언을 웃으면서 넘기는
게 더 힘들다. 제가 혐오 발언이 불편하다고 얘기하니까 점점
불편하다고 얘기하는 학생들이 생겼어요. 혼자가 아니라는
걸 알게 됐어요. 그래서 페미니스트라고 얘기도 하게 됐어요.
누군가는 시작해야 하는 거였어요.

　제 계획에 대학은 없었어요. 근데 한 아이를 만나고 공부
를 해야겠다는 결심을 했어요. 지난 겨울방학 때 제가 초등
학생들을 만나서 성평등 교육을 했어요. 세 번째 수업 주제
가 미투였어요. 수업이 끝났는데 한 여자애가 밥을 먹으러 안
가고 혼자 앉아서 울고 있는 거예요. 왜 그러냐고 물었더니
"선생님, 제가 아무한테도 얘기를 안 했는데요" 하면서 이웃
집 오빠가 자신을 성폭행한 얘기를 했어요. 그때 정말 무력감
을 느꼈어요. 일주일 동안 집 밖을 안 나갔어요. 내가 이제까
지 해온 게 도대체 무슨 소용이 있지? 제가 그 아이를 만났을
때 해줄 수 있는 게 없잖아요. 편지에 제 메일, 핸드폰 번호를
다 적어줬어요. 연락은 없는데 계속 그 여자애가 생각나요. 같
이 활동하는 동료가 네가 힘이 있는 사람이 되라고 얘길 해줬
어요. 다시 그 애를 만나면 그대로 다시 돌려보내고 싶지 않
아요. 실질적인 도움을 줄 수 있는 전문가가 되고 싶어요. 그
래서 젠더학을 공부하려고 유학을 준비하고 있어요.

　만약 중3 때 그 사건이 없었으면 지금 어떻게 살고 있을까?

많이 생각한 질문이에요. 여전히 세계가 깨지지 않은 채로 살고 있겠죠. 그렇다고 그 사건이 고마운 건 아니에요. 하지만 '그 세계에서 살았으면 행복했을까'를 생각하면 전혀 그렇지 않다는 생각을 해요. 남의 시선을 의식하면서 순수하고 모범적인, 모두가 원하는 사람이 되려고 했지만 행복하지 않았거든요. '지금은 행복한가'를 물어보면 다른 의미로는 힘들죠. 근데 제 인생의 큰 전환점은 맞다고 생각해요. 마음에 안 드는 것도 많지만 선택을 하라면 지금 제 모습을 선택할 것 같아요. 저라는 사람에 더 가까워진 거 같고 이제야 저를 조금 더 이해해가고 있고, 저를 있는 그대로 받아들이고 있는 중이에요.

  윤의 고통을 인정하지 않은 사람들이 있다. 동시에 그녀의 고통을 인정하고 곁에서 윤을 살폈던, 함께 행동했던 사람들이 있다. 전자에는 학교폭력 담당 교사, 피해자의 신상을 공개한 학교 교사, 피해자 탓을 한 학교폭력 담당 경찰관, 그리고 가해자의 입장을 대변한 위클래스 교사가 있다. 사건을 해결해야 할 학교와 교사, 경찰은 무책임했고 사건 해결의 의지도 능력도 없는 사람들이었다. 사건 해결을 위해 존재하는 시스템 자체가 제대로 작동하지 않았다. 책임 있게 행동한 사람들은 윤을 지지하며 곁을 지켰던 10대 동료들이었다. 그녀의 곁을 지켰던 사람들 때문이었을까? 누군가 그녀에게 고통을 호소하고 해결 방법을 물을 때 그녀는 자신이 가야 할 길을 새롭게 고민하기 시작한다. 그녀는 타자의 고통에 응답하는 것에 성실하다. 응답이 다른 응답으로 이어지며 서로의 곁을 지킨다. 누군가의 곁을 보살피는 실천이 윤의 세계를 확장한다. "경청은 그저 고개를 끄덕거리며 열심히 들어주는 게 아니다. 서로의 사이에 집을 짓기 위한 경청은 응답이어야 한다."[3] 우리는 곁에 있는 사람에게 응답하고 있는가?

드디어
말을 해서
탈출할 기회를
만든 거죠

구술: 이황유진
글: 이호연

버틴 시간

2018년 4월, 고3 때 미투를 했어요. 고1 때 사건을 인지했으니까 말을 하는 데 2년쯤 걸렸어요. 남자 기숙사에서 저에 대한 언어 성폭력이 있었다고 친구가 전해줬어요. '남학생 A가 이런 말을 했는데 그건 좀 아닌 것 같아서 얘기를 하는 거다.' 그 친구가 울면서 저한테 말할 때 되게 힘들어했어요. 뭔가 하지 못하는 상황에 대한 친구의 죄책감이 느껴졌어요. 그 친구 입장도 이해가 되긴 해요. 남자들끼리만 있는 기숙사 공간에서 여학생 외모를 품평하거나 저 여자애는 성 경험이 있을 것 같다는 얘길 하거나 쟤랑 섹스하면 이럴 것 같다는 얘

기를 하는 거죠. 그 속에서 '나는 이런 것에 동참하지 않겠다'
는 말을 할 수 없는 분위기인 거죠. 남성 집단문화에서 빠지
려면 남학생 전체와 관계 단절을 각오해야 하니까 잘못된 문
화라고 해도 거부하기 어려운 거예요. 사실 저에게 이 사실을
얘기해준 친구에게 녹음을 부탁했었거든요. 걔가 그건 어렵
다고 했는데 충분히 이해가 됐어요. 녹음하다가 남자애들한
테 걸리면 학교생활을 하기 어려운 거죠.

 이 자리에서 누가 동조하면서 어떤 말을 했는지 모르잖아
요. 같이 있을 때 얘길 했다고 하니까 '거기서 웃고 떠들었던
남성들은 다 나를 그렇게 생각하겠구나' 싶었어요. 쟤도 있
었을까 얘도 있었을까 생각하니까 남학생들 얼굴 보기가 힘
들었어요. 추측할 수밖에 없으니까 의심도 많아지고 되게 예
민해지는 거예요. 같은 공간에서 남자 또래들, 선배들이랑 수
업도 같이 듣고 과제도 같이 해야 하니까 힘들었어요. 실제
로 이 일이 A만 얘기한 것도 아니고 한 번만 한 것도 아니고
저한테만 한 것도 아니었어요. 많은 남학생들이 오랜 시간에
걸쳐서 계속 한 일이라는 걸 알게 됐고 나중엔 녹음파일을
확보해서 상황을 파악할 수 있었어요. 녹음자료 증거를 확보
하는 게 되게 어려웠어요. 언어 성폭력을 할 때 걔들도 똑똑
하기 때문에 직접적인 말은 온라인에서 하지 않아요. 메시지
창은 엄마가 확인하기 때문에 클린하게 지내야 한다는 말을

할 정도면 뭐가 선을 넘는 발언인지 인지하는 거잖아요.

곱씹어 보면 A가 저를 동등한 인간으로 생각하지 않아서 할 수 있는 충격적인 말이었어요. 어이가 없었어요. '쟤가 뭔데 나에 대해서 저렇게 말하지?' 당시엔 학교 다닌 지 1년밖에 안 된 시기였고 진짜인지 아닌지 판단할 수도 없고 사실이라고 해도 증거가 없잖아요. 부모님이 힘들어할까 봐 내용을 덜어내고 말을 잘 골라서 얘기했어요. 부모님은 '학교생활도 계속해야 하는데 왜 그런 식으로 생각하냐, 같은 반 남학생들이고 어려서 그런 거다'라고 하셨어요. 선생님들한테 편지를 쓰고 다시 보니까 난감한 거예요. 증거도 없이 '친구가 알려줬는데 듣고 기분이 너무 나쁘니 선생님들이 어떻게 해 줬으면 좋겠다'고 말해도 되는 건가? 그래서 계속 편지를 가지고만 있었어요. 2학년은 학업 분량이 많아서 너무 바쁘고 스트레스가 많아요. 누구한테 말도 못 하는 상황이니까 빨리 고발을 해서 저만 알고 있는 게 아니라 표현을 해야겠다는 생각이 컸어요. 힘들지 않으려면 누구한테 말을 해야 하는데, 해야 하는데 그랬어요.

그날이 왔다

"너도 같이 할래?" 3학년 때 같은 반 친구가 미투를 할 건데 같이 하자고 했어요. 그 친구가 얘기하기 전까지 저는 다

른 피해자가 있는지도 몰랐고 피해 사실을 인지하고 고발을
준비하고 있는 사람이 있는 것도 몰랐어요. 그 친구는 2학년
때 피해를 입었던 거였어요. 친구가 남학생 A와 친하게 지냈
는데 주변에서 "왜 너 개랑 친하게 지내냐?"라고 얘기를 들
었대요. 제가 A의 문제를 얘기하는 걸 듣고 '유진이 쟤는 왜
저러지?', 그렇게 생각을 했대요. 나중에 A가 자기에 대한 언
어 성폭력을 했다는 걸 알고 제가 그랬던 게 이해가 됐다고
하더라고요.

드디어 고발한다. 녹음파일을 준 친구가 있어서 증거를 확
보한 상태였어요. 저희 학교는 스쿨미투를 한 다른 학교들과
조금 다른 분위기가 있어요. 학교에 국제과와 일반과가 있는
데 저는 국제과에 다녀요. 일반과는 전형적인 일반 남자고등
학교예요. 군대식 문화에 보수적이고 체벌도 해요. 저희는 일
반과에서 오신 전임 한국인 교사도 있지만 국제과라서 교사
대부분이 외국 원어민 교사예요. 인권 의식이 높은 선생님도
계시고 보수적인 선생님도 계시지만 대체로 페미니즘에 대
해서 잘 알고 있고 자신을 페미니스트라고 말하는 교사도 있
어요. 사건을 알고 있는 선생님도 몇 명 있었고 그분들이 저
희를 지지한다는 걸 이미 알고 있었어요.

전교생 회의 때 저랑 친구가 미투에 대한 말하기를 했어요.
사람들 앞에서 말하는 것도 긴장됐지만 준비한 내용을 전교

생한테 팡 터뜨리는 거니까 파장이 있길 기대하는 마음이 있어서 더 긴장을 했던 거 같아요. 우리 얘기를 듣고 선생님이 즉석에서 학생들의 릴레이 말하기를 제안하셨어요. 되게 분위기가 무겁고 오가는 말 속에서 상처 입은 학생들도 있었어요. 공감하는 학생들도 많았고 즉석에서 여학생들이 자신의 성폭력 피해를 얘기했어요. 말하기와 공론화만 생각해서 이후 예상할 수 있는 2차 가해는 별로 생각을 안 했던 것 같아요.

가해자에게 연락이 왔어요. 가해자가 SNS로 장문의 메시지를 보내고 만나서 사과도 했는데 공통점은 '네가 그렇게 상처를 입을 줄 몰랐다'였어요. 자기가 했던 말이 되게 적나라한 말들인데 상처를 줄 거라는 걸 몰랐을 리는 없고, 잘못을 말하지만 잘못이 뭔지 모르는 것 같았어요. 앞에서는 사과를 하면서 뒤에서 하는 행동은 자기가 덮어썼다든가 부풀려졌다든가 뭔가 억울하다는 분위기를 만들려는 움직임이 보였어요. 다른 남학생들이 가해자로 지목받은 남학생들끼리 긴급회의를 한다고 알려줬어요. 녹음파일을 준 남학생을 색출하려는 움직임도 있었어요. 남학생들 사이에서 'A가 학생회장이기 때문에 다 덮어썼다, 잘못한 게 아닌데 얘만 피해를 입게 됐다'는 얘기가 돌았어요. 학부모들 사이에서 '고3인데 쟤네는 대학 입시 방해되게 왜 저러냐, 대학 못 가게 하려는 수작 아니냐'는 말도 있었어요. 가해자가 남학생들이랑 친한 학부모한테 연락을 해서 유언비어가 퍼졌어요. 자기가 퇴학을 당할 수 있다. 강제전학을 당할 수 있다. 그런 말은 전혀 나오지 않았고 학교폭력위원회가 열리지도 않은 상태인데 징계가 확정될 리가 없잖아요. 며칠 후에 그 학부모가 A가 퇴학을 당할 수 있다는데 유진이한테 잘 얘길 해서 이건 아니라고 해달라는 얘기를 했다고 하더라고요. 제가 내린 결정도 아니고 내릴 수 있는 결정도 아닌데 마치 제가 퇴학을 요청한 것처럼 그러는 거죠. 같은 반 애가 저랑 친구를 메시지 방에 초대해서 '가해자가 퇴학을 당할 수 있는데 너희가 원하는 게 진정 이런 거냐? 도가 지나쳤다고 생각한다'는 메시지를 보냈어요. 저희는 처음 듣는 얘기여서 그 얘기를 누구한테 들었냐고 물어봤어요. 학부모가 알려줬대요.

저는 주변에 도와주시는 분들이 많았어요. 졸업을 앞두고 있고 유학을 가니까 제가 이 공간을 벗어나는 게 코앞이었잖아요. 그래서 2차 가해가 그렇게까지 힘들진 않았어요. 오랫동안 고민했던 하고 싶었던 일이고, 페미니스트 활동가가 되고 싶었는데 이걸 통해서 실천을 했고, 조금만 참으면 졸업이었는데, 다른 고발들은 그렇지 않은 경우가 훨씬 많죠. 선생님이 가해자라면 더 힘든 일이잖아요. 다른 고발에 비해서 훨씬 지지를 받은 상황이었다고 생각해요.

"며칠 후에 그 학부모가 A가 퇴학을 당할 수
있다는데 유진이한테 잘 얘길 해서 이건
아니라고 해달라는 얘기를 했다고 하더라고요.
제가 내린 결정도 아니고 내릴 수 있는 결정도
아닌데 마치 제가 퇴학을 요청한 것처럼
그러는 거죠."

괴리감

일방적으로 통보가 됐어요. 학교폭력위원회가 열리니 참석하라고. 국제과 교사들은 외국인이니까 학폭위에 대한 권한이 없고 일반과인 남자고등학교에 권한이 있다고 하더라고요. 저희가 할 수 있는 건 증거자료를 준비하는 거였어요. A가 한 말에 대한 확증을 가지고 있는 게 저희의 중요한 자원이라고 생각했어요. 녹음파일이 저희한테 있고, 녹취록을 작성하는 것도 저희가 했고, 혹시나 공개가 될까 봐 이름도 이니셜로 표기해서 출력해서 종이로만 제출했어요. 왜냐면 '이런 충격적인 말을 하다니'로 소비되는 것이 싫었고, 더 넓게 공개되거나 파일로 공개되면 명예훼손 같은 걸로 저희가 오히려 피해를 입을 수도 있다고 생각했어요. 준비를 하면서 친구들한테 조언을 구했고 선생님들 중에 믿을 만한 분들에게 우리가 이렇게 할 건데 어떻게 하면 좋을지 물어보기도 했어요.

대답하기 싫은 질문이 많았는데 불리하게 작용할까 봐 대답을 했어요. 학폭위 위원들이 교사, 경찰관, 변호사는 남성이었고, 남학생 학부모들이었어요. 청문회처럼 제가 질문을 받고 대답을 하는 형식이었는데 질문을 하는 분들은 주로 학부모들이었어요. 저한테 책임이 있다는 뉘앙스로 질문을 한다든지 고발당한 가해자의 기분은 어떨 것 같은지를 묻는 질문도 있었어요. 질문내용이 가해자에게 감정 이입을 하라는 것처럼 느껴졌어요. 사실 관계를 파악하는 질문이 있을 줄 알았는데 아니더라고요. 남학생 문화를 고발하려고 한 건데 가해자가 한 명으로 지목이 되니까 억울하고 불쌍하다는 여론이 조성됐어요. 그 사람이 제일 심하게 가해를 한 것도 맞지만 성폭력 문화가 한 명만 징계한다고 해결되는 게 아니잖아요. 가해자의 서면사과와 사회봉사 몇 시간으로 일단락돼버렸어요. 사실 저희는 징계를 원한 게 아니라 학교 전체 구성원이 교육의 기회로 삼고 반성하길 바랐어요.

괴리감이 컸어요. 지지해주는 사람들이 많았고 다른 학교에 비해서 성과도 있었지만 실질적인 변화가 없었다는 점이 아쉬웠어요. 변화를 만들 기회는 있었지만 별로 소득이 없는 느낌? 어떤 남자선배가 우리 앞에서 "그런 얘긴 남자 기숙사에서만 해야지", 이런 말을 했었거든요. 지금 생각해보면 기숙사에서 기록이 남지 않는 선에서 '농담'이라고 포장하면서 오가는 언어 성폭력이 있었던 거죠. 폐쇄적인 공간에서 있는 문제라서 그 내부에서 어떤 변화가 있었는지 알 수 없어요. 남학생들에게 경각심 정도 일으켰다고 해야 하나? 다들 대학 진학에 신경 쓰는 사람들이니까 생기부에 남고 이러면 잘못될 수 있겠다는 정도는 알았겠죠. 선생님들과 상의해서 성인지 관점으로 일상문화를 다루는 성교육을 두 번 정도 했어요. 효과가 크게 드러나진 않았지만 몇몇 남학생들이 페미니즘에 관심을 갖게 된 건 긍정적이죠.

저에게 미투는 탈출구였어요. 고발 전에 썼던 글이나 일기를 보면 많이 힘들어하는 제가 보여요. 제 얘기를 할 수 없어서 힘든 상황을 벗어날 수 없었던 건데 드디어 말을 해서 탈출할 기회를 만든 거죠.

위치의 확인과 넓어진 인식

고2 때 제가 학교에 성소수자 동아리를 만들었어요. 성소수자에 대한 혐오와 성소수자 청소년 자살률을 알리고 인식 개선을 요구하는 '침묵의 날'에 전교생에게 사탕을 나눠줬어요. 성소수자 단체에 기부도 했어요. 일부 학생들이 동성애 혐오 발언을 했지만 성소수자가 뭔지 몰랐던 사람들이 성소수자 인권을 알게 됐다고 우리에게 말했어요. 관심을 가진 더 많은 학생들이 동아리에 들어오고, 확실히 변화가 있었어요. 저희 학교가 원어민 교사 비율이 높으니까 당연히 성소수자에 친화적일 거라고 생각하지만 동아리 승인 과정은 어려웠어요. 물론 다른 학교에 비해서 훨씬 쉽긴 했죠. 저희도 행정은 남고에 따르기 때문에 거기서 승인을 받아야 해요. 승인을 받을 수 있겠냐, 문제가 될 수 있다고 엄청 반대한 선생님도 있었대요. 다행히 동아리 승인 서류를 담당하신 선생님이 저희를 도와주시고 엄청 밀어붙여서 승인을 받았어요. 동아리에서 활동하는 거 엄마가 되게 싫어했거든요. 선생님들이 안 좋게 보면 어떡하냐면서. 근데 저 3학년 올라갈 때 친한 여자 선배가 해외 명문대를 갔어요. 학부모들 사이에서 소문이 쫙 돈 거예요. '걔가 퀴어랑 페미니즘 활동을 해서 그 학교에 붙었다더라.' 엄마가 그 얘길 들으셨나 봐요. "유진아, 너도 계속 해보면 어때?" (웃음)

중학교 때 썼던 일기에 버킷리스트가 있어요. 페미니스트 활동가가 돼서 연설을 하고 싶다는 내용이에요. 제가 좋아하는 배우 엠마 왓슨의 유엔 연설을 봤고, 제가 존경하고 똑똑하다고 생각한 사촌 언니가《우리는 모두 페미니스트가 되어야 합니다》라는 책을 소개해줬어요. 강남역 살인사건이 고1 때 있었는데, 자료가 많이 쏟아져나왔고, 이해하기 쉬운 짧은 기사를 되게 많이 봤어요. 자연스럽게 페미니스트가 되어야겠다는 생각을 했어요.

청페모는 제 버킷리스트를 이룰 수 있게 만들어준 존재예요. 청페모에서 주최하는 집회에서 첫 연설을 했으니까. 그 자리에서 미투를 한 다른 사람의 얘기를 들을 수 있었고 서로 도울 수 있는 말의 영향력을 실감했어요. 어릴 때 외국에 있다가 한국에 돌아왔을 때 제 환경이 마음에 안 들었어요. 의견을 표현하는 걸 좋아하는데 한국에서는 막히는 거예요. 그게 너무 싫었어요. 엄마한테 얘기를 했더니 그러시는 거예요.

"특목고에 가면 네 의견을 말하는 게 더 편할 수 있어." 엄마는 제가 특목고에 가길 바라니까 이렇게 얘길 한 거죠. 저도 영어를 쓰는 특목고에 가면 제가 더 행복할 거라고 단순하게 생각했어요. 근데 고등학교도 다르지 않았어요. 외국에서 공부하고 싶어서 고등학교도 국제과로 진학했어요. 외국은 인권의식이 더 높을 거라고 생각한 건데 지금 생각해보면 그렇지는 않잖아요. 제 주변은 다 고학력자이고 대학을 나오지 않고 사는 사람이 없어서 이것 외에 다른 삶을 상상할 수 없었어요. 근데 제가 더 좋은 곳으로 가기 위해 현재를 버티기만 하는 것에 대한 한계를 깨달았어요. 제 환경을 벗어나려고만 하는 게 아니라 현재 있는 곳을 바꿀 수 있으면 바꿔야 한다는 생각이 들어서 활동을 시작했어요.

청페모 활동이 제 인식을 넓히는 데 도움이 됐어요. 오랫동안 저는 공부를 잘하니까 이 혜택을 누리는 게 당연하다고 생각했어요. 주위에 외국에서 살다 오거나 특목고 다니는 사람들밖에 없어서 제가 특권을 누리고 있다고 생각을 못 했어요. 페미니즘을 알면서 제가 영어를 할 수 있기 때문에 더 많은 자원에 접근할 수 있는 있다는 걸 깨달았어요. 앞으로 어디서 살지 결정하지 않았지만 유학을 갔다가 한국에 돌아오면 유리한 위치에 서게 되는 거잖아요. 유학이 개인의 능력이 아니라 돈이 있어야 갈 수 있는, 너무 똑똑한데 돈이 없어서 못 가는 경우도 있고, 똑똑하다는 것 자체도 돈을 많이 쓰면 똑똑해질 수 있는 게 현실이잖아요. 학벌주의라는 말을 들을 때 당연히 나쁘다고 생각을 했는데 어떻게 제 자신이 이런 인식에서 탈피할 수 있을지 생각이나 노력은 안 했어요. '아, 내가 나이브했구나.' 전에는 한 번도 깊게 생각해보지 않았던 문제를 최근에 깨달았어요. 이것에 대해서 깊게 생각해보지 않아도 된다는 것 자체가 특권인 거죠. 청페모 활동을 하면서 다른 경험이나 의견을 가진 사람들을 만났고 해보지 않은 생각을 할 수 있었고 좀 더 다양한 관점으로 세상을 바라보게 됐어요.

이황유진의 얘기를 들어보면 학교 성폭력 사건에서 사람들의 어떤 움직임이 사건화 과정에 영향을 미치는지 알 수 있다. 한편에는 사건화를 방해하고, 은폐하고 왜곡하려는 사람들이 있다. 다른 한편에는 피해를 고발하고 지지하고 협력하는 사람들이 있다. 자신의 이익과 자리를 지키려는 사람들과 정의를 지키려는 사람들이 치열하게 싸운다. 특히 이 사건에는 피해자들에게 가해 상황을 몰래 알려준 목격자이자 조력자가 있었다. 이들은 또래집단에서 내쫓길 수도 있다는 두려움보다는 무언가를 더 하지 못하는 미안함이 앞섰던 사람들이다. 남성 또래 집단에서 다른 상식을 가지고 있던 사람들이다. 사건에는 피해자와 가해자만 있는 것이 아니다. 다른 존재들이 사건의 시작을 다르게 만들 수 있다.

이황유진은 가해자의 처벌보다는 공동체가 성폭력 문제를 상기하고 다시 이런 일이 일어나지 않도록 교육의 기회로 삼길 바란다고 말한다. 그래서 고발자들은 학내에서 이 문제를 어떻게 공론화할지 고민하고 구체적인 시도를 했다. 목격자이자 조력자였던 사람들과 피해자들은 곁을 파괴하기 위해서가 아니라 함께 살기 위해 말하기를 선택했다. "스스로 침묵을 지키고 무슨 생각을 하고 무엇을 느끼는지 말하지 않는 것은 다른 사람들과 유대하며 살아가는 가능성을 포기하는 일"이다.[4]

스쿨미투로
'새로운 상식'이
만들어지고
있어요

구술: 혜
글: 이호연

나는 누구와 달라

어릴 때 저는 남들과 다르다는 생각을 많이 했어요. 아빠가 헌옷을 고물상에 파는 일을 하셨어요. 수거한 옷 중에 고른 딱 맞지 않은, 품이 크고 소매가 긴 옷을 입고 다녔어요. 부끄럽지 않았는데 예쁜 옷을 입은 여자 아이들과 제가 구분은 되는 거죠. 예쁘거나 '여성다운 외모'가 아니고 꾸미는 데 관심도 없어서 제가 다른 여자애들과 같지 않다는 생각을 했던 것 같아요. 학교에 입학하기 전에 친하게 지낸 언니가 제가 학교에 입학하고 나서 우리 아빠 직업을 알고 소문을 내고 저를 멀리했어요. 골목대장이었던 친언니가 나서줬지만 그 이후론 그 언니와 놀지 않게 됐어요. 초등학교 때 반에서 애들을 생일파티에 초대하는 문화가 있었어요. 3학년 때 처음으로 초대를 받아서 그 집에 갔는데 '아, 보통은 이런 집에서 사는구나' 싶었어요.

겁이 많은 아이였어요. 미끄럼틀에 올라갔는데 무서워서 못 내려오는 저를 언니가 30분 정도 기다려준 적이 있어요. 신호등이 깜박거리면 길을 건너면 안 된다고 배우잖아요. 어떤 신호등은 켜지면 건널 때까지 계속 깜박거리거든요. 깜박거리니까 못 건너서 한 시간 동안 있다가 수업이 끝나고 오는 언니를 만나서 온 일도 있어요. 남들보다 느리고 딱히 왜 빨리 해야 하는지 몰랐던 것 같아요.

초등학교 1, 2학년 때 학교에서 다섯 마디 이상 한 날이 별로 없어요. 관계를 맺고 또래 문화 속에 있는 게 저한텐 어려운 일이었어요. 말투가 남들과 다르다고 놀림을 받았고 또래 집단에서 말하는 경험이 많지 않아서 한 마디 할 때마다 긴장을 했어요. 학습지 같은 걸 줄 때 제 손이 닿는 걸 애들이 싫어했던 기억도 있어요. 초등학교 때 제가 장애를 가진 학우들과 놀면 비웃음거리가 된 적도 있어요. '도대체 왜?'라는 의문보다는 원 밖에 있는 느낌이 더 컸던 것 같아요. 왜냐하면 처음부터 별로 같지 않았기 때문에. 이런 상황에 적응하려고 나를 설명하는 말 중 하나가 '나는 누구와 달라'였어요.

모범생으로 학교에 적응을 했어요. 또래 문화에 적응하지 못하는 제가 찾은 적응 방식이었어요. 학업에 충실한 건 맞출 수 있는 기준이니까. 초등학교 3학년 때는 반장 선거에 나갔어요. 책만 열심히 읽었는데 말하기의 첫발을 떼야겠다는 생각을 했어요. 언니가 도서부인데 같이 집에 가야 해서 저는 책을 읽으면서 언니를 기다렸거든요. 꿈과 희망을 주는 어린이 도서를 많이 읽었던 거 같아요. 책을 읽으면서 사람들을 사랑하고 헌신하고 이타적인 게 중요하다는 생각을 했어요. 사람들과 관계 맺기를 해보고 싶다는 욕망이 책을 읽으면서 처음 생겼어요. 공동체에 헌신하고 봉사하는 이미지 때문에 반장을 하려고 했던 것 같아요.

어릴 때 융통성이 없다는 얘길 많이 들었어요. 'A로 정했으면 그대로 가야지 왜 사람들은 A에서 B로 가는 거지?' 고집이 세고 성실한 편이어서 주어진 일은 잘하는데 애들과 관계를 맺는 건 다르잖아요. 애들의 비언어를 알아채는 것도 잘 못했고 또래문화의 권력, 파벌 이런 것도 이해를 못 해서 학급 임원 생활이 순탄치 않았어요. 학교문화에 의문이 생겼어요. 학생이 조금만 늦어도 손바닥을 맞는 모습을 보면서 '벌이 너무 과한 거 아닌가?' 하는 생각이 들었죠. 저는 자연 곱슬머리인데 어느 날 선생님한테 계속 설명을 해도 곱슬머리가 아닌 것 같다며 선생님이 제 손바닥을 때릴 때가 있었어요.

'내가 곱슬머리든 아니든 뭔 상관이고 왜 내가 맞아야 하지?'

사랑을 만난 시간

중학교 3학년 때 제가 선생님에게 일기를 보여줬어요. 왜 그랬는지 맥락은 생각이 안 나요. 반에서 제가 괴물로 여겨지는 느낌이고 전시물이 된 것 같다는 내용이었어요. 반 애들이 웃으면서 저를 괴롭히고 따돌리고, 예쁜 애와 못생긴 애를 나누고 못생겼다는 조롱을 놀이처럼 하고서는 장난이라고 하는데 저는 즐겁지 않았어요. 선의와 악의를 구분하기 어려웠어요. 애들을 미워하지 않으려고 이해해보려고 노력했어요. 제가 노력하면 관계가 나아질 거라고 생각했어요. 출석부에 있는 애들 이름을 노트에 써놓고 장점을 쭉 쓴 적이 있어요. 애들을 이해 못 하면 학교에서 제가 좋아하는 게 하나도 없게 되는데, 사람들을 미워하면서 여기서 어떻게 지낼 수 있을까 싶었어요.

"종례시간에 일기를 읽어보면 어때?" 선생님이 일기를 읽으라고 해서 읽었는데 저를 놀렸던 애들이 사과를 했어요. 잘 모르지만 아마 선생님의 중재가 있었겠죠. 제가 싫다고 얘기한 다음에 아무도 저를 괴롭히지 않고 말을 걸지 않았어요. 편안했지만 허무했어요. 돌아갈 관계라는 게 없으니까 저와 무관한 사람들이 되는 걸 보면서, '쟤들은 나와 친해지려 했던 게 아니라 괴롭히는 게 재밌었던 거구나' 하고 생각했어요. 사랑했지만 불가능했구나. 내가 무슨 마음을 가지고 어떤 노력을 하든 이미 관계가 아니었구나.

사랑과 폭력의 구분이 어려웠어요. 좋아해서 괴롭힌다는 말이 있듯이 친해지기 위해서 무리에 포섭하려고 나를 괴롭히는 거라고 생각했어요. 미워하는 감정이 나쁜 감정이라고 생각을 했던 것 같아요. 착한 아이 콤플렉스가 분명히 있었다고 생각해요. 초등학교 때부터 바깥으로 밀려나 있는 삶이었고 저를 밀어내는 존재들을 향해 노력했던 시간들이 있었는데 결국 중학교 때 정리가 됐어요. 힘들었지만 나는 사랑하려고 노력했고 더 많은 걸 얻었다. 사랑을 했고 내가 더 상처를 받았지만 자존심이 상하는 일은 아니다. 왜냐하면 사랑을 했기 때문에 나는 이 경험을 얻었으니까.

고등학교 때 학교에 대자보를 붙였어요. 2013년에 '안녕들 하십니까?' 운동이 있었잖아요. 언니가 쓴 밀양 송전탑 반대 투쟁에 대한 글을 읽고 페이스북에 올라온 제안을 보고 처음으로 광화문에서 일인 시위를 했어요. 이 주제로 대자보를 써야겠다는 생각에 초안을 써서 언니한테 보여주고 전지를 사서 옮겨 적고 이름까지 써서 학교에 밤에 가서 대자보를 붙였어요. 엄청 분노해서라기보다 할 수 있으니까 해보자는 마음이었어요. 대자보를 붙이는데 너무 무서웠어요. 저를 학교에

있게 한 유일한 포지션이 모범생이었는데 처음으로 금지된
행동을 한 거예요. 아무도 허락하지 않은 일을 했다는 두려
움도 있고 문제제기를 받았을 때 누구도 나와 함께 싸워주지
않을 것 같아서 무서웠어요. 제가 고등학교 입학하고 1년 정
도 친구를 만들지 않았거든요. 혼자서 잘 지내는 연습을 해야
한다고 생각했어요. 학교 안에서 관계를 맺는 게 어려운 일이
라고 느꼈던 때였으니까요.

이런 관계 맺기도 가능하구나. '청소년 안녕들 하십니까'
모임에 찾아가서 사람들을 만나고 학생 인권을 주제로 세미
나를 하고 페미니즘 소모임에서 활동을 했어요. 학교 밖 활
동공간에서는 제가 조금 느리거나 달라도 상관이 없었어요.
이성애 중심사회에서 여성이 사랑을 하는 건 정말 어려운 일
이지만 사랑은 중요한 문제잖아요. 사람들을 사랑하기 위해
서 노력했지만 불가능함을 느꼈던 시간과 혼자서 잘 지내려
는 시간이 있었는데, '드디어 사랑을 할 수 있겠구나' 하는 느
낌을 활동하면서 받았어요. 10대가 끝나기 전에 활동공간에
서 사람들을 만나서 인간을 덜 미워할 수 있는 사람이 됐고,
그게 지금까지 활동하는 데 영향을 미쳤다고 생각해요.

청소년 페미니스트 연대의 시작

학교에서 학생 자치를 해보고 싶었어요. 그래서 학생자치

법정 일을 했어요. 학교에 상벌점제가 있을 때 점수가 과누적된 상태에 있는 학생을 변호하는 일이었어요. 학교에서 '문제 학생'이라고 여기는 사람들을 처음 가까이 만나서 얘기를 들었던 건데, '이런 걸 문제라고 하는 건 너무 억울하다, 별것 아닌 일로 낙인이 되는구나' 하는 생각을 했어요. 저도 마음속에 '문제 학생'에 대한 편견이 있다는 걸 그때 처음 인지했어요.

학교에서는 변화를 시도하는 것 자체가 전혀 통하지 않았어요. 운영위원회에 참여하는 학생들은 반성을 강요하는 성찰교실을 없애야 한다는 입장이었어요. 이 문제로 교사와 학생이 모여서 회의를 하는데, 제 얘기는 듣지 않고 얘기를 하는 저를 그저 내버려둔다는 생각을 했어요. '이건 논의가 아니다. 원하면 바꿀 수 있다고 생각했는데 실제 학생들이 학교에서 힘을 발휘하기 어렵구나.'

학교에서 여학생의 외모를 평가하는 문화가 교사와 학생 안에 모두 있어요. 그들은 친밀감으로 포장해서 뚱뚱한 여학생을 놀리거나 농담을 하죠. 이때 교사와 친하다고 생각하는 학생은 폭력이라고 생각을 안 해요. 왜 그런 '짓궂은 농담'은 늘 여학생들의 외모를 평가의 대상으로 하는지 의문이 들었어요. 남학생이 여자 친구와 한 성경험을 남학생들 사이에서 얘기하거나, 남학생들 사이에서 장난처럼 확 때리고 갔는데 그중 한 명이 휘청하면서 다친다거나…… 폭력상태에 놓인 사람부터 그것이 폭력이라고 동의하지 않아요. 학교에는 친밀감이라는 이름으로 행해지는 폭력들이 많아요.

고2 때, 저랑 친한 친구 학교에서 한 학생이 성적을 비관해 자살했어요. 친구는 '그 죽음이 치워졌다'고 표현했어요. 학교가 이 죽음을 말하지 않는다고. 그 즈음에 세월호 참사가 있었어요. '가만히 있으라.' 이 말은 배 안에서만 있었던 게 아니에요. 한국의 교육 시스템 안에서 학생들은 현재의 고민이나 욕망을 말하지 못하잖아요. 저한테는 두 사건이 연결됐어요. 청소년의 죽음이라 슬프다고 말하는 사회가 기만적이다. 청소년의 죽음은 도처에 있다.

세월호 참사를 계기로 사회운동을 시작했어요. 청소년 제안자로 '가만히 있으라' 침묵시위를 함께하고 단식도 했어요. 2016년 강남역 살인사건 이후에 자유발언대에서 모였던 여성 청소년들과 함께 청소년페미니즘모임을 만들었어요. 이 모임을 만들고 모이는 과정에서 2017년에 학내 성차별과 성폭력을 고발하는 집회를 열었어요. '여학생을 위한 학교는 없다.' 2018년 12월에 스쿨미투 고발자들과 청소년들이 함께하는 집회를 했어요. 그렇게 청소년 페미니스트들이 연대하는 스쿨미투 운동이 시작됐어요.

스쿨미투 이해를 위한 모범 안내

스쿨미투는 피해자가 집단이고 익명성에 기반한 고발이에요. 어떤 학교의 경우 30년 전에 학교에 다닌 사람과 1년 전에 다닌 사람이 같이 증언할 수 있다는 점에서 고질적인 학교의 성폭력 문화를 드러내는 일이에요. 한 명의 가해 교사를 처벌하기 위해 학생실태조사를 했는데 여덟 명의 가해자가 추가로 나오는 학교들이 있는 거죠. 문제는 고발 자체만 이슈화되고 고발 이후 가해자가 어떤 처벌을 받았는지, 어떤 과정으로 피해자를 보호하는지에 대한 얘기가 별로 없고 이것이 학교에서 시스템화되어 있지도 않아요.

고발자는 가해교사의 징계 내용을 알 수 없어요. 가해자들이 징계를 받을 수 있다는 가능성을 피해자들이 확인하는 게 중요하잖아요. 근데 징계 내용을 공개하면 개인정보 공개법 위반이라서 가해교사가 교육청에 신고를 할 수 있대요. 교육청은 교사에 대한 징계 내용을 알려주지 않아요. 고발 이후 사안이 은폐되기도 하고 교육청 감사 과정으로 넘어가면 사건은 고발자의 손을 떠나요. 피해 고발자는 사건 처리나 그 이후 과정에서 소외돼요. 대부분 피해자의 의견을 듣지 않고 바로 징계 절차로 넘어가고, 고발 이후 학생들의 의견을 말하고 반영하는 자리가 없어요. 피해자가 사건의 진실을 알고 정의를 확인할 수 있는 권리를 갖는 것은 그의 존엄성을 지키는 일이잖아요. 스쿨미투 피해자에 대한 심리 지원을 포함해서 피해자의 회복을 위해 학교와 정부는 무엇을 할 것인지에 대한 담론 자체도 만들어지지 않고 있어요. 그래서 사건이 진행될수록 고발자들은 점점 지치고 고립돼요.

인상 깊었던 사례가 두 가지 있어요. 하나는 A 외고에서 학생회가 입장문을 내고 전수조사를 제안하고 교장과 얘기하는 자리를 가졌어요. 학생회 차원에서 사건 해결 과정에 개입해서 움직였던 드문 사례죠. B 고등학교는 서명을 받아서 스쿨미투 사건 TF팀에 학생 참여를 요구했어요. 사실 많은 학교에서 사건 처리 과정에 학생 대표자를 포함시키라는 요구를 했고 학생들이 적극적으로 변화를 함께 논의하려는 시도들이 있었어요. 교육청 사례로는 학생 전수조사를 할 때 모든 학교는 아니고 특정 학교에서 일대일로 조사를 했대요. 교육청 직원이 상담실에 학생을 한 명씩 불러서 비밀유지 약속을 받아내고 절차를 설명한 다음 조사서를 작성하도록 한 거죠. 그동안 많은 경우 전수조사에서 기본적인 것들이 지켜지지 않아 피해자들이 공개되는 상황들이 많았어요.

우리가 던지는 질문

스쿨미투가 이 사회에 던진 질문은 사회에서 새로운 상식선을 만들어내는 것이라고 생각해요. 예전엔 당연했던 것이 이제는 아닌 것들이 있어요. 그동안 아무렇지 않게 했던 말과 행동이 성희롱이 될 수 있고, 학교 안에서 느끼는 불편함이 개인의 예민함이 아닌 폭력일 수 있는 거죠. 학교에서 이런 것에 문제제기를 하는 사람들이 예전보다 훨씬 더 많이 등장했고 자신의 문제제기가 틀리지 않다는 감각을 공유하고 있어요. 학생들의 감수성이 변화하는 속도에 비해 학교의 변화는 굉장히 더디죠.

사실 스쿨미투 이후 학교에서 논쟁의 장은 위축됐어요. '이걸로 너도 미투 할 거냐?' 이제 무서워서 학생들 앞에서 한마디도 못 하겠다고 하는 교사들이 많아요. 학내 성폭력에 대한 것들이 모두 사건화를 요구받고 사건화하지 않으면 말하기 어려워요. 요건이 안 되면 성폭력으로 인정이 안 되고 문제가 없는 걸로 간주하고 없었던 일이 되죠. 학교에서 사건화하지 않고도 불편함을 말할 수 있는 공론장이 필요해요.

그렇게 많이 얘기했는데 대한민국 정부는 이해를 못 하고 있어요. 스쿨미투는 교육현장에서 만연한 성폭력적인 학교문화에 대한 고발이라는 걸. 정부의 스쿨미투 종합대책안은 학내 성폭력 사안처리 과정에 대한 내용을 주로 많이 포함하고 있어요. 지금까지 스쿨미투는 피해 사실에만 초점을 맞춰서 얘기됐기 때문에 제대로 된 문제 진단이 되지 않았어요. 학교의 성평등이라는 큰 틀에서 사건 처리는 하나의 목표가 될 수 있지만 최종 목표는 아니잖아요. 성평등 관점에서 학교 안에서 무엇을 성폭력으로 판단할 것인지, 어떻게 피해자를 보호할 것인지 어떻게 성평등 교육 기반을 마련할 것인지 등 진단과 목표에 대한 더 넓은 관점이 필요해요.

학생과의 신체접촉 가이드라인[5]을 만들어달라. 교총에서 교육부에 요청한 내용이에요. 미투나 인권에 대한 인식이 높아지면서 훈육적인 지도를 위한 신체접촉도 성추행으로 학생들이 오인하기 때문에 교사들이 학생들에 대한 지도를 회피한다는 맥락에서 교총이 요구했어요. 이게 교원들의 낮은 인식 상황을 단적으로 보여준다고 생각해요. 전교조도 적극적인 입장을 내놓지는 않았어요.

교사들은 학생들한테 문제제기를 받는 것에 정말 익숙하지 않아요. 교사가 하는 말은 학생들을 사랑해서 하는 것이고 학생들을 위해서 하는 행동은 문제가 없다고 생각하는 믿음이 있는 거죠. 그래서 문제제기를 받은 교사는 자신의 선의를 학생이 오독했다고 얘기하거나 반항한다고 야단을 치죠. 학생에 대한 교사의 친밀감은 평등한 관계가 아니라 학생을 평가하고 학생의 영역을 침범할 수 있는 권력 관계 안에서 이루어지잖아요. 학생-교사 관계는 친밀성과 폭력의 경계선이 명확하지 않은 관계 중 하나이고 어디서부터가 폭력인지 얘기하기 어려워요. 우리 사회에서 사랑이나 친밀감의 방식이 너무 오랫동안 잘못 이해됐기 때문에 아무리 설명을 해도 이해를 못 해요. 청소년을 사랑한다고 말하는 대부분의 사람들이 폭력과 사랑이 결합되어 있는 방식이 아닌 청소년을 존중하는 법을 몰라요.

여성 청소년을 말할 때 피해 경험만 얘기하는 게 싫었어요. 성적자기결정권을 포함해 청소년의 섹슈얼리티 담론을 확장하는 활동을 만들어야 하지 않을까? 스쿨미투 운동이 청소년의 피해 호소로만 기억되면 안 된다는 생각을 해요. 저희는 이것을 부단히 바꾸려고 했던 사람들이에요. 스쿨미투 운동이 동등하게 논의할 수 있는 동료 시민으로서 청소년이 있다는 생각을 사람들에게 각인시켜준 계기였을 거라고 생각해요. 이런 점에서 성과가 있었다고 생각하지만 이 사회는 여전히 스쿨미투를 평면적으로 이해해요. 우리는 스쿨미투의 핵심적 가치들을 마주하지조차 않고 있어요.

스쿨미투 운동에서 고발자들만 말했다고 생각해요. 이 목소리는 전시되지 않고 들려진 것이 맞을까요? 이런 구조에서는 문제를 제기하는 사람들이 지칠 수밖에 없어요. 스쿨미투가 고발에 대한 기록으로만 남지 않길 바라요. 고발자의 말하기를 들은 우리의 말하기는 도대체 어디에 남은 것일까요? 이 운동이 우리 모두의 말하기나 우리 모두의 요구로 이어져야 하지 않을까요?

혜의 이야기는 사랑을 찾아가는 여정에 대한 얘기 같다. 친밀성과 폭력이 섞여 있고 구분하기 어려운 삶에서 친밀성과 만나기 위해서도 폭력이 무엇인지를 구분하는 과정이 필요하다. 이 과정은 쉽지 않다. 잘못된 이해가 이미 우리 몸과 마음에 오랜 시간 학습되어 둥지를 틀고 있다. 진실을 향한 눈은 가려져 있고 귀는 닫혀 있다. 그렇다면 우리는 어떻게 사랑의 자리를 찾을 수 있을까? "진정한 페미니스트 정치학은 언제나 우리를 굴레에서 자유로, 사랑이 없는 자리에서 사랑이 풍부한 자리로 데려간다." 벨 훅스는 "정의가 없는 곳에 사랑이 없다"고 말한다. "사랑은 우리를 변화시킬 힘을 가지고 있으며 우리에게 지배에 반대할 힘을 준다. 페미니스트 정치학을 선택하는 것은 사랑하기를 선택하는 일이다."[6]

이제 응답할 시간이다

청소년 페미니스트들을 만난 건 처음이었다. 청소년 인권을 고민하며 페미니스트로 살고 있는 내가 청소년 페미니스트를 만나 청소년 인권과 학교문화, 여성의 삶에 대해 얘기할 날이 올 거라고 생각하지 못했다. 내 주위에 청소년 인권에 대해 얘기할 수 있는 사람이 있고 페미니즘을 같이 나눌 사람도 있다. 하지만 이 두 가지를 연결해 일상의 문제를 깊게 얘기할 수 있는 사람은 많지 않다. 청소년 페미니스트들과의 만남은 인터뷰이기보다 고민과 질문이 오갔던 시간이었다. 이 시대에 우리가 겪고 있는 문제를 같이 보면서 어떻게 길을 만들어야 할지 눈을 맞추며 머리를 맞댄 시간이었다. 고민하는 문제를 함께 얘기할 수 있는 사람이 있다는 것이 얼마나 든든하고 벅찬 일인지를 다시 느꼈다. 새롭게 만난 동료들과 나의 곁을 지켜주고 있는 동료들에게 감사했던 시간이었다. 스쿨미투에 대한 얘기를 사람들과 어떻게 더 잘할 수 있을지 영감을 받았다. 이제 다시 얘기를 다르게 시작해보자는 마음을 먹고 고민을 이어간 시간이었다. 왜냐하면 스쿨미투 운동은 진행 중이기 때문이다.

2020년 1월 9일 서울 서초구 서울행정법원에서 '스쿨미투 처리현황' 정보공개거부처분취소 소송 마지막 변론이 있었다. 서울시교육청의 최후진술은 '교사 개인의 사생활 보호가 중요하다'는 내용이었다. 성폭력 사건에서 피해자의 회복과 재발방지를 위해 가해자의 징계유무와 내용을 아는 것은 중요하다. 그래서 피해자에게 가해자의 처벌 내용에 대한 고지 의무가 있는 것이 상식이다. 가해 교사의 사생활 보호만 중요하고 학내 성폭력 고발자들이 조사과정부터 학교생활 내내 보호받지 못하고 노출되는 것은 문제가 아닌가? 교육청은 지금 누구의 무엇을 보호하고 있는가? 가해 교사는 공적 업무에서 일어난 일로 징계를 받은 것인데 징계 내용이 왜 보호되어야 할 사생활인가? 중징계를 받더라고 행정소송을 통해 가해 교사들이 학교로 복귀하고 있다. 교사 전체에 대한 성평등 교육과 학교의 재발방지 대책은 얼마나 실효성 있게 진행되고 있는가?

교육부가 전국 시·도 교육청에 '성희롱·성폭력 전담 부서'와 '성희롱·성폭력 조사 심의위원회'를 의무로 설치하겠다고 했으나 실행되지 않았다. 17개 시·도 교육청 중에 스쿨미투 이후 교원 성희롱·성폭력 전담 부서를 신설한 교육청은 서울·대구·인천·광주·울산·경기·경남이다. 다른 시·도 교육청은 두 곳이 준비 중이고 나머지는 신설 계획이 없다고 밝혔다. 한창 스쿨미투가 이슈가 될 때는 이런저런 대책을 내놓을 것처럼 얘기하지만 시간이 지나 확인해보면 아직 기본적인 것조차 진행되지 않고 있는 것들이 보인다.

"학생들은 천덕꾸러기도 골칫덩어리도 아닙니다. 학교생활 12년, 학교생활의 전문가입니다." 2014년 인천시 청소년 원탁 토론회에서 "학생들을 더 존중해달라"며 얘기한 어떤 청소년의 말이다. 다섯 명의 학교 전문가이자 청소년 페미니스트들의 이야기가 여기에 있다. 이들은 성차별적이고 폭력적인, 불평등한 학교문화와 그 속에 놓여 있는 관계들을 고발한다. 나는 이 얘기가 사람 곁에 서서 같이 사랑하며 살고 싶은 사람들의 목소리로 들린다. 이들은 차별과 폭력, 혐오가 있는 곳에서 자신과 동료들의 마음과 몸이 망가진다는 것을 알게 된 사람들이다. 우리가 행복하기 위해서는 차별과 폭력에 반대하는 목소리를 내는 자리에 내가 있어야 한다고 말한다. 그리고 사람들에게도 묻는다. 당신도 그렇지 않느냐고. 도대체 어떤 세상과 관계 속에서 살고 싶은 거냐고. 질문을 받은 사람들의 응답은 무엇인가?

"교사들은 학생들한테 문제제기를 받는 것에
정말 익숙하지 않아요. 교사가 하는 말은
학생들을 사랑해서 하는 것이고 학생들을
위해서 하는 행동은 문제가 없다고 생각하는
믿음이 있는 거죠. 청소년을 사랑한다고
말하는 대부분의 사람들이 폭력과 사랑이
결합되어 있는 방식이 아닌 청소년을
존중하는 법을 몰라요."

미주

1장 내가 왜 쫄려야 돼?

1. 서울시 송파구 문정동에 만들어진 지역으로 1986년 서울 아시안 게임과 1988년 서울 올림픽으로 개발 바람이 불고, 올림픽 경기장, 올림픽 선수촌 아파트 등이 들어서기 시작하면서 밀려난 세입자들이 송파구와 성남시 경계인 이 지역에 빈 비닐하우스를 발견하고 들어가 살게 된 것이 개미마을의 시작이었다.
2. 김환희·이소윤·김훈순, "TV드라마와 젠더담론의 균열과 포섭: 이혼녀와 미혼모의 재현. 미디어", 《젠더&문화》 30(3), 2015, 5~40쪽.
3. 성정현, "이혼한 여성 한부모들의 자립경험", 《한국콘텐츠학회논문지》 17(5), 2017, 128쪽.
4. MBN 예능 프로그램 '우리 다시 사랑할 수 있을까'에 출연한 한 방송인이 2019년 11월 27일 방송에서 했던 말이다.
5. 정재원, 《여성의 빈곤은 어디로부터 오는가? 숨겨진 빈곤》, 푸른사상, 2010.
6. 더 자세한 내용은 복지로(http://www.bokjiro.go.kr)와 여성가족부 한부모가족 지원 서비스(http://www.mogef.go.kr/index.do)를 참고할 것.

2장 국경을 넘고 넘었어요, 내가 되기 위해

1. 통일부가 발표한 자료에 따르면, 2017년 10월까지 한국에 들어온 탈북민은 3만 1093명인데 이 중 여성이 2만 2135명이다. 2018년 한국에 입국한 탈북자는 남자 111명, 여자 697명으로, 여성의 비율이 86%에 달했다(9월 기준).
2. 북한에서는 공식적으로 취업률이 100%다. 북한 노동법 1장을 보면 '북한은 실업이 없고, 공민은 국가로부터 안정된 일자리와 노동조건을 보장받는다'고 명시하고 있다. 18세가 넘은 북한의 모든 성인남녀는 군이나 대학을 가지 않을 경우 자동 취업된다.
3. "'귀순용사' 귀한몸서 '경제난민' 신세 전락", 이제훈 기자, 〈한겨레신문〉, 2010.11.15.
4. 통일부가 발표한 자료에 따르면, 2018년 기준으로 한국에 들어온 탈북자는 3만 2476명이다.

3장 나는 숨지 않는다

1. 조사에 참여한 이들의 학력은 중졸 이하가 54%에 달했다. 〈2017년 장애인 실태조사〉, 한국보건사회연구원, 2017, 484쪽.
2. 전체 인구 취업자 비율이 61.3%인 반면 장애인 취업자비율은 36.9%이다. 또한 장애여

성 취업자 비율은 23.4%로 남성 장애인의 절반 수준에 불과하다.

3. "더불어민주당 총선 인재 1호 '여성 장애인' 최혜영 교수에게 보내는 편지", 〈비마이너〉, 2020.1.6. http://beminor.com/detail.php?number=14219 (최종검색일 2020.1.6)

4. 정수미, "금수저 장애인만 아이 낳아라? 헌법부터 읽어보세요", 〈베이비뉴스〉, 2019.12.6. https://www.ibabynews.com/news/articleView.html?idxno=80423 (최종검색일 2019.12.20)

5. 정수미, 같은 글.

6. 야스토미 아유무, 《단단한 삶》, 박동섭 옮김, 유유, 2018.

4장 여기서 성질을 더 죽이면 못 살지

1. 우리나라의 1세대 백화점 중 한 곳. 현재 롯데백화점 영플라자 자리이다.

2. 남산 기슭에 모여 살던 역술인들은 1960년대 말 재개발로 터전을 잃고 미아리로 이주해 점성촌을 형성했다. 현재 이곳에 모여 사는 역술인은 시각장애인(맹인)들이다.

3. 마포는 조선 전기부터 수상교통의 요지로 전국의 어염상선이 출입했다. 새우젓 가게가 많아 새우젓 동네로 통했다.

4. 항구나 탄광촌 같은 지역을 말한다.

5. 1970년대 신설동, 중랑천, 청계천 일대의 빈민가에는 넝마주이들의 거주지가 있었다.

6. 이러한 부랑인보호시설들은 납치, 감금, 폭행, 강제노역 등의 인권침해로 악명이 높다. 대표적으로 1987년에 폐쇄된 '형제복지원'이 있으며, 피해자들은 진상규명과 명예회복을 위한 투쟁을 지금도 계속하고 있다.

7. 김윤영, "불리지 못한 이름, 여성 홈리스", 〈플랫폼C〉, 2019.12.13. http://platformc.kr/2019/12/female-homeless/ (최종검색일 2020.2.10)

8. "빅이슈코리아, 2018년은 '여성 홈리스'에 집중한다", 〈미디어SR〉, 2018.2.16. https://www.mediasr.co.kr/news/articleView.html?idxno=47679 (최종검색일 2020.2.10)

5장 내가 만난 이상한 나라

1. 청소년 인권 운동은 청소년과 '어른' 간의 나이 위계로 발생하는 차별 문제를 드러내고 다른 관계를 만들기 위해 비청소년 개념을 쓰고 있다.

2. 〈아무도 무시 못할 찍-소리〉, 나다, 이상한 나라, 활기, 엑시트 콜라보 워크숍 자료집, 2015.

3. 휴대폰 소액결제깡, 휴대폰소액결제로 상품권이나 게임머니, 모바일 상품권을 구매한 후 그것을 되팔아 현금을 취하는 수법이 있다고 한다. "대구, 경북 청소년 대상 핸드폰 소액결제깡 기승", 〈뉴시스〉, 2012.10.2.

4. 2013년에 만들어진 '자립팸 이상한 나라'는 만 18세에서 24세 탈가정 청소년이 살고 있는 집이다. '이상한 나라'에서 살고 있는 청소년을 '앨리스'라고 부른다. '이상한 나라' 건국이념에는 청소년 주거권이 들어 있다. 자세한 내용은 책 《그런 자립은 없다: 곁을 잇

고 나로 서는 청소년 현장 이야기》 (교육공동체벗, 2019) "이것저것 해보고 싶은 집"에서 볼 수 있다.

5. 이 글은 2019년 청소년주거권네트워크에서 공유한 자료와 논의를 바탕으로 썼다. 청소년주거권네트워크는 청소년을 지원하는 단체 활동가와 인권단체, 변호사들이 모여 만든 네트워크이다.

6. 〈가정 밖 청소년의 실태와 자립지원 방안 연구〉, 한국청소년정책연구원, 2018.

7. "쉼터 위기청소년 절반이 자진 퇴소, 안정 등 우려", 〈여성신문〉, 2017.11.3.

8. 조미경, "장애인 탈시설운동에서 이뤄질 '불구의 정치' 간 연대를 기대하며", 〈비마이너〉, 2019.4.10. http://beminor.com/detail.php?number=13304 (최종검색일 2020.2.10)

6장 회복도 삶도 일직선이 아니에요

1. '주사'는 6급 공무원의 직급명이나 이 주민센터에서는 직급에 상관없이 근무자를 지칭하는 용어로 사용한다.

2. "이탈리아 공공정신병원, 어떻게 가능했을까?", 〈비마이너〉, 2015.12.1. http://beminor.com/detail.php?number=9118

3. 〈정신장애인의 지역사회 거주·치료 실태조사〉, 국가인권위원회, 2018.

7장 우리는 청소년 페미니스트입니다

1. 권김현영, "성폭력2차 가해와 피해자 중심주의의 문제", 《피해와 가해의 페미니즘》, 교양인, 2018, 43쪽.

2. 정희진, 《페미니즘의 도전》, 교양인, 2005, 24쪽.

3. 엄기호, 《고통은 나눌 수 있는가》, 나무연필, 2018, 105~106쪽.

4. 캐럴 길리건, 《담대한 목소리》, 김문주 옮김, 생각정원, 2018, 69쪽.

5. 2019년 12월 교육부와 한국교원단체총연합회는 교섭·협의 합의서에 서명을 했다. 합의서의 내용에 학생지도 신체접촉에 대한 기준 마련이 포함되어 있다. "교사 전화번호 공개 가이드라인 만든다…… 학생지도 신체접촉 기준도", 〈new 1〉, 2019.12.11.

6. 벨 훅스, 《행복한 페미니즘》, 박정애 옮김, 큰나, 2002, 226쪽.

11명 구술자가 직접 쓴 자기소개

유지윤 _1장 내가 왜 풀려야 돼?

20년이 넘는 세월 동안 싱글맘으로 열심히 뛰면서 세상을 배우고, 인생을 배우고, 배려와 봉사를 배웠습니다. 사랑을 줄 줄도 받을 줄도 아는 사람입니다. 그래서 저는 볼매(볼수록 매력 있는 사람)라고도 불립니다. 서 있는 곳에서 최선을 다하며 살아갈 거예요.

제시 킴 _2장 국경을 넘고 넘었어요, 내가 되기 위해

한국에 온 지 6년이 되었습니다. 처음에는 막막했지만, 좋은 분들의 지지와 응원 덕에 제 삶도 누군가에게 힘과 용기가 될 수 있다는 걸 알았습니다. 북한 음식과 문화를 소개하고 싶어 〈제시키친〉을 창업했고요, 음식을 통해 사람과 사람을 잇는 고리가 될 거예요.

임경미 _3장 나는 숨지 않는다

세상에 자유로운 삶을 외치는 저는 한 남자의 아내이자 두 아이의 엄마입니다. 장애인의 자립생활을 위한 상담과 더불어 인권활동을 함께하며 일과 가정에 완벽하지(?) 않은 최선을 다하고 있습니다.

김복자 _4장 여기서 성질을 더 죽이면 못 살지

안녕하세요. 제가 나이가 많고 이가 없어 말을 잘 못합니다. 이 책을 보시는 분들께 감사합니다. 나를 손가락질하는 사람도 있겠지만 이해하는 눈으로 보아주면 고맙겠습니다. 좀 더 많은 분이 이 책을 읽어주면 좋겠습니다.

김예원 _5장 내가 만난 이상한 나라

커피를 좋아하고 커피로 사람을 만나고 있어요. 곁에 있는 사람들이 얼마나 소중한 존재인지 배우면서 10대와 20대를 보내고 있습니다. 지금은 청소년을 만나면서 함께 성장하고 싶은 마음으로 살고 있어요.

묘현 _6장 회복도 삶도 일직선이 아니에요

물고기자리답게 생각하고 상상하며 꿈꾸기 좋아하는 어린 시절을 보냈습니다. 이상과 현실 사이에서 방황하다 현재 그림 그리기 좋아하는 딸을 부모님의 도움 아래 키우며 살고 있습니다. 독자분들에게 어떤 울림으로 다가섰으면 하는 바람입니다.

스쿨미투 5인 _7장 우리는 청소년 페미니스트입니다

라원

요즘은 청소년 인권 그리고 페미니즘과 관련된 활동을 하고 있어요. 다른 인권과의 교차성을 찾아가며 많이 배우고 있습니다.

유경

여성으로서 좀처럼 찾을 수 없었던 제 언어들을 찾아가며 살고 있습니다. 당연하다고 여겼던 하루에 물음을 던지는 과정들입니다. 끊임없이 말하는 일들이 가끔 지치더라도, 이 말하기가 끝내 우리의 세상을 변화시킬 것을 믿습니다.

윤

상처가 아무려면 시간이 좀 더 걸리겠지만, 저는 무너지지 않고 활동가가 된 지금의 저를 사랑할 수 있게 되었어요. 그러니 부디 사건이 아니라 제 삶과 모습에 관심을 가져주세요. 많은 소수자의 목소리가, 피해 이후 당차게 살아가는 작은 삶들이 조명 받을 수 있도록 계속 활동할 윤에게요.

이황유진

청소년기에 다양한 기사와 책, 영화를 보면서 페미니즘과 성소수자 인권에 관심을 갖게 됐습니다. 교내에 성소수자 인권 동아리를 만들어 캠페인, 강연, 펀드레이징을 주최하는 등 다양한 인권운동활동을 했습니다. 현재는 대학교에서 미디어예술학과 여성학을 공부하고 있어요.

혜

입시경쟁을 거부하며 대학에 가지 않았고, '여자되기'를 거부하며 페미니스트가 되었습니다. 스쿨미투 집회 '여학생을 위한 학교는 없다'를 주최했고요, 여학생들의 용기가 계속되도록 청소년 페미니스트 네트워크 '위티'를 창립했습니다.

나는 숨지 않는다

ⓒ 박희정, 유해정, 이호연 2020

초판 1쇄 발행 2020년 2월 28일
초판 2쇄 발행 2020년 12월 23일

지은이 박희정, 유해정, 이호연
펴낸이 이상훈
편집인 김수영
본부장 정진항
편집2팀 허유진 이현주
마케팅 천용호 조재성 박신영 조은별
경영지원 정혜진 이송이

펴낸곳 한겨레출판㈜ www.hanibook.co.kr
등록 2006년 1월 4일 제313-2006-00003호
주소 서울시 마포구 창전로 70 (신수동) 화수목빌딩 5층
전화 02) 6383-1602~1603
팩스 02) 6383-1610
대표메일 book@hanibook.co.kr

ISBN 979-11-6040-363-3 03300